再现
批判
诗性

"后9·11"小说
诗学伦理叙事研究

吴荣兰 ◎ 著

中国社会科学出版社

图书在版编目（CIP）数据

再现、批判、诗性："后9.11"小说诗学伦理叙事研究/吴荣兰著. —北京：中国社会科学出版社，2019.3

ISBN 978 - 7 - 5203 - 4013 - 7

Ⅰ.①再… Ⅱ.①吴… Ⅲ.①现代文学—文学研究—美国

Ⅳ.①I712.065

中国版本图书馆 CIP 数据核字 (2019) 第 021801 号

出 版 人　赵剑英
责任编辑　郭晓鸿
特约编辑　张金涛
责任校对　周　昊
责任印制　戴　宽

出　　　版　**中国社会科学出版社**
社　　　址　北京鼓楼西大街甲 158 号
邮　　　编　100720
网　　　址　http://www.csspw.cn
发 行 部　010 - 84083685
门 市 部　010 - 84029450
经　　　销　新华书店及其他书店

印　　　刷　北京明恒达印务有限公司
装　　　订　廊坊市广阳区广增装订厂
版　　　次　2019 年 3 月第 1 版
印　　　次　2019 年 3 月第 1 次印刷

开　　　本　710×1000　1/16
印　　　张　18
插　　　页　2
字　　　数　238 千字
定　　　价　69.00 元

凡购买中国社会科学出版社图书，如有质量问题请与本社营销中心联系调换
电话:010 - 84083683

序

　　2001年"9·11"恐怖袭击事件所带来的不仅是一段挥之不去的梦魇与创伤记忆，更是一个美国乃至世界历史的重大转折点，在社会、政治、经济、哲学、艺术、文学等领域均影响深远，标志着"后9·11"时代的肇始。

　　在文学层面，"9·11"催生了一个独树一帜的文学类型，即"后9·11"文学，其中成就最高的当属"后9·11"小说。从广义而言，"后9·11"小说并非仅指直接描写"9·11"事件经过或以它为背景的作品，还包括以此为契机诠释和忧思"后9·11"时代人类生存境遇的作品，而后者更能彰显"后9·11"小说的审美意义与价值。本书在文本选择上顾及了这一点，基本涵括了"后9·11"小说的四大类别：其一为深入刻画"9·11"所引致的个人与文化创伤的小说，如德里罗的《坠落的人》、弗尔的《特别响，非常近》；其二为对美国诸多弊端进行反思的小说，如厄普代克的《恐怖分子》；其三为关注美国之外的"他者"即恐怖分子和伊斯兰群体的小说，如哈米德的《拉合尔茶馆的陌生人》，以及其他国家因铺天盖地的媒体传播而深受其害的"替代性创伤受害者"小说，如麦克尤恩的《星期六》；其四为启示录式小说，即受到"9·11"暴恐事件启发而思考人类未来之路的小说，如麦卡锡的《路》。所选作品都是"后9·11"小说的经典之作，具有相当的代表性。

作为一种虚构性审美叙事，"后9·11"文学与强调"爱国主义正确"、美国无辜论、例外论的媒体叙事、官方叙事与民间纪实叙事不同。它既深刻反映现实，又矫正并超越了狭隘的美国个体悲痛、哀悼、创伤的受害者论调，将现实与历史交融于文本之中，以更宽阔的视野来想象、审视恐怖袭击事件，给"他者"更多的话语权，更多地注入历史反思和伦理拷问。简言之，关注生命是这一文学着意表现的思想主题，反映了作家对人类总体命运的忧患意识和人文关怀。这就要求"后9·11"文学研究既不能脱离当代国际政治的大背景、大语境，更不能罔顾各国文化身份、价值立场与意识形态的差异，陷入狭隘的民族主义的怪圈，从而忽视文学的审美特质，而要凸显"后9·11"文学的"反叙事"特征与内涵，挖掘作家如何与官方化、政治化的"宏大叙事"分庭抗礼，对"9·11"事件发生的内外因、如何医治精神创伤与重塑伦理价值所进行的形而上的艺术思考。

吴荣兰的这本专著在研究主旨与方法上契合了以上要求，基于相关文学理论，以"再现""批判"与"诗性"作为三个关键词统领全书，将全书主要内容分为"创伤再现""理性批判"和"诗性救赎"三大部分。首先，从图像叙事、创伤展演与应对、男性气概的萎靡、"后9·11"时代女性的成长四大角度来再现"后9·11"小说中"归零地"的普通民众难以言说、又不得不说的个体创伤，并实现个人、家庭创伤迁移和民族、国家创伤迁移，阐释对他者负责的道德观与非暴力伦理的重要性；接着，从理性批判思维出发，着重探讨"后9·11"小说反叙事、反东方主义书写的特征和文学伦理价值，阐述"后9·11"小说隐含作者对政治犹太复国主义的抵制，对实为同质化的美国多元文化主义的批判，和对"赤裸生命"而非"政治生命"的尊重，促使读者反思应如何在复杂的社会关系中回应他者的苦难；最后，从人性与人文关怀角度出发，探讨在一个德里罗笔下恐怖无处不在、人们"身处危险的年代"里，"后9·11"小说所阐述的救赎途径，包括寻归自然的灵魂救赎、积极虚无主义式救赎、文学艺术的伦理救赎。

"9·11"已过去了17载，国际恐怖主义依然此起彼伏，局部战争频繁爆发，安然度过千禧之年的人们虽踌躇满志于科技文明和经济全球化的成就，但恐慌与焦虑依旧如影随形。"后9·11"文学与其他文学门类一样，一如既往地用其独特的艺术方式追寻、审视与反思历史进程，这也正是麦克尤恩在《星期六》中对文学价值的直接回应与阐释。然而，任何试图将"后9·11"文学研究推向单方面的所谓生命意义、人类命运、全球主义等层面的简单做法都是不可取的，它很容易落入西方推行的所谓普世价值、抹杀文化多样性与忽略意识形态差异的陷阱。这也正是本书研究的警惕所在。

吴荣兰是浙江树人大学的青年教师，为人真诚谦逊，在学术方面始终持有一颗锐意进取的赤子之心，这是非常难能可贵的。这本著作视野开阔，研究范围广泛，触及了当今世界人类所面临的诸多困境，展现了文学在反思和走出这些困境过程中潜在的价值和肩负的使命，显示出了一定的思想深度和人文关怀。虽然著作在某些细节的论证方面还存在一定的提升空间，但正所谓瑕不掩瑜，这本专著的现实意义和学术价值并没有因此而受到影响。希望荣兰继续保持这种学术热情和人文情怀，在学术的道路上不断获得新的突破。

是为序。

隋红升

2018年6月于杭州雅仕苑寓所

前　言

2001 年 9 月 11 日上午 8 时 48 分，美国发生了其历史上自珍珠港突袭以后前所未有的大劫难，即"9·11"恐怖袭击事件。它不仅使数千名美国人丧命，给美国带来了重大损失和恶劣影响，而且使"美国不可侵犯"的尊严破灭，摧毁了美国的安全感，给美国人带来剧烈的心灵冲击，还引发了两场反恐战争，改变了美国的国家政治形态和世界格局。

文学是现实的写照和揭示，是捕捉真实残酷的最佳手段。"9·11"对美国人民的创伤是深重的，而事后美国发起的全球性反恐和后冷战思维逐步催生了一种与带有浓厚政治含义的官方叙事、媒体叙事、民间叙事相左的，具有"反叙事"特征、"反思生命意义、深度观照历史、并使历史与现实交融的文学文本"[①]，或可称为"后9·11"文学。其中接受面最广、成就最高的，乃是"后9·11"小说。它们巧妙地处理文学创作与民族文化心理建构、文学创作与历史叙事、文学创作与意识形态等诸多关系，或对政治化的官方叙事以及纪实化的民间叙事进行反拨；或用反政治化的叙事手法再现普通美国人的心理

---

① 杨金才：《论新世纪美国小说的新特征》，《深圳大学学报》2014 年第 2 期。

创伤；或用反东方主义的视角对伊斯兰文化或穆斯林信徒进行"去妖魔化"的文学再现，试图打破自我/他者，基督教/伊斯兰教的简单二元对立思维模式，反思文明冲突、宗教信仰、族裔/族群关系；或从普世主义的层面对恐怖主义的本质以及西方所主导的反恐战争做出深刻反思；或立足全球化、跨国资本主义以及高科技文明的大背景，对人类世界所面临的当代困境以及各种纷乱与冲突进行犀利的解剖与审视。诸多尝试反映了作家们在 21 世纪到来之际对社会、历史以及人类总体命运的忧患意识与反思。

"后 9·11"小说精彩纷呈，学者但汉松将这些小说所表达的主要见解归纳为如下三点。

其一，双子塔遇袭为象征核心的恐怖主义已经成为 21 世纪美国当代文学中的重要母题，"归零地"更成了后现代的核心意象。"后 9·11"小说既是一种针对"归零地"极限境遇的文学想象，同时也是针对全球化时代暴力与恐怖的隐史和逻辑的批判文本，它代表了英美、族裔当代小说家对全球化文明冲突下诸多现实议题的介入与言说。

其二，暴力与恶是深植于人类文明史的一种颠覆性冲动，亘古有之，恐怖（主义）并非处于"我们"的某个他者；美国首当其害，作为一个譬喻，它代表的是我们与内心深处的他者性（Otherness）相遭遇时所产生的矛盾紧张；"后 9·11"小说无论是通过对创伤事件的模仿，还是对自我、社会、后现代社会救赎的喻说，最后表现的还是人类共同的存在处境。

其三，"9·11"恐怖袭击带给美国的文化创伤主要体现在对其国家神话的破坏上，象征一种"山巅之城"的崩塌，但小说家的职责并非局限于自我疗伤，而是扩大"我们"的范围，帮助灾难中的群体就历史事件达成共识，吸取全球化文化暴力所带来的道德教训，通过想象性文学让受众获得移情认同，实现不同族群、宗教和文化的宽恕与和解。

鉴于此，本书将以"9·11"恐怖袭击事件对美国乃至全球的政治、社会、意识形态影响为背景，以萨义德的东方主义理论、亨廷顿文明冲突论和以卡鲁斯、多米尼克·拉卡普拉为代表的创伤理论、以巴特勒为代表的非暴力伦理理论为理论支撑与指导，主要研究 21 世纪英美文学中的经典"后 9·11"小说，采用文本细读与历史批评相结合的方法，重点探讨"后 9·11"文学中的三个核心要素：创伤的再现、理性的批判和诗性的救赎，以此展现"后 9·11"文学这一特殊文学门类将"悼歌""批判""救赎"合三为一的美学机制所特有的伦理价值与审美意义。主要包括以下 7 部作品：约翰·厄普代克（John Updike）的《恐怖分子》（*Terrorist*, 2006），莫欣·哈米德（Mohsin Hamid）的《拉合尔茶馆的陌生人》（*The Reluctant Fundamentalist*, 2007），乔纳森·萨福兰·弗尔（Jonathan Foer）的《特别响，非常近》（*Extremely Loud and Incredibly Close*, 2005），唐·德里罗（Don Dellio）的《坠落的人》（*Falling Man*, 2007），伊恩·麦克尤恩（Iam McEwan）的《星期六》（*Saturday*, 2005），理查德·鲍尔斯（Richard Powers）的《回声制造者》（*The Echo Maker*, 2006）和科马克·麦卡锡（Cormac McCarthy）的《路》（*The Road*, 2006）。

全书主要由四部分组成。第一部分对"后 9·11"文学、欧美、族裔及其他国家的代表作家与小说做简要介绍，对国内外"后 9·11"文学研究范式进行综述，并对本书"后 9·11"文学研究常用的文学理论进行梳理，包括萨义德的东方主义、亨廷顿的文明冲突论、创伤理论、巴特勒的非暴力伦理理论。第二部分以"创伤再现"为关键词，以德里罗的《坠落的人》、弗尔的《特别响，非常近》为范本，对男女、老少主人公的"不得不说"又"难以言说"的"创伤参演"与"创伤应对"的经历进行文本解读，阐述曼哈顿的"归零地"、崩塌的"山巅之城"所代表的个体与民族的"9·11"创伤体验。第三部分以"理性批判"为关键词，以厄普代克的《恐怖分子》、哈米德《拉合尔茶馆的陌生人》为例，从文学伦理批评与隐含作者视域对东方主义式的官方叙事进行反叙事解读，关注他者视域下的"9·11"叙事，审视在另一种类型的"归零地"中穆斯林社群遭遇的历史创伤和认同危机，展现"后9·11"小说家以去中心化和混杂性的文学想象帮助各国读者更好地认识文化"他者"、进而打破民族主义樊篱、承认所有脆弱不安的生命所做的努力。第四部分则以"诗性救赎"作为关键词，以鲍尔斯的《回声制造者》、麦卡锡的《路》和麦克尤恩的《星期六》为范本，阐释"后9·11"小说家针对"后9·11"时代的"紧急状态"所寻求的救赎途径，包括寻归自然的灵魂救赎、尘世的失落与寓言的救赎、文学艺术的伦理救赎。

目　录

第一部分　"后9·11"文学与研究

第二部分　创伤再现

第三部分　理性批判

第四部分　诗性救赎

第一部分

"后9·11"文学与研究

第一章 "后9·11"文学

第一节 "后9·11"文学的产生与特征

一 "后9·11"文学的产生

2001年9月11日，历史将永远记住这一天。上午8时48分，美国发生了其历史上自珍珠港突袭以后前所未有的大劫难：美国经济的象征——世界贸易中心大楼，在两架民航客机先后自杀式撞击下化为废墟；美国武力的象征——国防部五角大楼也遭到另一架飞机撞击，被削去半边，燃起熊熊大火，受到了重创。最后一架波音757飞机，据称最终目标是象征美国在世界上政治领导地位的白宫，但由于机上旅客的殊死搏斗而坠毁在宾夕法尼亚州。这场前所未有、登峰造极的恐怖袭击对美国人心理伤害最深的不是这些有形建筑，而是在这次精密策划的袭击事件中失去的数以千计的生命：据统计，在"9·11"事件中共有2998人丧生，其中包括411名救援人员。

"9·11"是自1812年以来外敌对美国本土发动的第一次攻击。它给美国生活方式和政治制度带来了巨大的冲击与影响。从国内来看，这种影响最突出的表现是美国人在很大程度上丧失了他们过去习以为常的安全感和对本国民主、自由的自豪感：从总统到平民，从旅行到邮递，美国人对其生活方式那种洋溢着自信的优越感遭到了严重的挫折，他们猛然发现所谓的有着世界上最强大的国家机器的美国，其实和世界上其他地方一样脆弱不堪，之前扬扬自得的美国例外主义已经变成遥远的记忆；"9·11"事件之后美国人更加注意个人安全问题，美国人宛若惊弓之鸟，生活处于恐慌和不安的状态之中。同时，美国公民的人身自由开始受到了限制，一贯吹捧的人权受到了极大的侵犯，比如美国移民局对所有的移民进行严格的检查、监视、控制，尤其那些阿拉伯族裔，不仅倍受爱国情绪空前高涨的本土人的仇视，更是成为政府重点监控的对象；宗教热情被浇灭，开始打击异族，对伊斯兰教更是痛恨万分。在布什政府突然宣布本·拉登是幕后真凶之后，本·拉登及其"基地"组织成为众矢之的。在9月13日和9月23日的两次民意测验均显示，92%的美国公众支持政府采取军事报复行动。10月7日，美国的军事报复行动终于开始，先后发起了针对阿富汗和伊拉克的两场反恐战争，极大地改变了世界格局和态势。

事发之后，美国社会顿时陷入巨大的悲痛和义愤之中，布什的外交班子在策划更大规模的反恐战争之时，美国百姓在调整他们的生活，用了8个月的时间才从巨大的震撼中清醒过来，并开始冷静下来思考这场奇袭究竟是如何发生的，为什么世界上最强大的国家却成了最没有安全感的地方，成了恐怖主义最主要的袭击目标（据统计，冷战结束以后的恐怖主义活动有40%是针对美国的）。一个被美国人问了无数遍的问题是：为什么他们（恐怖分子）这么仇恨我们？这种仇恨的根源究竟是什么？"这场灾难是如何发生的？我们怎样做才能避免这样的灾难?"① 找答案的过程实际上也是集体对"9·11"反思的过程。

二　"后9·11"文学的特征

文学是现实的写照和揭示,是捕捉真实残酷的最佳手段。"9·11"对美国人民的创伤是深重的,而事后美国发起的全球性反恐和后冷战思维逐步催生了一种具有"反思生命意义、深度观照历史、并使历史与现实交融的文学文本"②,或可称为"后9·11"文学。"后9·11"文学所代表的是想象性的、虚构性的审美叙事,独具"反叙事"特征,与久盛不衰、铺天盖地的媒体叙事、民间叙事、纪实叙事以及官方叙事不同。长期以来,美国人主要从媒体中了解历史事件。"9·11"事件之后,美国政府出于国家政治的需要,将灾难转变成景观,其主流媒体过度消费了灾难情景,它充分利用媒介的说教和意识形态的功能宣扬其政治主张,传达他们的政治理念。所以电视反复播放灾难现场,报纸力图挖掘每一个细节,不断唤起人们对恐怖袭击的记忆,主流媒体极力通过这场灾难来向民众标明美国一直坚持的信仰与勇敢的形象,将异端分子特别是穆斯林塑造成彻头彻尾的魔鬼。在美国政府、媒体的合力作用下,关于"反恐"合理性的集体记忆迅速形成。于是,很多美国人从受伤害者角度思考问题,将全部责任归咎于引发暴力的施暴者;这种受到媒体影响的集体记忆阻碍了他们对于其他苦难的认识,尤其对于被入侵国家受害者所受苦难的认识。而"后9·11"文学则对政治化的官方叙事以及纪实化的民间叙事进行反拨;或是用反政治化的叙事手法再现普通美国人的心理创伤;或是用反东方主义的视角对伊斯兰文化或穆斯林信徒进行"去妖魔化"的文学再现,试图打破自我/他者,基督教/伊斯兰教的简单二元对立思维模式,

---

① ［美］《"9·11"委员会报告:美国遭受恐怖袭击国家委员会最终报告》,赵秉志等译,中国人民公安大学出版社2004年版,第6页。

② 杨金才:《论新世纪美国小说的新特征》,《深圳大学学报》2014年第2期。

反思文明冲突、宗教信仰、族裔/族群关系；或是从普世主义的层面对恐怖主义的本质以及西方所主导的反恐战争做出深刻反思；或是立足全球化、跨国资本主义以及高科技文明的大背景，对人类世界所面临的当代困境以及各种纷乱与冲突进行犀利的剖析与审视，反映了作家们在 21 世纪到来之际对社会、历史以及人类总体命运的忧患意识与反思。

简言之，"后 9·11"文学不仅是历史的再现，更实践了"诗学伦理"（Poethics），即用适当的形式处理灾难创伤，不落入"爱国主义的吹嘘"或"复仇修辞"的官方套路中。① 它的"反叙事"具有极为重要的文化价值与审美内涵，因为它的使命"不仅仅是反思，而是要改变与'9·11'相关的文化记忆、心理感知以及主导信仰"。②

第二节　国别与族裔"后 9·11"小说

"9·11"事件后，"众多作家以 9·11 恐怖袭击及其对亲历该事件的纽约人所造成的影响为创作主题"③，以文学形式诠释和再现"9·11"之独特力量，从而形成 21 世纪一类独特的文学，即"后 9·11"小说。各国众多小说家以"9·11"为背景或题材进行创作，从不同侧面聚焦"9·11"创伤和"后 9·11"时代的社会综合征，即书写"9·11"事件及其带给人类集体或个体悲剧性体验创伤后心理、精神危机等问题，刻画"9·11"事件之后蔓延整个西方世界的焦虑与恐惧，描绘 21 世纪以来人类面对生存危机之全景图。代表人物包括美国的德里罗（Don DeLillo）、厄普代克（John Updike）、菲利普·罗斯（Philip

---

① Aaron DeRosa, "Analyzing Literature after 9/11", *Modern Fiction Studies*, No. 3, 2011.
② 张和龙：《"9·11 文学"：新世纪美英文学的审美转向?》，《深圳大学学报》2014 年第 2 期。
③ Cherry Miller, "9/11 and the Novelists", *Commentary*, No. 5, 2008.

Roth）、保罗·奥斯特（Paul Auster），英国的伊恩·麦克尤恩（Ian McE-wan）、马丁·艾米斯（MartinAmis）、拉什迪（Salman Rushdie）、多丽丝·莱辛（Doris Lessing）等，和一些凭借"9·11"题材的作品在文坛崛起的年轻作家，如科伦·麦凯恩（Colum McCann）、乔纳森·弗厄（Jonathan Safran Foer）、莫辛·哈米德（Moshin Hamid）、约瑟夫·奥尼尔（Joseph O'Neill）、阿特·斯皮格曼（Art Spiegelman）、阿里·史密斯（Ali Smith）、汤姆·麦卡锡（Tom McCarthy）等。

一 美国"后9·11"小说

美国作为"9·11"恐怖袭击事件的直接受害者，有关该事件的文学作品在数量上最多、在影响方面亦是最大。据《圣路易斯邮报》① 统计，2011 年 9 月 11 日前仅美国就已出版有关"9·11"事件的小说 164 部。它们多以揭示遭受恐怖袭击后普通美国人的创伤记忆、心理承受和救赎轨迹为主题。

在美国，唐·德里罗（Don DeLillo，1936 – ）是一位极具影响力的作家，甚至被评论为没有哪一位美国作家能比德里罗更出色地创作"9·11"小说。② 他的《坠落的人》（*Falling Man*，2007）是从理查德·德鲁（Richard Drew）所拍照片"坠落的人"得到灵感而创作的同名小说，被认为是美国目前反映"9·11"主题最出色之作。这部小说主要讲述主人公基斯在"9·11"那天侥幸从世贸中心办公室逃生，重新回到已经和他分居的妻子丽昂和儿子的生活中，继而因为难以逃脱这场灾难的梦魇与魔咒，卷入婚外情、沉迷于扑克赌博的故事。展示了美国一个普通家庭的悲欢离合以及心理和精神创伤的经历，揭示了历史性事件对于普通民众所造成的心理冲击和对日常生活的巨大影响，

---

① Jane Henderson，"Books Approach 9/11 Head – on—and Side-ways"，*St. Louis Post – Dispatch*，Dec. 9，2011.

② Sara E Quay，Amy M Damico，and Santa Barbara，*September* 11 *in Popular Culture*：*A Guide*，Calif：Greenwood，2010，p. 112.

剖析后现代社会中暴力与恐怖袭击所造成的充满失落与悲伤的生活和满目疮痍的情感世界。乔纳森·萨福兰·弗尔（Jonathan Safran Foer，1977 — ）的小说《特别响，非常近》（*Extremely Loud and Incredibly Close*，2005）则是通过并置三场历史性灾难（对德国德累斯顿轰炸、对日本的原子弹轰炸和"9·11"恐怖袭击），透过小男孩奥斯卡的视角，真实再现了自祖父辈起三代人无法言说的损失和创痛，并分析成人个人心理复原力、应对方式、意义寻求及对实现从消极虚无主义到积极选择重建、从"创伤参演"到"创伤应对"的重要性及其对孩子的影响，并见证灾难心理学中实现创伤后成长（PTG）的五大途径：新的可能、联结他人、个人力量、生命欣赏、灵性改变，强调以未来为导向的创伤应对机制对增强个体安全感、稳定感和信念以治愈创伤的重要性。

如果说《坠落的人》《特别响，非常近》书写的是"9·11"对人们的创伤性影响，那么，约翰·厄普代克（John Updike，1932 – 2009）的《恐怖分子》（*Terrorist*，2006）、艾米·沃尔德曼（Amy Waldman，1969 — ）的小说《屈服》（也被译为《穆罕默德的花园提案》）（*The Submission*，2011）则把重心放在了族裔分子身上。《恐怖分子》讲述了一个土生土长的美国青年如何变成恐怖分子的过程，关注恐怖分子并反思"9·11"事件与不同文化之关系。该作品迎合读者对恐怖分子既畏惧又好奇的心理，以一个普通少年如何被卷进恐怖组织的行动计划，如何心甘情愿地去充当自杀和杀人的人肉炸弹为线索，深刻反思了美国社会，揭示了当代美国现实生活中存在的经济、社会、信仰问题。《屈服》书写伊斯兰教在美国之故事，是一部"9·11"事件所唤醒的令人悲痛的政治全景式小说。它更体现沃尔德曼作为一个新闻记者客观记录事实的态度，直接展现恐怖袭击一年之后，穆斯林被逮捕、被怀疑、美国对伊斯兰所谓"真实"本质不厌其烦地剖析所导致的流血冲突事件，并借穆罕默德在阿富汗出差之机展现了被误解的、西方化的和真实的两个穆斯林社会。

与前面四部聚焦历史事件，阐释创伤、反思恐怖主义产生根源、文明冲突小说不同，科马克·麦卡锡（Cormac McCarthy，1933－ ）的《路》（*The Road*，2006）则是一部"后启示录式小说"。它讲述了在地球文明遭到大毁灭之后，一对幸存的父子依靠着相互的关爱、信任和责任感，试图穿过寒冷的城市废墟和荒无人烟的乡野，历经寒冷、饥饿、灭绝人性的猎食者、无尽的恐惧，希望到达南方，寻找生存下去的可能。这部带有科幻色彩的小说有着浓厚的末日色彩，质疑和思考各种和宗教、哲学相关的焦点问题，延续了麦卡锡一贯聚焦的暴力、堕落和邪恶的主题：在他看来，暴力是世界存在的一种特定现实，人性的堕落和贪婪都是本质性的，"如果世界真的有希望的话，就必须直面最严酷的现实和最黑暗的人类环境之后才有可能找到"①。通过借鉴德里达提出的本源性的友爱观，可剖析小说中末日世界的表征意义，并肯定只有友爱才是这个末日世界的一线生机。

美国"后9·11"小说还有一个打不破的传统：退回到私人或家庭领地这类仪式，即退回到边境内、退回到家庭生活的大门后面，例如，在米萨德（Claire Messud）的《皇帝的孩子们》（*The Emperor's Children*）中，"9·11"就像一个进行道德训诫的 Deus Ex Machina（意外介入而扭转局面的人）突然闯了进来，它决定了这些事件应该以回归秩序而结束：一桩婚外恋情被打断，一个野心勃勃的谋权者的计划被挫败，一个女人重新和母亲团聚了；在吉布森（William Gibson）的《模式识别》（*Pattern Recognition*）中，"9·11"为这类家庭某个成员的消失提供了人们需要的伦理—情感方面的理由，因为双子大厦的倒塌，那些不着家的父亲和被推定为邪恶堕落的父亲代理人（Father－surrogate）最终都获得了谅解。

美国"后9·11"小说还有德里罗的《终点》（*Point Omega*，2010），乔瑟夫·奥尼尔（Joseph O'Neill）的《地之国》（*Netherland*，2008），杰伊·麦金

---

① Steven Frye，*Understanding Cormac McCarthy*，Columbia：U of South Carolina P，2009，p. 5.

纳尼（Jay McInerney）的《美好生活》（*The Good Life*，2006）、海伦·舒尔曼（Helen Schulman，1938 –   ）的《海滩上的一天》（*A Day at the Beach*，2007），托马斯·品钦（Thomas Pynchon）的《放血尖端》（*Bleeding Edge*，2013），杰斯·沃特斯（Jess Watere）的《零点》（*The Zero*，2006）、肯·卡尔弗斯（Ken Kalfus）的《国家乱象》（*A Disorder Peculiar to the Country*，2006），美国惊悚小说之王詹姆斯·帕特森（James B. Patterson，1947 –   ）的《伦敦桥》（*London Bridges*，2004），乔伊斯·梅纳德（Joyce Maynard，1953 –   ）的《惯例》（*The Usual Rules*，2003），鲍勃·伍德沃德（Bob Woodward）的《布什的战争》（*Bush at War*，2002），雷诺兹·普莱思的《好牧师之子》，琳恩·莎朗·施瓦茨的新作《凶兆》等。

二 英国与爱尔兰的"后9·11"小说

英国与爱尔兰的"后9·11"小说的数量和影响仅次于美国，虽无具体统计数据，但从国内外研究来看，以下作家及作品已引起学界的广泛关注。其中伊恩·麦克尤恩（Ian McEwans，1948 –   ）的小说《星期六》（*Saturday*，2005）被《纽约时报书评》（*New York Times Book Review*）称为最强有力的"后9·11"小说之一。小说以神经外科医生亨利·佩罗恩的视角为中心，讲述其一天经历的故事，深入刻画了"9·11"事件后蔓延整个西方世界之焦虑与恐惧，并借现在时态暗示"后9·11"时代的恐惧和焦虑已成为人们生活之常态。纳迪姆·阿斯拉姆（Nadeem Aslam，1966 –   ）的小说《浪费的守夜》（*The Wasted Vigil*，2008）则以"后9·11"阿富汗为背景，讲述了在阿富汗这个皆因塔利班（Taliban）和接管阿富汗的军阀所致的不幸及充满伤痛之地，在两伙军阀交战后，几个性格迥异者聚集于郊区一栋别墅，各怀心事，欲做之事皆受环境和时局之限制而不得完成，其所揭露的虚伪、谋杀、恐惧、无助令人难以承受，这为人们理解伊斯兰原教旨主义、当代阿富汗社会生活及频繁的死亡打开了一扇窗。

爱尔兰作家亦是"后9·11"小说队伍中不可或缺的成员，最突出的人物当属约瑟夫·奥尼尔（Joseph O'Neill，1964－ ）和柯伦·麦肯（Colum McCann，1965－ ）。奥尼尔因小说以"后9·11"的纽约为背景，因此被《纽约时报》称为"纽约之王"。他的《荷兰》（*Netherland*，2008）（也被译为《地之国》）是一个关于美国梦的引人共鸣的思索，因而被与菲茨吉拉德（F. Scott Fitzgerald，1896－1940）的《了不起的盖兹比》（*The Great Gatsby*，1925）相提并论。同时，它体现出强烈的民族性和殖民性，被《纽约时报》的 Dwright Garner[①] 评为"自世贸倒塌后，我们至今写及纽约和伦敦生活中，最富机智、最愤怒、最严厉、最荒芜的小说作品"。柯伦·麦肯的小说《转吧，这伟大的世界》（*Let the Great World Spin*，2009）被美国《君子杂志》（*Esquire*）评为"第一本优秀的'9·11'小说"。作品没有将叙事焦点集中于"9·11"恐怖事件的历史断面，而是将背景设在1974年，书写1974年世贸双塔间的杂技艺人走钢丝事件，将世贸双塔落成之初的走钢丝事件与其毁灭之时的"9·11"事件加以关联，讲述十位纽约市民的生活（包括在贫民区叫卖的小贩、来自爱尔兰的神父、一个来自危地马拉的护士、一帮臭味相投的计算机黑客，还有在大街小巷间的妇女、法官、演员等），以小说的形式见证、讲述着战争创伤、种族创伤、性属创伤、跨代创伤、恐怖主义创伤与家庭暴力创伤，其中越战创伤无疑是贯穿全文始末的一条主线，探寻历史进程中的对称性与规律性，被"21世纪年度最佳外国小说"评选委员会称为"预示今日美国现实的寓言佳作"。

三 澳大利亚"后9·11"小说

与美国相仿，澳大利亚"后9·11"作品约在事件发生后五年集中出现，

---

① Dwright Garner, "The Ashes", *The New York Times*, May. 18, 2008.

"恐怖分子成了熟悉的形象，恐怖主义成为常见的指称对象"①。涉及"反恐"题材的文学小说迄今至少有六部，分别是 J. T. Hospital 的《瘟疫的准备工作》（*Due Preparations for the Plague*）（2003）和《迷失的奥菲斯》（*Orpheus Lost*）（2007），Richard Flanagan 的《未知的恐怖分子》（*The Unknown Terrorist*）（2006），Andrew McGahan 的《地下》（*Underground*）（2006），Adrian D'Hage 的《北京阴谋》（*The Beijing Conspiracy*）（2007）和 Abid Khan 的《回旋路》（*The Spiral Road*）（2007）。周小进②认为，这些小说虽各有建树，但和其他"9·11"小说一样，都有"观念先行"、重情节轻人物的特点，或是一个缺陷，同时，值得注意的是，除了 Hospital 的作品之外，其他四部澳洲"后9·11"小说对"反恐"基本上都持批判审视的立场，视角多聚焦在被动卷入反恐的普通人身上，强调反恐话语的复杂性，揭示反恐背后的权力操控和狭隘的意识形态，体现了强烈的反思精神和人文关怀，与美国本土"后9·11"小说的创伤叙事颇为不同。

其中影响最大、与反恐题材结合最紧密且艺术成就最高的，当属理查德·弗拉纳根（Richard Flanagan，1961 –　）的《未知的恐怖分子》（*The Unknown Terrorist*，2006），该小说讲述了一个无辜地被警方和媒体贴上"恐怖分子"标签的普通妇女吉娜·戴维斯的故事，以及她面对国家机器和媒体话语，只能选择逃亡，并在此过程中逐渐对自己和世界有了更加清晰却更加悲观的认识的过程，旨在联系澳洲当下语境分析小说中媒体与消费主义、媒体与国家层面反恐话语之间的关系，对"后9·11"时代媒体角色进行反思与审视，讨论公权话语下个体生命存在的困惑与出路。

---

① Richard Carr, "A World of Risk, Passion, Intensity, and Tragedy: The Post –9/11 Australian Novel", *Antipodes*, No. 1, 2009.

② 周小进:《批判反恐话语——〈未知的恐怖分子〉对"后9·11"时代媒体角色的反思》,《当代外国文学》2015 年第 1 期。

四 族裔及其他国家"后9·11"小说

我们必须留意一点，西方特别是美国这些"后9·11"的文学作品大多数所代表的仍然是西方的价值观，浸透着西方的意识形态，从《马可·波罗行记》到《恐怖分子》，西方人一直掌握着描述东方的主动权，东方及其人民的形象多被他者化。中国研究者如果无视文学审美的意识形态属性，试图简单地将"后9·11"文学研究的方向完全推向生命意义、人类命运、集体记忆、全球主义等层面，也很容易落入西方推行的普世价值、抹杀文化多样性与意识形态差异的陷阱。因此在做"后9·11"文学研究时，必须同时关注族裔作家的作品，将重心放在客观展示族裔人群情态的小说，和其他国家作家从局外人角度对"9·11"事件更客观的阐释上。

巴基斯坦裔作家莫欣·哈米德（Mohsin Hamid）的《拉合尔茶馆的陌生人》（*The Reluctant Fundamentalist*，2007）和阿富汗裔作家卡勒德·胡塞尼（Khaled Hosseini）的首部小说《追风筝的人》（*The Kite Runner*，2003）就是很突出的典范。《拉合尔茶馆的陌生人》从叙事上打破窠臼，有力地批判了美国的文化霸权和东方主义的他者化，发出东方人的声音，从一定程度上来说树立了东方书写西方的范本。这本小说讲述了一个巴基斯坦青年追寻美国梦而最终破灭的经历，展现了对"9·11"事件、印巴地缘政治和东西文化冲突等重大主题的思考。书中流露出的对美国的仇恨激起了不少美国评论者的批判，甚至有人把此书标识为一个恐怖分子的经历和内心独白。但是，正是这样一部存在诸多争议的小说提供给美国人以及世界人民一个绝好的文本，通过这个文本，读者更加深刻了解了"9·11"事件前后的美国，特别是美国的少数族裔的生活。

而一提起被布什政府定为"反恐中心"的阿富汗，人们脑海里通常会浮现"9·11""本·拉登""基地"等一系列与"恐怖主义"密切相关的词语，阿富汗在很多人眼里成了恐怖、暴力、贫瘠、落后的代名词。《追风筝的人》

虽然没有彻底改变阿富汗在人们眼中的负面形象，还是通过描述 12 岁的阿富汗富家少爷阿米尔与仆人哈桑之间背叛与救赎的个人成长史展现了阿富汗从其君主制瓦解，苏联入侵，到难民大量涌入巴基斯坦和美国，以及塔利班政权的统治近 30 年的历史和社会变迁，小说以人物关系折射了阿富汗民族间的冲突以及不平等的社会阶级观念，让西方读者看到了阿富汗这一神秘国度鲜为人知的一面。同时，小说关于"9·11"事件后从阿富汗逃出、避难于美国的阿米尔与父亲在美国生活的场景，让读者感受到了另一个"后 9·11"受害群体，即穆斯林：他们受到社会各界的质疑、敌视、歧视甚至攻击，导致背井离乡、丧失民族特性的他们更加焦虑、恐惧、没有安全感。《追风筝的人》是阿富汗人民和有同样悲惨经历者的血泪控诉史。印度女作家基兰·德赛（Kiran Desai）的《丧失的遗产》（*The Inheritance of Loss*，2006）获得 2006 年布克奖；利比亚作家希萨姆·马塔（HishamMatar）的《男人的国家》（*In the Country of Men*，2007）根据父亲的亲身遭遇，通过 9 岁男孩苏雷曼的眼光，讲述了 1979 年在卡扎菲统治下利比亚人遭受的政治压迫；埃德·胡塞因（Ed Husain）的半自传体小说《伊斯兰人》（*The Islamist*，2007）讲述了他如何被原教旨主义吸引最终又如何退出的故事；巴勒斯坦作家莎哈·卡利菲（Sahar Khalifeh）的小说《暮春》（Rabi'Harr，*Hot Spring*，2004）则与厄普代克的《恐怖分子》有些类似，以成长小说的模式，着意对比了"恐怖分子"对以色列士兵的攻击和以色列对巴勒斯坦平民的攻击，描写了奥斯陆协议后巴勒斯坦人的悲惨生活，一个普通男孩阿默德如何最终转变为恐怖分子。

除美、英、爱尔兰、澳大利亚等国外，其他许多国家亦有大量的"后 9·11"小说。法国作家弗雷德里克·贝格伯德（Frederic Beigbeder，1965 —   ）的小说《世界之窗》（*Windows on the World*，2003）以"9·11"事件为题材；阿富汗小说家阿提克·拉希米（Atiq Rahimi，1962 —   ）的小说《阿公带我回家》（*Earth and Ashes*，2003）也以"9·11"后的阿富汗为背景，后被改编成由作者亲自执导的电影；曾亲历"9·11"事件的埃及作家亚拉·阿斯万尼（Alaa Al Aswany，1957 -   ）的小说《亚库班公寓》（*The Yacoubian Building*，2007）和《芝加哥》（*Chicago*，2007）以"后9·11"美国为背景，小说中的埃及裔人在机场安检时多次提到"9·11"事件，作者以其温情、睿智和敏感的笔触突现了"埃及性"。

"后9·11"小说在全世界已渐成燎原之势，它们将恐怖袭击事件置于广阔而深远的历史与伦理空间，探寻"后9·11"小说对人类、社会、世界的精神气质的影响，赋予宏大历史事件以理性思考和人文关怀。它们所反映的，从纵向来看，是历史的、文化的和宗教的，但从横向来看又是政治的、社会的和现实的。随着"后9·11"小说的不断问世，人们开始从不同角度反思恐怖袭击给人类心灵和社会造成的影响和后果。但我们必须留意一点，大部分作品都是出自长期浸淫在"西方中心主义"这样的文化氛围之中的欧洲白人之手，尽管他们有意识地想打破东方主义的樊篱，但无意识中却会流露出东方主义情结，未能彻底地、全面地、充分地反映其他种族，特别是伊斯兰人民的创伤，并彻底反思自身。因此，对数量稀少的族裔小说的研究更是当务之急。

第二章　"后9·11"文学研究

第一节　"后9·11"文学研究范式

一　国内外研究范式综述

围绕 2001 年美国遭受的"9·11"恐怖袭击事件，西方思想界存在两种经典说法。一种是以保守主义者为代表的观点，认为"它改变了一切"。世贸双塔凝聚了美国人引以为荣的自由、民主、人性等核心价值，一度被视为全球化时代以美国为代表的扩张性资本主义经济能量、技术实力、生活方式和文化统治的化身，是美国的荣耀所在。它的轰然坍塌，不仅使数千美国人丧命，给美国带来了重大损失和恶劣影响，还使美国"不可侵犯的"尊严破灭，摧毁了美国的安全感，给美国人带来了剧烈的心灵冲击，在他们心中点燃了反恐、复仇等民族情绪，历史因此呈现了"前9·11"和"后9·11"的分野与断裂。在官方"美国天真神话"等爱国话语的影响之下，在以保守主义为主导的大众媒体叙事中，劫机者的恐怖行为代表了西方文明社会"想象的失败"

"民主与自由的挑衅",但同时它激活了一种新的美国式二元对立修辞,即"我们"和"他们"、善与恶、文明和野蛮。他们"将'9·11'事件看成是一群憎恨美国民主与自由制度的人所犯下的反人类、反人性的罪恶行径"①,把伊斯兰等同于恐怖主义,把穆斯林等同于恐怖分子。对"我们"而言,"9·11"事件具有某种纯粹的严肃性,美国人应在创伤修复和国家悲悼中强化"爱国主义正确"(Patriotic Correctness)和集体认同,严厉谴责恐怖分子;对"他们"而言,超主权的全球反恐战争则是必要的国家暴力,也是"美国例外论"的延伸。

另一种观点来自以德里达为首的左翼知识分子的"恐怖时代的哲学",认为人们在谈论"9·11"时"并不知道自己说的是什么"②,因为这个历史事件本身的复杂性和多义性。换言之,"这个包涵争议性和隐喻性的事件已构成了一个宏大问题域的中心点,以此辐射出各种复杂深远的思想议题"③:以乔姆斯基、詹明信、赛义德等为代表的左翼知识分子认为"恐怖主义"实为一种政治建构,它服务于美国意识形态和中东政治的需要,主张追问"9·11"的前历史与美国自身强权外交、霸权主义等责任;阿甘本则从施密特的"例外状态"和福柯的"生命政治"出发,以"牲人"(Homo Sacer)这一独特的政治哲学概念来批判"反恐战争"和《爱国者法案》对法律的悬置和对生命的侵犯;齐泽克和鲍德里亚则反对亨廷顿的"文明冲突论",将"9·11"归咎于全球化世界市场与基于种族、宗教、民族和语言的特殊主义的冲突,是全球化进程中的"他者"以死亡为象征性武器,进行人类学意义上的抗争。数年之后,双子塔坍塌的噩梦逐渐消退,但它所触发的全球反恐战争——如托马斯·品钦《放血尖端》所描述的——却持续发酵,从真实的阿富汗、伊拉

---

① 张和龙:《"9·11文学":新世纪美英文学的审美转向?》,《深圳大学学报》2014年第2期。
② Richard Gray, *After the Fall: American Literature since 9/11*, Mal – en, MA: Wiley, 2011, p. 5.
③ 但汉松:《西方"9·11文学"研究:方法、争鸣与反思》,《外国文学动态研究》2015年第4期。

克战场蔓延到虚拟的互联网空间，无论是思想的话语还是文学的虚构，都难以摆脱"后9·11"语境。

当代美国小说家责无旁贷地需要以文学的特有方式面对、思考、阐释和再现这个事件，并已产生了一批可称为"后9·11"文学的虚构作品，这其中有的来自文坛名宿（如厄普代克、罗斯、品钦、德里罗等），也有新晋作家（如侯赛尼、福尔、麦凯恩、瓦尔德曼等）的力作。它们将"9·11"放在更广阔的历史与伦理空间中进行审视和想象，并已成为美国学界的关注热点，国外学界对美国"后9·11"小说的研究既全面又深入，仅最近四年就出版了多部"9·11"文学专著，他们从恐怖主义与美学、艺术及政治的关系、创伤及其影响、历史观念与历史化、恐怖主义与美国文化及历史的关系、恐怖主义与宗教等方面切入，甚至拓展到跨学科、跨文化的领域。一些学术杂志更是以"9·11"小说专号的形式进行集中探讨，如《小说研究》《现代小说研究》等相继推出"恐怖主义和后现代小说"与"9·11"文学等专号。美国其他极具影响力的报纸、期刊如《纽约时报》《华盛顿邮报》《洛杉矶时报》《华尔街日报》《美国研究杂志》《美国文学史》《时代周刊》《语言与文学》等纷纷刊发相关学术论文。有关"后9·11"文学研究的博士研究生论文与硕士研究生论文数量逐年攀升。

总体来说，当前国外的研究可分为以下五大类。

第一，以克里斯蒂安·韦尔思鲁伊斯（Kristiaan Versluys）、琳达·考夫曼（Linda S. Kauffinan）和卡普兰（E. Ann Kaplan）等人为代表的创伤研究。他们将"后9·11"文学中的创伤书写与战争文学及屠犹见证文学的创伤相结合，分析在不同的政治空间下暴力与恐怖对人性的戕害和受创者自我疗救的可能性。韦尔思鲁伊斯的《突如其来：9·11和小说》（*Out of the Blue*：*September* 11 *and the Novel*）一书中分析了唐·德里罗的《坠落的人》、阿特·斯皮格曼的《没有双塔的阴影》、乔纳森·萨福兰·弗尔的《特别响，非常近》、弗雷德里克·贝格伯德的《世界之窗》及约翰·厄普代克的《恐怖分子》五部小说，总结了"后9·11"小说中创伤书写的得与失，论述了创伤事件的情感因素与道德影响；卡普兰的专著《创伤文化：媒介与文学中恐怖与丧失的政治》则将创伤的影响分为三类，即心理身份的瓦解、充斥于日常生活中的威胁感、受辱感与缺失感；考夫曼的《世界创伤中心》一文也深入挖掘了"后9·11"文学中的创伤性影响；苏珊·法露迪则更进一步，在《恐怖之梦——9·11后美国的恐惧与幻想》中既阐释了美国人对恐怖袭击的心理反应，又理性审视了"后9·11"的美国文化。

第二，艺术与恐怖暴力的历史研究，代表学者有乔治安娜·巴里塔、玛格丽特·斯坎兰和弗兰克·伦屈齐亚。他们追溯恐怖、暴力与文学的历史，并将它们放在浪漫主义和20世纪暴力史的传统中进行。斯坎兰的著作《谋划恐怖：当代虚构中的小说家和恐怖主义者》主要考察了1979—1998年20年间各小说所涉及的文化冲突、暴力与政治等问题，但因其出版年与"9·11"同年而倍受关注；澳大利亚学者巴里塔的《谋划正义：9·11后的叙事伦理与文学文化》一书分析了唐·德里罗、罗琳·亚当斯、迈克尔·坎宁安及帕特里克·麦克拉斯等作家作品，并引入多萝西·黑尔的文学伦理批评，希冀在历史的维度中找寻和建构"后9·11"小说的叙事伦理；伦屈齐亚在其专著《艺术之罪和恐怖》中将恐怖、暴力与文学的关系既置于传统之中，又在"后9·11"的思想与文化语境中探究它们之间的关系。

第三，后殖民式视角研究，代表人物为兰达尔（Martin Randall）和格雷。他们批判以美国创伤为主要视角的灾难叙事的空洞，呼吁从跨国主义和伦理批评的角度反思"后9·11"文学的再现问题，提倡将纽约"归零地"置换为多元文化及多民族与多宗教的小说叙事，以去中心化和混杂性的文学想象帮助各国读者更好地认识文化"他者"。兰达尔《9·11与恐怖文学》一书全面探讨了代表"9·11"事件的小说如马丁·艾米斯、唐·德里罗、莫欣·哈米德等作家的"后9·11"作品，他还分析了诗歌、戏剧及影视作品；理查德·格雷的专著《坠落之后：9·11后的美国文学》不仅审视了"9·11"的含义及反恐战争对美国文化与文学的影响，并将"9·11"文学与后殖民批评理论结合起来。

第四，文化与跨文化研究，代表著作有里克·鲁宾和亚普·瓦赫尤的《9·11后美国多元文化主义：大西洋两岸的观点》，他们探讨了移民、同化及公民身份等问题，也讨论了普世论、宗教及宽容等尚未解决的诸多问题；2012年，伊娃·科瓦尔的著作《早期后9·11小说中的图像事件：2001年9月11日后关于恐怖的文学再现》在更广的文化语境中研究了13部早期"后9·11"小说，揭示了小说对该事件的回应；而2010年，阿瑟·布拉德利、安德鲁·泰特的著作《新无神主义小说：虚构、哲学与9·11后的论争》则探讨了小说与哲学及宗教的关系。

第五，文学研究的范畴之外的跨学科、甚至超学科研究，如对"9·11"后的教育、民族自决、政府与权力等，进行更为广泛而深入的研究：针对美国高等教育面临的紧迫问题，爱德华·卡瓦略、大卫·唐宁的《后9·11时代的学术自由》跨越学科领域，关注危及美国教育机构的未来的经济和政治危机；伊丽莎白·查德威克的《后9·11时代的民族自决》的著作则展现了反恐战争对民族自决的政治所产生的影响；拉斯·范戈尔德《美国沉睡之时：敲响后9·11时代的警钟》一书则分析了"9·11"后美国10余年内的政府与权力，并提出了解决威胁美国的国际问题的方法；2013年，安·肯尼斯顿和J. F. 奎恩的《9·11后的文学》一书，不仅阐释了"9·11"对文学的影响及文学对该事件的书写，还提出"后9·11"小说不同话语可进行重组与对话；2015年，阿林·基伯尔和伊万·斯泰西在《火线与后9·11的美国：批评随笔》一书则完全跳出民族主义的樊篱，全面客观，不仅从外部世界探寻导致"9·11"发生的原因，更从美国社会内部探究其根原。

近年来，国内对创伤叙事的研究已初具规模，张加生、孔瑞、曾桂娥、王建会、朴玉、但汉松等人对小说中的创伤写作做了较为深入的个案分析。《当代外国文学》杂志为推动国内"9·11"文学研究，从 2011 年起开设"9·11"专栏，集中发表此类研究成果；《外国文学》《国外文学》《外国文学评论》《外国文学研究》《当代文坛》《外国语文》《外语与外语教学》《英美研究论丛》《深圳大学学报》及《湖南科技大学学报》等陆续刊发相关研究论文；国内现有"后9·11"小说研究专著3部。但整体而言，国内研究时间上滞后于国外，现在研究也基本围绕传统的创伤研究在展开，缺乏对"9·11"小说中微观的文本政治的批判性体察，也未能在叙事格调的层面将其作为文类加以整体性的深入评价。

二 "后9·11"文学研究的几点思考

自"后9·11"小说问世以来，评论界对如何界定此类小说一直存有争议，甚至连名字本身也有颇多争议、难以统一，"后9·11"小说、"9·11""后9·11"文学、"9·11"文学这样具有细微差别的称呼常见于各类期刊与专著之中，甚至有时在同一篇文章中也无法保持同一性。倘若将所有涉及"9·11"恐怖袭击甚至反恐战争的小说都归入"后9·11"小说之列，看似宽松却难免尴尬，因为有些作品中，"9·11"事件仅是一个点缀，或作为小说的一个时代背景，或为某一事件产生的"触发机制"；而有些本身并未提及甚至与"9·11"所处时代相去甚远的小说，如《转吧，这伟大的世界》《路》等则因反映了当下流行的恐怖主义与暴力就被评论家视为对"9·11"事件的一种曲折性表达或寓言，从而被纳入这一类别。"后9·11"小说创作与研究的困难可见一斑。

正因如此，反而彰显出迄今为止这个最严重的恐怖袭击事件的复杂性与多义性，更能折射出人类对实现对普世价值的重建与提升的考验与持之不懈的努力，而"后9·11"小说中的"后"字也不再只是时间维度上的概念，而是在超越了这一事件本身的同时，实现了对这一事件的再现与对人类共同困境的反思。正因这一特殊门类的复杂与多义性，在对此进行批评研究之时，应该特别注意以下三点①。

第一，用"描写性"而非"规定性"的方式进行"后9·11"小说批评，以兼收并蓄的视野考察这一文类的生成与演变，不从特定意识形态出发预设这种文学"该怎么写"。既观照它与战后见证文学和创伤文学之间的历史关联，同时又看重它自身特有的思想文化语境，提炼这个文学类别处于发展和形成之中的形式美学和主题特征。

第二，兼顾族裔、体裁等属性，重点分析已被"后9·11"文学研究者经典化的代表性作品，但同时不排斥类型小说（如间谍和犯罪小说）中对美国反恐政治的批判性呈现。以更大景深考察"后9·11"小说叙事的多种可能形态和题旨。

第三，不以单一的创伤文学或后殖民批判的视角来审视"后9·11"小说，像朗西埃那样不把政治定义为权力的体系或话语的控制，而是从"可感范畴的分配"上视之为不同逻辑话语间的协商和对抗，从而消解传统上政治与审美的对立。由此，本研究可从文本外部的社会历史空间和内部的审美空间同时切入，探究"后9·11"时代文学与政治的对话可能。

这也正是本书"后9·11"小说研究的指导原则所在。

第二节　理论背景：东方主义、文明冲突、创伤与非暴力伦理

西方话语下的伊斯兰世界愚昧、死板、偏激，而极端政治伊斯兰口中的

---

① 但汉松：《西方"9·11文学"研究：方法、争鸣与反思》，《外国文学动态研究》2015年第4期。

西方又是嗜血、贪婪、混乱的，双方的误解与矛盾不可避免地造就了东西方文明的冲突，更进一步催生了暴力冲突，给普通民众带来无尽的创伤。"后9·11"小说既是现实的写照，对相关的东方主义、文明冲突、创伤与非暴力伦理这4个理论的掌握有助于加深对作品的理解。

一 萨义德：东方主义

东方主义理论起源于爱德华·萨义德的著作《东方学》。整套理论主要包含了三种含义：一是欧洲19世纪形成的有关东方的一整套知识体系；二是该知识体系生成的将东方异类化的神话或"套话"；三是东方主义话语建制的西方对东方的权力关系。该理论构架主要借鉴了葛兰西的文化霸权思想与福柯权力话语理论，认为知识论述与权力运作密切相关，西方的文化霸权就是建立在"知识/权力"的关系上，东方主义话语不仅表达了权力关系，而且还帮助建构了一种政治权力场。东方主义话语还以西方（自我）和东方（他者）的对比为基础创造了人物的类型学。萨义德对此进行了深入的后殖民主义批判。

首先，萨义德认为，东方并非一种自然的存在，"东方"和"西方"这样的地方和地理区域都是人为建构起来的。西方话语体系中的东方，既指一个地理区域，又指一种文化观念，有着自身的历史、思维、意象和词汇传统，正是这一历史与传统使其能够与"西方"相对峙而存在，并且为"西方"而存在。①

其次，萨义德认为，作为西方话语的东方学，以观念权威形式向整个文化领域渗透，形成一种西方人眼里的神话或"套话"。在西方历史不同阶段的东方叙述中积淀下来这样的西方文化想象：东方具有特定的"东方性"，如神

①　［美］爱德华·萨义德：《东方学》，王宇根译，生活·读书·新知三联书店1999年版，第6页。

秘、淫荡、堕落、残暴、专制、腐败、落后、停滞、邪恶等反面特征，与富有、民主、强大、智慧等背道而驰。这些特征成为一种西方思维的固定模式，或"保留特征"，又在不同时代用不同方式组合成所谓的东方本质①。如古希腊时代，西方想象的东方特征主要是神秘、放荡、奢华、堕落、专制、残暴；中世纪在上述特征外加上了邪恶与魔鬼、反基督的色彩；从地理大发现到启蒙运动，东方一度具有了可疑的正面形象，到19世纪又转向反面，在传统想象的否定性特征基础上，又加上了停滞、古旧、腐朽、混乱、衰亡、非理性的特征；在"9·11"事件之后，"极端主义""恐怖主义"或"狂热主义"更成了东方尤其是伊斯兰世界的代名词。对于这一现象，萨义德评论道：

> 对于"东方"这一半神话式的建构而言已是司空见惯。自从18世纪末拿破仑入侵埃及以来，这种半神话式的建构就不断被权力制造、再制造，并通过一种对其有利的知识形态发挥作用，宣称这就是东方的本质，我们必须相应地予以应对。这一过程中，包含着无数的形形色色的历史以及令人眼花缭乱的民族、语言、经验和文化的历史沉淀，全都被弃置不顾，或者被忽略，与那些从巴格达图书馆和博物馆中带出来的被磨成毫无意义的碎片的宝物一起弃置在沙堆上。我认为，历史是由男人和女人共同造就的，就像它能够被毁掉和重写一样，历史总有着各种各样的沉默与省略，总有着被强加的形塑或被容忍的扭曲，以此，"我们的"西方、"我们的"东方就成为我们拥有并听从我们指挥的属于"我们的"东西。②

上述引文中的最后一句也道出了东方主义理论的第三层含义，即东方主

---

① 周宁：《东方主义：理论与论争》，《厦门大学学报》（哲学社会科学版）2003年第1期。
② ［美］爱德华·萨义德：《东方学》，王宇根译，生活·读书·新知三联书店1999年版，第4—5页。

义话语建制的西方对东方的权力关系，透过西方的话语体系，我们可以看出其背后鲜明的政治性色彩：

> 借口他们落后、缺乏民主和剥夺女性权利，而对当代阿拉伯和穆斯林社会发动如此大规模的和有预谋的攻击的人全然忘记了诸如现代性、启蒙和民主这样的理念，绝不是如此简单和可以达成共识的概念，绝不像在起居室里找得到或找不到复活节彩蛋那么简单。那些以外交政策的名义发言，却没有活生生的认识（或者是任何现实中的人们实际使用的语言的知识）的浅薄空洞的时事评论员，以惊人的漠不关心捏造出一片贫瘠的想象的风景，随时供美国霸权在那里建造自由市场"民主政治"的仿制品①。

在他看来，知识的产生是有着严密秩序的政治情境，西方对东方的兴趣是政治性；西方关于东方的许多知识，并非纯粹知识，而是政治知识，"东方学归根结底是一种强加于东方之上的政治学说"。因此有理由认为，每一个欧洲人，不管他会对东方发表什么看法，最终都几乎是"一个种族主义者，一个帝国主义者，一个彻头彻尾的民族中心主义者"②。

至于解决之道，萨义德强调"人文主义是我们反抗种种扭曲人类历史的非人性行径和不公正现象的唯一武器"③，是最后的反抗武器，以阻止那些把人们驱赶到诸如"美国""西方"或"伊斯兰"这类只有虚假的统一性的大标题下的可怕的化约性冲突，那些为众多实际上是各不相同的个人发明集体身份的可怕的化约性冲突继续大行其道。他倡导我们所需要的不是那种被制造出来的文明的冲突，而是聚精会神于相互交叠的文化间的缓慢合作，这些

---

① ［美］爱德华·萨义德：《东方学》，王宇根译，生活·读书·新知三联书店 1999 年版，第 5 页。

② 同上书，第 260 页。

③ 同上书，第 16 页。

文化以大为有趣的方式彼此借鉴、共同生存，而绝非任何删繁就简的虚假理解方式所能预想的。为了这个远大的目标，我们需要时间、耐心和具有怀疑精神的探究，加以对阐释群体的坚信，尽管在一个要求即时行动和即时反应的世界里，维持这样的阐释群体是困难的。

二 亨廷顿：文明冲突

萨义德强调不能臆化东方以服务于西方政权，要拿起人文主义之武器以抵御冲突，强调不同文化间的相互借鉴、共同生存，这与亨廷顿的文明冲突论要义有共同之处——他特别强调美国必须学会和其他文明共存，而不是取而代之。

亨廷顿文明冲突论的提出背景是对富山理想主义派的"历史终结"论的一种"新现实主义派"质疑，是另一种对冷战后世界政治格局的分析和预测。20 世纪 80 年代末 90 年代初，冷战接近尾声之际，美国的学术和政策分析界发生过一场今天看来很有启示意义的争论。争论的一方以美国乔治·梅森大学的教授弗朗西斯·富山（Francis Fuguyama）为代表。他在 1989 年夏季号的《国家利益》杂志上发表了一篇题为《历史的终结?》的论文。他在文章里开宗明义地指出："共产主义的崩溃不仅标志着冷战的结束，而且是更高意义上历史的终结，即过去三个世纪里人类在意识形态方面冲突的终结。"富山宣称 20 世纪将以政治和经济的自由主义的胜利而告终，理由是在过去的一个世纪里，对西方自由主义的挑战主要来自希特勒的法西斯主义和列宁斯大林的共产主义这两个方面，所以这两大挑战消失之后，资本主义民主自由制度已经不会有任何替代物了，尽管最近兴起的宗教原教旨主义和民族主义似乎对自由主义构成了新的挑战，但是它们只是局限在世界的某一地区，并没有全球意义，都成不了气候。那么，从国际关系的角度讲，"历史的终结"意味着什么呢? 富山认为后历史阶段将会出现两个特征。其一是出于共产主义意识形态在中国和苏联这样的大国"已经消亡"，大国之间冲突的根源也随之消失，大国之间的关系可望实现和平与合作。另一特征则是国际关系所谓的"共同市场化"。意识形态之间的殊死斗争将被对经济、技术、环境和消费等问题的关注所取代。

面对冷战后国际关系中各种新的矛盾和冲突的出现，有一部分人士开始以更清醒的眼光来审视现实，富山过分的乐观主义被更多的忧患意识所取代，出现了后冷战时期的"新现实主义"学派，而哈佛大学的塞缪尔·亨廷顿教授（Samuel P. Hungtington）就是其中的一位代表人物。他认为这种"历史终结论"比先前盛行的"美国衰落论"更危险，因为"美国衰落论"尽管有些危言耸听，毕竟还可以为人们提供一贴清醒剂，毕竟是在对历史进行分析的基础上做出的判断。他指出冷战的结束并不意味着政治、意识形态、外交、经济、技术乃至军事竞争的结束，却很可能只是意味着不稳定、不可预测性和暴力的增加。1993年，他在《外交季刊》上发表了一篇《文明的冲突》的论文引起了极大的争议，文中提出了一个大胆的论点，即新时期国际冲突的根源不是意识形态和经济，而是文化和文明。这里他把文明定义为人们文化组合的最高形式和人们所拥有的最广泛意义上的文化特征。他认为现在世界存在着七八个主要的文明，包括西方文明、儒家文明、日本文明、伊斯兰文明、印度文明、斯拉夫文明、拉美文明以及非洲文明。文明之间常常会发生冲突，但是和过去不同的是，以往的冲突多半是西方文明内部的冲突，而未来将主要是西方和非西方文明之间的冲突。亨廷顿强调文明之间的冲突不仅是真实的，而且是基本的。文明之间的差异比政治和经济的差异更难以弥合。文化和宗教的不同会导致在人权、移民、贸易等诸多政策问题上的巨大鸿沟。和富山的估计相反，亨廷顿不相信在不久的将来会出现一个统一的文明，故而特别强调西方文明必须和其他文明共存，而不是想取而代之。

"9·11"的发生再次以悲剧的形式提醒世人：人类冲突和暴力的历史并不因为冷战的结束而终止。恐怖袭击发生以后，亨廷顿的文明冲突论再次成了热点主题词，又一次占据了各大报章的显著位置，引起了新一轮的争论。有人惊叹其预测的准确性，惊呼文明的冲突已经到来，美国必须做好准备，迎接并打赢文明（文化）、宗教战争；也有人搬出国家主义的范式，指出这绝不是一场文明的冲突，而是国家利益和原则的分化组合，反恐战争中贯穿的仍然是老式的统领国际关系的利益和原则斗争；还有人搬出普世主义文明观，指出"9·11"是一次严重的对人类共有基本价值的袭击，是严重的犯罪行为，是野蛮与文明、邪恶与正义的对抗，所以，反恐战争是一场超越各个文明与文化的国际社会共同的事业。

另有人在讨论中明显忽视了冲突根源与冲突结果的区别，亨廷顿所认为的是：恐怖主义的根源仍然是非理性的文明（宗教）的差异，但恐怖主义的结果和危害则在任何国家都被视为犯罪行为，对恐怖行为做出反应和参与反恐联盟的则是作为政治实体的国家或其他组织，所以人们不该"简单地把国家与文明、政治实体与文化实体、国家范式与文明范式相对立"[①]。从"9·11"之后的美国政策来看，确实反映了亨廷顿的政策建议：先前本·拉登一直把他的组织和美国的较量看作是伊斯兰教对西方文明的圣战。"9·11"之后拉登再次宣称，美国对阿富汗的军事行动是针对伊所兰的一场意识形态和宗教的战争，所以全世界的穆斯林应当行动起来帮助阿富汗的穆斯林。把阿拉伯和非阿拉伯的伊斯兰教徒团结起来和以美国为首的西方对抗，这也许正是拉登的极端政治和伊斯兰追随者发动"9·11"袭击的真实目的之一。

而美国并未落入这个圈套，相反地，布什政府刻意淡化恐怖主义同伊斯兰之间的因果关系，竭力否认这是一场文明宗教之间的冲突，并宣称美国的军事行动也不是针对伊斯兰世界，而是一场正义与邪恶、自由与压制之间的较量。

---

① 孙相东：《亨廷顿的文明冲突论再解读——兼论"9·11"与文明冲突论》，《世界经济与政治》2003 年第 1 期。

综上所述，正如亨廷顿在《文明的冲突与世界秩序的重建》的序言中所强调的，他所期望的是"唤起人们对文明冲突的危险性的注意，将有助于促进整个世界上'文明的对话'"①。在解读文明冲突论时，读者应避免进入以下误区：制造了文明和国家、价值和利益的简单对立；混淆了冲突的根源与冲突的结果；对文明和普世性文明的语义使用混乱。

三 创伤理论

"9·11"恐怖袭击事件致使几千条生命消失，给活着的人留下无尽的伤痛。实际上，无论在想象书写还是现实层面，人类历史可谓一部创伤史：亚当与夏娃被逐出伊甸园、大洪水与诺亚方舟、两次世界大战、第二次世界大战犹太人大屠杀集中营、中国南京大屠杀、"9·11"恐怖袭击事件之后对伊拉克与阿富汗的反恐战争、较近的法国"查理事件"和国庆日恐怖袭击等，各类天灾人祸，层出不穷。而文学作为人学，从古至今关于人类应对灾难和创伤的文学作品也是不胜枚举。"后9·11"文学就是其中一类。

创伤（Trauma）的希腊文意为"伤口"（Wound），原意为因事故或外在侵犯给身体带来的伤害或生理伤口，但在19世纪后期，此含义的外延逐渐扩展到心理层面。美国精神病协会1994年出版的《精神病统计手册》（DSM－Ⅳ）将它定性为亲身经历和亲眼看到涉及死亡、严重伤害和威胁的事件，并令人感到恐怖、反感或无助。而创伤性事件一般分为三类：第一类为自然灾难，如地震、洪水、飓风、森林火灾、火山爆发、雪崩、山体滑坡等；第二类为意外灾难，如火车、飞机、汽车的运输灾难、海难以及环境灾难，如核灾难；第三类为人为灾难，通常由暴力、犯罪和恐怖主义引起的，如家暴、抢劫、枪击、爆炸、强奸、拐卖、性侵犯、性虐待、拷打或关禁闭、人质劫

---

① ［美］塞缪尔·亨廷顿：《文明的冲突与世界秩序的重建》，侯井天译，新华出版社2002年版，第5页。

持、战争（如世界大战、越战士兵心理创伤）、恐怖袭击等。此外，其他重要的生活事件，如重要丧失（亲人死亡、情感背叛等）、不公正待遇（"文革"中被无故批斗）等，都可能导致心理创伤。

创伤研究逐渐超出心理学研究的领域，成为包括历史、社会学、艺术、文学、哲学、宗教、神学等学科的关注对象和跨学科的焦点。其中代表性人物包括：弗洛伊德（Sigmund Freud）、让内（Pierre Janet）等人对创伤的心理机制进行了开拓性研究；霍尔曼（Judith L. Herman）、廓尔克（Bessel O. Van der Kolk）和塔尔（Kali Tal）等针对大屠杀幸存者所做的调查为创伤记忆提供了实证，并从社会、语言的角度拓展了创伤和见证的关系；卡鲁斯（Cathy Caruth）和拉卡普拉（Dominick LaCapra）则定义了创伤的"潜伏期""重复""延宕""创伤展演""创伤应对"等重要术语，对历史、文学、文化创伤研究有重要指导作用。"西方学者所讨论的创伤文学主要聚焦于历史语境中的宏大叙事。大屠杀、越战、'9·11'事件往往成为这类批评所关注的核心对象。"①

（一）创伤的心理机制：延宕、重复和潜伏期

在《精神创伤：记忆的探索》中，卡鲁斯解释了精神创伤的内涵，并剖析了它的形成心理机制。她认为，精神创伤"就是受害人在毫无准备和极其恐惧的状态下遭遇某一惊人事件所产生的复杂情感，先前的知识结构无法为它做好准备"②，"事件在当时没有被充分吸收或体验，而是被延迟，表现在对某个经历过此事的人的反复侵袭之中"③。弗洛伊德和让内④对创伤的解释也说明了创伤的理解具有延宕性（Belatedness）和重复性（Repetition）：当一

---

① 尚必武：《创伤·记忆·叙述疗法——评莫里森新作〈慈悲〉》，《国外文学》2011 年第 3 期。
② Cathy Caruth, *Trauma*: *Explorations in Memory*, Baltimore: the Johns Hopkins University Press, 1995, p. 153.
③ Ibid., pp. 4—5.
④ 卫岭：《奥尼尔的创伤记忆与悲剧创伤》，人民出版社 2009 年版，第 27 页。

个人面临一种困扰自己的伤害时，或者说当他/她面对自己难以承受的思想和情感时，创伤的"即时性"（Immediacy）阻止了他/她对创伤的理解而无法整合太多或太多强烈的刺激，因此他/她会选择逃避或规避，而与此相关的概念就会与意识分离，形成独特的"创伤记忆"，存在于受害者的无意识之中，但它会以噩梦、闪回、视觉意象、行为重演等方式不断重复对他/她的思想、行为和心境施加影响。比如《坠落的人》主人公基思虽然在"9·11"袭击中大难不死，逃回已经分居多年的妻子丽昂的寓所，然而，在随后数周中，基思无法从双子塔变形倒塌的轰响中走出来，神情茫然，动作笨拙，不敢相信所发生的事，更捉摸不透自己居然还能活着，但又无法与家人言说他的经历，还时时被幻灭所困，他不断回忆起在恐怖袭击中丧命的牌友，甚至不时感觉到他在窗口看着他，"9·11"成了他心中挥之不去的梦魇，只能逃避家庭生活，与另一名受害者发生婚外情后，继而沉迷于扑克赌博，游戏人生。

卡鲁斯发展了弗洛伊德关于创伤延迟性的观点，提出了创伤的另一个特征，即潜伏期（Latency），"这种创伤经历，以潜伏的事实存在，并非忘记没有被全然理解的事实，而是存在于内在的潜伏与经历本身"①，并外化为一系列创伤后应激障碍症状（PTSD），主要包括以下几个层面②：（1）生理层面：疲惫感、虚弱感、麻木感、过度的惊吓反射动作、手脚感到刺痛或沉重、心跳加速、呼吸急促等；（2）认知层面：注意力差或记忆力有问题，理解困难、思考缓慢，看待自己和世界的方式发生改变，对环境的警觉性增强（过度警觉），自我分离，闪回，噩梦；（3）情绪层面：焦虑与恐惧，失去安全感、感到孤立和疏远，悲伤、抑郁，内疚，愤怒、易怒，情感麻木、冷漠，对任何事件都不喜欢、失去信心与自尊等；（4）行为层面：退缩或远离他人，容易

---

① Cathy Caruth, *Trauma*: *Explorations in Memory*, Baltimore: the Johns Hopkins University Press, 1995, p. 7.

② 赵冬梅：《心理创伤的理论与研究》，暨南大学出版社2011年版，第7—8页。

受到惊吓、回避，时常有愤怒感、好攻击他人，经常与别人争论等。"后9·11"小说里的创伤受害者基本都表现出以上 PTSD 特征，以《特别响，非常近》里的儿童奥斯卡为典型。他因父亲在"9·11"中丧生，深陷于抑郁与悲伤之中，更愧疚于自己没有胆量去接父亲临死前打来的电话，自虐、失眠，每天都觉得心里很沉重，所以穿上厚靴子前行，一出门就很惊恐，尤其害怕电梯、火车、飞机，需要一路摇着手摇鼓才能静下心来，无法与熟悉的人沟通甚至憎恨自己的妈妈，对她说宁可死去的人是她而不是父亲，对周遭的人也不时有愤怒感，幻想着用骷髅头去把对方的脑袋砸得血淋淋。

总之，创伤给人以沉痛的打击，留下难以愈合的情感伤口，导致一系列的精神障碍。在经历创伤性事件之后，受创者们对信仰、生活、自然、社会等失去信心，严重缺乏安全感。恐慌和梦魇成为困扰他们的两大主导因素，"脆弱"是他们的特有标签。埃里克森对此有过比较贴切的描述："受过创伤的人经常感觉他们已经对生活环境失去了控制，他们是易受伤的（Vulnerable）"①，"他们感觉自己已经对各种不幸失去了免疫力，一些糟糕的事情注定要发生在他们身上"。可见"创伤的幸存者并不是暴力事件残存的幸运儿，而是要面对无休止的创伤的重复，最后甚至引向毁灭"②。

（二）创伤记忆与叙述治疗

弗洛伊德在《抑制、症状和焦虑》中提出重复创伤的动力来自于压抑自身的作用，并发展了创伤记忆。因为记忆被压抑，患者被迫重复被压抑的材料，并且将这些重复当作当前的经验，而不记得这些是属于过去的。因为他不能记忆，所有可能通过行为表现出来："他重新生产它，不是作为一个记忆，而是一个行为；他重复它，不自知地重复，而最后，我们明白了这就是

---

① Kai Erikson, "Notes on Trauma and Community", *Trauma: Explorations in Memory*, Baltimore: The Johns Hopkins University Press, 1995, p. 194.

② 王欣：《创伤、记忆和历史：美国南方创伤小说研究》，四川大学出版社 2013 年版，第 43 页。

他记忆的方式。"① 而李斯等人则借用了弗洛伊德"延宕行为"（Deferred Action）的概念，认为创伤记忆是"象征系统的中断，它连接的不是压抑、无意识，而是和时间的延迟、重复和真实的回归相关"②。由于创伤患者的感知功能遭到了破坏，所以他不能在正常的意识中回忆和组织伤痛的经历，相反地，创伤记忆具有无时性（Timelessness），它一直没有过去，一直存在于现在，"这段创伤因而被固定或凝固在时间里，拒绝作为过去被再现，而是永远地在一种痛苦、分裂、创伤的现在中被重新经历"③。这种创伤经历使他们生活在很难沟通的两个世界中，一个是创伤领域，另一个是现在的、通常生活的领域。兰格尔的大屠杀口头和研究都证明，创伤患者的记忆分裂成为两部分，一部分是对日常生活的叙事记忆，具有时间性；而另一部分是对创伤事件的记忆，具有无时性："（幸存者）永远也不可能加入他现在所在的世界中。（他的世界）一直是双重的，不是分裂成另一个世界的复影，而是平行存在。他（的叙述）不是历时的，而是共时的，从一个世界到另一个世界。"④

由于创伤经历割裂了受害者现在与过去的联系，创伤记忆的本质是不相关联的，而是"最先作为感觉碎片储存。没有语言能力，所有的病人都声称他们只是随着时间流逝才形成他们创伤的叙述……所以，患者的创伤经历开始时不是以叙事形式组织的，似乎也不服务于交流的功能"，患者的语言也不融于通常的象征系统，很难将创伤记忆整合成叙事记忆，也就不能回顾所发生的一切并讲述他们的故事。然而，廓尔克（Bessel A. Van Der Kolk）和哈特（Onno Van Der Hart）认为叙述是创伤痊愈的标志之一，对于受创者们而言，

---

① Sigmund Freud, *The Standard Edition of the Complete Psychological Words of Sigmund Freud*, Trans. and ed., James Strachey, London: Logarth, 1974, p. 150.

② Ruth Leys, *Trauma: A Genealogy*, Chicago and London: The University of Chicago Press, 2000, p. 270.

③ Ibid., p. 2.

④ L. L. Langer, *Holocaust Testimonies: The Ruins of Memory*, New Haven: Yale University Press, 1991, p. 95.

讲述故事既是他们活下去的一个重要途径也是他们活下去的基本目的。按照多里·劳布的话来说："幸存者们不仅需要活下来，去讲述他们的故事；他们也需要讲述来理解他们的故事……为了能够活下去，幸存者们不得不去理解埋在自己内心的真相。"①

因此，要解决创伤对受创者现在的困扰，就要通过帮助患者重建一段叙事以及重建一段历史来进行治疗，而"这种重建过程本质上是重新客体化、具体化创伤事件"②，让主体能从纠缠其中的创伤事件中表达并传递这个故事，让自己也让他人见证这个经历。在讲述创伤的过程中，见证成为创伤传播、分享的重要工具。

（三）文化创伤和见证文学

关于创伤，受害者可以是个人，也可以是群体，因此心理创伤有个人心理创伤（Individual Trauma）和集体创伤（Collective Trauma）两种形式。自然主义把创伤简单地归于某个"事件"（比如一种暴力行为、一场社会剧变等），认为创伤是自然发生、可凭直观了解的。这种自然主义的理论被耶鲁大学社会学系教授杰弗里·亚历山大（Jeffrey C. Alexander）称为"外行创伤理论"或"常民创伤理论"（Lay Trauma Theory）。亚历山大通过质疑自然主义的文化创伤理论发展出了建构主义的文化创伤理论。他认为，"当个人和群体觉得他们经历了可怕的事件，在群体意识上留下难以磨灭的痕迹，成为永久的记忆，根本且无可逆转地改变了他们的未来，文化创伤（Cultural Trauma）就发生了。"③

文化创伤侧重于某一事件或灾难对群体产生的影响。可以从以下三个方

---

① Laub, Dori. "Truth and Testimony: The Process and the Struggle", in *Trauma: Explorations in Memory*, ed. Cathy Caruth. Baltimore: The Johns Hopkins University Press, 1995, p. 63.

② 王欣：《创伤、记忆和历史：美国南方创伤小说研究》，四川大学出版社 2013 年版，第 58 页。

③ Jeffrey C. Alexander, "Alexander, Towards a Theory of Cultural Trauma", *Cultural Trauma and Collective Identity*, California: University of California Press, 2004, p. 55.

面来理解亚历山大的文化创伤理论：文化创伤不是一个自在的经验事实，而是一种自觉的文化建构，具有自觉性、主体性和反思性，它是在一个特定的文化系统中发生的对经验事实的特定书写和表征；文化创伤是一种强烈的、深刻的、难以磨灭的对一个人或一个群体的未来发生重大影响的痛苦记忆；文化创伤带有群体维度，是一种群体性的受伤害体验，它不只是涉及个体的认同，而且涉及群体认同。严重的文化创伤是全人类共同的受难经验，从而，对于文化创伤的反思和修复也就是整个人类的共同使命，而不只是个别灾难承受者的事情，也不只是承受灾难的某些群体、民族或国家的事情。作为一种自觉的文化建构，文化创伤还指向一种社会责任与政治行动，因为"借由建构文化创伤，各种社会群体、国族社会，有时候甚至是整个文明，不仅在认知上辨认出人类苦难的存在和根源，还会就此担负起一些重责大任。一旦辨认出创伤的缘由，并因此担负了这种道德责任，集体的成员便界定了他们的团结关系，而这种方式原则上让他们得以分担他人的苦难"。可见，建构文化创伤的目的不仅在于搞清楚文化创伤的根源，而且更主要的是指出后灾难、后创伤时代的人类应怎么做①。

创伤之后，受创者需要有听众、有人见证，因此讲述有关创伤和生存的故事不仅是个人行为，也是一种集体行为，需要人们彼此间相互合作，这样有助于其他读者或听者间接体验创伤的经历。"二战"以后，西方出现了大量大屠杀幸存者书写的见证文学，见证极度邪恶的统治给人带来的苦难。从文化记忆的理论看，见证文学即是创伤记忆的一种书写形式，是通过灾难承受者见证自己的可怕经历而对人道灾难进行见证的书写形式。詹姆斯·杨（James. E. Young）在《书写和重写大屠杀：叙事和阐释的结果》中，追溯并确定"见证"（Testimony）的词根为"Witness"：

---

① 陶东风：《文化创伤与见证文学》，《当代文坛》2011年第5期。

在英文的词源中，"见证"来自拉丁文的"witness"（testi），而 witness 来自抽象的概念，即感知（或得知）什么事，也指真正地看到什么的意思。去见证就是指"来作证"（to Make Witness）——见证既指目击者也指见证者，同时也指知识的。①

因此，见证常常提供了一种对于其读者来说，先前不为所知、不可得、或不可解的某个话题或事件的知识。它不仅涉及创伤经历，也涉及创伤讲述的倾听、分享和传递，包括三个层次："第一层，经验之内自身的见证；第二层，对他人证词的见证；第三层，对见证过程本身的见证"②。见证文学的特点和意义包括以下几个方面。

首先，见证文学的意义不仅在于保存历史真相，见证被人道灾难所扭曲的人性，更在于修复灾后的人类世界。"在人道灾难之后，我们生活在一个人性和道德秩序都已再难修复的世界中，但是只要人的生活还在继续，只要人的生存还需要意义，人类就必须修复这个世界。"这就是见证文学所承载的人道责任。如徐贲指出的："灾难见证承载的是被苦难和死亡所扭曲的人性，而'后灾难'见证承载的人性则有两种可能的发展，一是继续被孤独和恐惧所封闭，二是打破这种孤独和封闭，并在与他人的联系过程中重新拾回共同抵抗灾难邪恶的希望和信心。"③

其次，创伤记忆建构的目标是"以有说服力的方式将创伤宣称投射到受众-公众"，使创伤受众扩展至包含其他非直接承受创伤的公众，让后者能够经验到与直接受害群体的认同。比如大量的大屠杀见证文学就告诉人们不可把大屠杀当成犹太人特有的灾难，把它定格为专属犹太人的生存问题；不应

---

① Janes E. Young, *Writing and Rewriting the Holocaust*：*Narrative and the Consequences of Interpretation*，Bloomington：Indiana UP，1988，p. 19.

② Dori Laub, "Truth and Testimony：The Process and the Struggle"，*Trauma*：*Explorations in Memory*，Baltimore：The Johns Hopkins University Press，1995，p. 61.

③ 徐贲：《人以什么理由来记忆》，中国人民大学出版社 2009 年版，第 224 页。

只将见证文学当作自传,而应视之为人类体验的书写,并应将反思提升至对人类普遍境遇的思考,从而把避免犹太人的悲剧再发生当成我们必须承担的普遍道义责任。创伤历史的交流模式还可以扩大到代与代之间。在《无可言说的经验》中,卡鲁斯将弗洛伊德所著的《摩西和一神教》与犹太人的创伤相连:"犹太一神教中创伤延迟的经验,意味着历史不仅是危机的传递,也是幸存的传递。它只能为一个大于任何个人或单个代与代的历史所拥有。"[①] 也就是说,创伤记忆通过见证可以直接或间接地传递给下一代。

最后,见证文学是一种寓言式的书写,所扩充的是人存在的普遍意义和境遇。因为它同时具有两个特点:既如实描写灾难的暴力、恐惧、人性黑暗,以及与此有关的种种苦难和创伤,又是对普遍人性和存在境遇的探索,揭示了与人的苦难有关的种种原型情景和主题,如死亡、记忆、信仰,等等。

四 巴特勒:非暴力伦理

霍布斯认为,人类如果脱离了不安全的自然状态形成政治社会,就获得了和平与安全。这一政治理论受到了"9·11"事件的挑战。这一骇人听闻的恐怖事件揭露了一个普世的人类困境,即国家保护状态下的不安全感。它也提醒我们一个事实,在当代政治社会中,人类面临着无法规避的脆弱感。这种不安全感、脆弱感是一种集体的状态,作为社会的人,作为主体的"我"与他者之间是相互依赖的关系,我们的生命暴露在熟知的或不可知的力量之下,脆弱、岌岌可危。关于这个社会与政治本体的构成性特征,巴特勒使用"脆弱不安的生命"(Precarious Life)一词来指称所有人的存在状况。这一概念指的是所有人在面临他者时的脆弱状态,具有存在主义的意味,强调一种普世的状态;而巴特勒所使用的另一个词——"脆危"(Precarity)则专指由政治

---

① Cathy Caruth, *Unclaimed Experience: Trauma, Narrative, and History*, Baltimore, MD: Johns Hopkins University Press, 1996, p.71.

和国家暴力而引发的脆弱，更具有政治意味。她认为，政治领域是一个由成人主导的领域，我们需要思考理解并肯定在政治领域这种塑造"我"的条件是什么，因为"'自我'总是处于社群之中，总是受到他人的影响，也总是能够影响他人；我无法完全掌握'自我'，也无法准确预知'自我'"①。既然作为社会性存在的我们的身体，从一开始就超出我们自己，受制于他人，我们必须承认这种相互依赖的共生状态，承认人类的脆弱，并思考暴力在紧密相连的关系中所发挥的影响，方能避免暴力的发生。

要承认人类的"脆危"性，必须区分阿甘本（Giorgio Agamben）所谓"赤裸生命"（Bare Cife）同"政治生命"（Bios Politikon）之间的区别。实际上，"脆危"这一术语是巴特勒在吸收、结合阿伦特（Hannah Arendt）的"纯粹生命"（Mere Cife）和阿甘本的"赤裸生命"这两个概念的基础上提出的。在《反抗平庸之恶》，即《责任与判断》的中文修订版中，阿伦特就艾希曼事件对奥斯维辛集中营的纳粹屠杀、种族灭绝行为、艾希曼之流的"平庸之恶"进行批判。从纳粹做的记录来看，奥斯维辛不仅关押着成年人，小孩子也没有逃脱死亡的厄运。营中的"纪律"非常严明，可以说犯人没有任何权力。许多"犯人"来到这里几个月后就死去了，快的甚至在几天内就死去。在反犹主义、帝国主义等思想的推动下，在民族主义问题日益激化的局势中，奥斯维辛集中营的犹太人沦为"纯粹生命"，他们是被剥夺了公民权的生命，不可能拥有最基本的人权。阿甘本则阐述，在国家启动紧急状态时，特定人群的主体地位就被会剥夺，进入某种中止状态，沦为非生非死的存在，即存在于政治社群之外、任人宰割的"赤裸生命"（Bare Life），如被无限期关押的关塔那摩湾的塔利班囚犯或集中营的囚犯。对于那些被以"可能构成恐怖主义威胁"为由而无限期关押的塔利班囚犯，巴特勒批判美国当局为自

---

① ［美］朱迪斯·巴特勒：《脆弱不安的生命——哀悼与暴力的力量》，何磊磊、赵英男译，河南大学出版社 2013 年版，第 22 页。

身赋予了某种无所不能的权力，依据种族与族裔区分人群，使自己有权评判谁是危险分子、谁因此不具备基本的合法权益，而这种系统地管理与剥夺特定群体的生存权助长了无法无天的主权气焰，并狡猾地永久搁置法律，借此壮大自身的实力。巴特勒对阿伦特和阿甘本思想的进一步解读与阐释，正是出于将思考对象转向"9·11"事件后因战争冲突和国家暴力而处于例外、脆危状态中的身体，将脆弱理解为产生其他社会关系的本体条件和形成社会、政治和伦理等关系的基础，并警示国际社会是否能够理解和承认人类的这种普世、同一的脆弱感，这对形成不同的社会关系和政治局势至关重要。

第二部分

创伤再现

第三章　《特别响，非常近》：抑郁与哀悼

第一节　小说与评价

一　小说简介

美国犹太裔作家乔纳森·萨福兰·弗尔（Jonathan Safran Foer）是美国"中间代"代表作家、当代文坛新秀，未至而立之年便已在文学界颇有成就，在美国周刊《纽约客》年评选的 20 位 40 岁以下优秀作家的名单中，弗尔赫然在列，曾获得"美国最佳年轻小说家之一"称号。他的处女作《了了》（*Everything Is Illuminated*）在 2002 年一炮打响，获得美国国家犹太图书奖、纽约公共图书幼狮小说奖和英国《卫报》设立的首作奖，并被改编成电影，2005 年搬上银幕。他的第二部力作《特别响，非常近》（*Extremely Loud and Incredibly Close*）是一部讲述了"9·11"事件后纽约民众如何深受心理创伤的折磨并努力走出阴影的小说，不仅揭示"遭受恐怖袭击后普通美国人的创伤记忆、心理承受和救赎轨迹"，而且"反思生命意义、深度观照历史并使历史

与现实交融"，一经出版，就登上畅销书排行榜，甚至短时间内就售出数十种语言的版权；数百家媒体曾载文评价，拉什迪（Salman Rushdie, 1947- ）、厄普代克（John Updike, 1932-2009）、辛西娅·奥芝克（Cynthia Ozick, 1928- ）等文坛前辈亦对其美誉有加。小说曾入围国际 IMPAC 都柏林文学奖，被《洛杉矶时报》《华盛顿邮报》等数十家媒体评为"年度最佳图书"，还被誉为美国新世纪文学经典、最感人的"9·11"小说。译介以来，我国主流文学批评杂志如《当代外国文学》《外国文学研究》《外国文学》及《外国文学评论》等均刊发相关批评文章。2012 年初，据此改编之同名电影（或译为《咫尺浩劫》）在纽约上映，并获最佳影片、最佳男主角两项奥斯卡奖提名。

　　《特别响，非常近》以"9·11"恐怖袭击事件为背景，主要记述了一位聪慧的小男孩奥斯卡·谢尔（Oscar Schell）在父亲遇难后两年间为了解开父亲遗下的一把钥匙的秘密，在纽约市开展了一系列寻访钥匙主人"布莱克"的行动，最终于探秘中摆脱丧父阴影、治愈心理创伤的故事，并通过寻找，他走进了历史和背负着创伤生活的各色人物的世界。作者从儿童的视角描绘了主人翁谢尔一家五口和各色人物的创伤体验。小说一共有三位叙事者：奥斯卡、奥斯卡的爷爷、奥斯卡的奶奶。他们都有过"难以言说"的创伤体验：奥斯卡在"9·11"事件中失去了父亲；爷爷和奶奶都是"二战"期间盟军轰炸德国德累斯顿的幸存者，爷爷失去了至爱的有孕在身的未婚妻安娜—奥斯卡奶奶的姐姐，奶奶失去了父亲和姐姐，又在"9·11"事件中失去了唯一的儿子。为了使小说人物的创伤叙事更形象化，弗尔摒弃了传统的作者全知全能视角的叙事，采用后现代的叙事手法，将整篇小说分为 17 章，让奥斯卡、爷爷和奶奶交替叙事，以奥斯卡→奥斯卡的爷爷→奥斯卡→奥斯卡的奶奶为顺序，并循环了四次，第一章以奥斯卡的叙事开头，最后一章以奥斯卡的叙事结束，奠定了奥斯卡作为小说的核心叙事者的地位。奥斯卡的爷爷和奶奶的叙事都是书信体，即奥斯卡的爷爷写给奥斯卡的父亲的信和奥斯卡的奶奶写给奥斯卡的信，它们分别冠以"我为何不在你的身边"和"我的感受"的标题独立成章，向读者展示了他们心中难以言说的情感与深深的创伤烙印。在小说的创作中，弗尔采用了不同的文字排列方法来照应创伤主题：它使用了彩页印刷，加入了大量怪诞的图画、照片、符号、图形、留白等语言以外的媒介，还穿插了风格迥异的书信等；人物的叙述也打破了时间和空间的界限，呈现出碎片化以及思维的跳跃性与流动性。其中，作为整部小说中的两场灾难的中心人物——奶奶的姐姐安娜（Anna）与奥斯卡的父亲托马斯（Thomas），弗尔却没有让他们以叙述者的形象出现，这无疑形成了语言上的缺席，然而正是在对与这些不在场的人物形象相关事物的寻觅、回忆与碎片的重新建构中，三位叙述者向读者展现了创伤叙事中的强迫性重复，即不自觉地重复某一动作，重述某一话语，反复提及某一场景，企图以此走出创伤。总而言之，这些独特的写作风格不仅引人注目，更让小说宛如一本充斥着各色材料的创伤档案，又像一座"创伤博物馆"[1]。

二　小说评价

《特别响，非常近》出版之后，毁誉参半。负面批评主要源于对大部分"9·11"作品的不信任，认为因为创伤"难以言说"的特殊性，加上这一事件离人们又还太近，难有文学巨著面世。有人视之为浅薄的儿童文学作品，"满足于自己的一揽子诡计，庸俗不堪，充满毫无意义的声音及愤怒"[2]；有人指责它"过分腻烦，太假"[3]，或属于"一种自恋式现实主义，迷恋于自己

---

[1] 曾桂娥：《创伤博物馆——论〈巨响、特近〉中的创伤与记忆》，《当代外国文学》2012 年第 5 期。

[2] Ross G. Douthat, "After Tragedy", *National Review*, 20 Jun. 2005, http：//www.unz.org/Pub/NationalRev.

[3] Harry Siegel, "Extremely Cloying and Incredibly False", *The New York Press*, 13 April 2005, http：//www.nypress.com/extremely‐cloying‐incredibly‐false.

的噱头"①；还有论者将其定性为"一个利用大屠杀事件将美国现代历史上最富有侵略性的自我怜悯神秘化的怪才作家"②，甚至连美国著名小说家厄普代克也对其"图片"策略颇有微词③。当然，也有评论家对之赞赏有加。有评论家对弗尔的国际视野、国际社区意识（International Solidarity）津津乐道，如萨尔对其叙事框架结构和"创伤转移"（Trauma Transfer）进行了缜密的研究，纠正了关于"自我"和"他者"的常规认知等④，莫林斯也认为福厄将"我们"与"他们"做了模糊处理，并将这种差异视为强化国际社区意识而非对抗的机会⑤；对于其中语言与历史之间的关系，克里斯特安·范斯勒伊斯进行了深入的探讨，肯定了作者利用有限的历史瞬间对"生命""死亡"及"意义"等进行的哲理思考⑥。国内的研究主要集中在"创伤"二字，如曾桂娥⑦认为该小说犹如一座创伤博物馆，生动展示了创伤经历的方方面面，彰显创伤与记忆、书写与沉默之间的张力；刘荡荡⑧对该作品在"表征精神创伤，实践诗学伦理"方面的作用进行了探讨；丁夏林⑨、王建会⑩对小说主要人物

---

① Tim Adams, "A Nine - year - old and 9/11", *The Observer*, 29 May 2005, http: // www. theguardian. com/books/2005/ may/29/fiction. features.

② Vivian Gornick, "About a Boy", *Nation.*, 25 Apr. 2005, http: //www. thenation. com/article/about - boy#.

③ John Updike, "Mixed Messages", *The New Yorke*r, 14 May 2005, http: //www. newyorker. com/ archive/2005/03/14/050314crbo - - books1.

④ Ilka Saal, "Regarding the Pain of Self and Other: Trauma Transfer and Narrative Framing in Jonathan S. Foer's *Extremely Loud and Incredibly Close*", *Modern Fiction Studies*, No. 3, 2011.

⑤ Mathew Mullins, "Boroughs and Neihbors: Traumatic Solidarity in Jonathan Safran Foer's *Extremely Loud andIncredibly Close*", *Papers on Language and Literature*, Vol 45, No. 3, 2009.

⑥ Kristiaan Versluys, *Out of the Blue: September* 11 *and the Novel*, New York: Columbia UP, 2009, pp. 79 – 119.

⑦ 曾桂娥：《创伤博物馆——论〈巨响、特近〉中的创伤与记忆》，《当代外国文学》2012 年第 5 期。

⑧ 刘荡荡：《表征精神创伤，实践诗学伦理——创伤理论视角下的〈极吵，极近〉》，《外国语文》2012 年第 3 期。

⑨ 丁夏林：《"生活比死亡更可怕"：解读福厄〈特别响，非常近〉中的创伤叙事》，《外国文学研究》2013 年第 5 期。

⑩ 王建会：《"难以言说"与"不得不说"的悖论——〈特别响，非常近〉的创伤叙事分析》，《外国文学》2013 年第 5 期。

"生活比死亡更可怕"的创伤情感进行阐述，展现了创伤"难与言说"与不得不说的悖论。

其中的艺术特色亦获得了不少评论家的肯定，如菲里佩·考德也认为该书"重写了关于菲洛美拉（夜莺）的古典神话"①，然而争议最大的焦点还是弗尔在小说中插入大量图片、空白页、数字符码等。萨尔曼·拉什迪（Salman Rushdie）称之为烟花式小说，王建会②则称之为非语言叙事，或元语言或副语言叙事。阿隆·毛萝③对其中的视觉形象进行了系统研究，认为弗尔对图片（视觉形象）的应用可以与德里罗的《坠落的人》（*Falling Man*，2007）媲美。亦有评论家亦高度赞扬了它的作用，如艾奇逊认为其中所夹杂的照片、图像、数字等非语言表述形式，设下了诸多"暗机关"，借此"弗尔运用共同创作观念，邀请读者一起填充空白，参与到文本的生产创作中，从而增强处理难度表征之伦理意识"④，克里斯特安·范斯勒伊斯⑤则认为图像极具视觉冲击力，既凸显分裂与怪异，亦可填补语言无法言说之意义，即凸显创伤之难以言说性。然而，除了前文提到的厄普代克认为小说应多一些沉默与思考而不赞赏这一做法之外，还是有不少评论家对这一引人注意的艺术特色颇有微词，认为该小说再现了灾难，而许多贴图与小说情节发展无关，小说中的照片、图像及数字等，不适合表述"9·11"创伤事件，德罗莎⑥甚至认为弗尔因此将"9·11"事件变成了一种文字游戏。

---

① Philippe Codde, "Philomela Revisited: Traumatic Iconicity in Jonathan Safran Foer's *Extremely Loud andIncredibly Close*", *Studies in American Fiction*, No. 2, 2007.

② 王建会：《"难以言说"与"不得不说"的悖论——〈特别响，非常近〉的创伤叙事分析》，《外国文学》2013 年第 5 期。

③ Aaron Maoro, "The Languishing of the Falling Man: Don Delillo and Jonathan Safran Foer's Photographic History of 9/11", *Modern Fiction Studies*, No. 3, 2011.

④ Steven T. Atchison, "The Spark of the Text: Toward an Ethical Reading Theory for Trauma Literature", The University of North Carolina at Greensboro, 2008, p. 15.

⑤ Kristiaan Versluys, *Out of the Blue: September* 11 *and the Novel*, New York: Columbia UP, 2009, p. 81.

⑥ Aaron DeRosa, "Analyzing Literature after 9 /11", *Modern Fiction Studies*, No. 3, 2011.

尽管有不少学者对声称"9·11"小说在描写"9·11"事件和美国创伤上表现欠佳、力不从心，甚至对创伤叙事的可能性提出质疑，如克里斯特安·范斯勒伊斯①认为"9·11"创伤是无法言说的，因为创伤所带来的破坏性结果是对言说功能的消除，连著名的后现代理论家德里达（Derrida）也声称："我们不知道它（'9·11'事件）是什么，所以不知道该如何描写、辨认、甚至称呼它。"② 这一现象表明，"创伤"已经成为"9·11"小说批评的关键词之一，故而对创伤叙事的研究将会有助于人们更好地理解和阐释"9·11"小说。虽然创伤叙事在特定时期、一定范围内是困难的，甚至是不可能的，但是正如王建会所倡导的，我们不应该因此就完全否定创伤叙事的可能性，更不该将创伤的"难以言说"与"不得不说"置于非此即彼的二元对立简单关系之中。两者之间应该是体现出一种"既此又彼"、既相互关联又相互矛盾的悖论关系。对《特别响，非常近》的创伤叙事分析将有助于我们理解这一关系，抑郁与哀悼的表现，以及实现从"创伤展演"到"创伤应对"转换的方式。

而作为语言或文字外的另一叙事媒介——图像，之于小说有其积极的建构意义。正如王维倩③所说的，小说中的图像给人以身临其境之感，它们能近距离呈现战争及暴恐事件给幸存者带来的创伤，以一种在时间和空间上均浓缩之方式传输现实状况，在内容上比话语更为丰富，具有文字叙事无法比拟的审美效果及深度寓意。弗尔将图像叙事融入文字叙事之中，图像叙事拓宽了小说文本之叙事空间，并"以更广阔的视野探讨恐怖主义对人类的冲击，包括对全球化进程中灾难的思考，融创伤人物、创伤书写和承载创伤记忆图片于一体"④。因此，对它们的研究可揭示灾难之本质，并可更深入反思恐怖

---

① VKristiaan Versluys, *Out of the Blue: September 11 and the Novel*, New York: Columbia UP, 2009, p. 79.

② Qoted from *Out of the Blue: September 11 and the Novel*, New York: Columbia UP, 2009, p. 79.

③ 王维倩：《论〈特别响，非常近〉的图像叙事》，《湖南科技大学学报》2015 年第 9 期。

④ 杨金才：《论新世纪美国小说的新特征》，《深圳大学学报》2014 年第 2 期。

主义全球化之灾难后果，从而深刻揭示出"后9·11"时代人类的现实生活状态及生存境遇。

第二节　图像叙事：脆弱与承认

弗尔因在《特别响，非常近》中插入了60余幅图像而引发广泛争议。这些图像当真如厄普代克等人所批判的那般，仅是噱头和游戏，与情节无关、意义不大，甚至会削弱作者应有的思考深度？为何像"9·11"事件中惊悚的"坠落的人"的真实图像成了媒体禁忌？图文之间有着怎样的互文关系？本小节拟结合巴特勒的脆弱理论和列维纳斯的他者观对以上问题进行解答，借此分析弗尔如何通过图像叙事增加故事的视觉冲击力，构筑多维立体景观，更完美地呈现"9·11"灾难之创伤，并凭借文字叙事不可比拟的审美效果和深度寓意，揭示"后9·11"时代中人与人之脆弱关系，阐释对他者负责的道德观与非暴力伦理的重要性。

一　小说图像叙事模式

正如罗兰·巴特所说："对人类来说，似乎任何材料都适宜于叙事：叙事承载物可以是口头或书面的有声语言、是固定的或活动的画面、手势，以及所有这些材料的有机混合。"① 但最基本、最重要的叙事媒介却非语词与图像莫属。语词与图像被日本学者浜田正秀视为"两种精神武器"，都是表情达意、传播信息的媒介，也是叙事的工具或手段，但各有特色：

> 语言是精神的主要武器，但另有一种叫"形象"的精神武器。形象是现实的淡薄印象，它同语言一样，是现实的替代物。形象作为一种记

---

① 王先霈、王又平：《文学理论批评术语汇释》，高等教育出版社2006年版，第346页。

忆积累起来，加以改造、加工、综合，使之有可能成为精神领域中的代理体验。然而它比语言更为具体、更可感觉、更不易捉摸，它是一种在获得正确的知识和意义之前的东西。概念相对于变化多端、捉摸不定的形象而言，有一个客观的抽象范围，这样虽则更显得枯燥乏味，但却便于保存和表达，得以区分微妙的感觉。形象和语言的关系，类似于生命与形式、感情与理性、体验与认识、艺术与学术的那种关系。①

关于文字与图像的关系，在中国古代文论里也有论述。北宋诗人苏轼曾有"诗中有画""画中有诗"的名句。作为后现代运动的主将之一利奥塔在其早期著作《话语，图像》中，希望使图像进入话语之中并影响话语，并且发展出一种绘图式的写作模式（Figuring），"以言词作画，在言词中作画"②。由此，我们可以看出东西方学者注意到不同艺术门类的相通性，提倡话语（文本）与图像的和谐共处、相互借鉴、相得益彰。长期以来，图像都被人们所忽视、遗忘，甚至贬抑。但正如德国哲学家海德格尔（Martin Heidegger）在 20 世纪三四十年代所提出的"世界图像时代"即将到来之著名预言一样，21 世纪社会已进入图像时代，如视觉文化、图像文化、读图文化等，图像已成为文化核心问题之一。图像叙事研究也引起了当代很多学者的关注，成了当代视觉文化研究中的一个重要领域，其中影响较大的学者及论著有：默里·克里格（Murray Krieger）的《图像叙事：自然符号的幻觉》（*Ekphrasis*：*The Illusion of the Natural Sign*，1992）、詹姆斯·赫弗兰（James Heffernan）的《词语的博物馆：从荷马到阿什伯里的图像叙事诗学》（*Museum of Words*：*The Poetics of Ekphrasis from Homerto Ashberry*，1993）和 W. J. T. 米切尔（W. J. T. Mitchell）的《图像理论》（*Picture Theory*，1994）等。

---

① ［日］浜田正秀：《文艺学概论》，陈秋峰、杨国华译，中国戏剧出版社 1985 年版，第 32 页。
② ［美］道格拉斯·凯尔纳、斯蒂文·贝斯特：《后现代理论——批判性的质疑》，张志斌译，中央编译出版社 1999 年版，第 198 页。

　　图像叙事在"9·11"小说中更为常见并非偶然。作为一个心理学范畴，记忆在某种意义上，是架在时间与叙事之间的桥梁。如果人类不具备记忆的功能，那么时间马上会变成一种毫无意义的东西，叙事也会因印象空白而变得不再可能。然而，创伤经历在个人记忆中往往以形象或意象而非文字储存并闪现于大脑，具有视觉性特征。这主要是创伤过于震撼，往往一时难以言说。正如美国黑人女作家托尼·莫里森在谈论"9·11"事件时，面对"九月的亡灵"，她"不知说什么好"[①]；法国哲学家雅各·德里达（Jacques Derrida）在接受美国哲学家博拉朵莉的访问时说："我不知道我们在谈论什么，发生了一件事，但这件事发生的地点和事件本身的意义让人不可言说，难以形容……这件事超出语言所能表达的范围。"[②] 因此，正如赫尔曼（Judith L. Herman）所指出的，就表达创伤而言，视觉图片比文字更有效，如遭受战争伤害的儿童无法描述创痛，只能用图画表达其情感。描述"9·11"事件更需要一种视觉语言，"一张照片就是一块碎片——一次瞥视。我们累积瞥视、碎片。我们脑中都贮存着数以百计的摄影影像，它们随时供我们回忆。所有照片都向往被记忆的状况——即是说，难忘的状况……它们向我们展示真正恐怖的东西，并成为我们有胆量看什么和有能力接受什么的一种测试。"[③] 弗尔在小说中插入的60余幅图像如门锁系列图、坠落系列图、星星、珠宝、钥匙、曼哈顿窗户、指纹、大象眼睛、交配的乌龟、电视上的斯蒂芬·霍金等，以及各种视觉符号如四页文字叠加、九页文字红色圈点，四页插入删除符号，大量空白与分段等，这些被用来言说的碎片般的图片不仅为《特别响，非常近》中深受创伤之痛却无法言说的主人公提供了言说的内容、言说的方式以及言说的

---

　　① 转引自 Judith Greenberg, *Trauma at Home*: *After 9 /11*, Nebraska：University of Nebraska – Lincoln Press，2003，pp. 1 – 2.

　　② ［美］博拉朵莉：《恐怖时代的哲学》，王志宏译，华夏出版社 2005 年版，第 92 页。

　　③ ［美］苏珊·桑塔格：《同时：随笔与演说》，黄灿然译，上海译文出版社 2009 年版，第131 页。

语境，也为读者展示了恐怖时代人们的生活图景。

在这 60 余幅图像之中最有视觉冲击力的乃是 18 幅坠落图像：第 59 页、第 62 页、第 209 页及书末长达 15 页的连环图片，他们共同构成极为宏大的坠落图像叙事。奥斯卡把自己从互联网上下载的图片给祖父看：自由落体的男子，脑袋朝下，双手张开，一腿弯曲，身后是若隐若现的正在倒塌的塔楼外墙。他觉得那个正从世贸中心下坠的模糊身影可能正是父亲。这三页中的三张坠落图构成了单幅图像叙事，虽是同一场景，却各处于不同位置，各有变化。但它们与小说末尾的 15 幅坠落图一起将图像叙事推向高潮：人的坠落从低到高依次排列，呈现出一幅人从楼底向上回升之动态画面：

> 我把顺序倒了过来，这样最后一页成了第一页，第一页成了最后一页。
>
> 我翻过纸张的时候，看起来那个人是在空中飘升。
>
> 如果我还有更多的照片，他便可以飞过一扇窗户，回到大楼里，烟雾会回到飞机将要撞出来的那个大洞里。
>
> 爸爸会倒着留言，直到留言机都空了，然后飞机会倒着飞离他身旁，一直回到波士顿。
>
> 他会坐电梯到街上去，按那个上到顶楼的按钮。
>
> 他会倒着回到地铁站，列车会倒着开过地道，回到我们这一站。
>
> （……）
>
> 他会回到床上，闹钟倒转，鸣响，他会倒着做梦。
>
> （……）
>
> 他会给我讲第六区的故事，从结尾的罐头盒里的声音到开头，从"我爱你"到"从前……"

我们会平安无事①。

这倒转的坠落图像刻画了儿童善于想象的心理，实现了奥斯卡心中让时光倒流的"美与真"的愿望，也为艰辛的创伤愈合过程增添了一丝温情、一个幸福的结局，也暂时宽慰了受创者，因此就连曾对小说诸多图像心存芥蒂的厄普代克也不得不赞同弗尔这一做法，认为小说最后15页连续图像"具有意想不到的感人效果"②。

有不少"9·11"作家在作品中提及"坠落的人"这一形象，但弗尔是第一个将之"赤裸裸"直接展现的作家。必须注意的一点是，本小说出版之际正是美国狂热的爱国主义高潮之时，整个社会、政治论调都是美国例外论、天真论、无往不胜的论调，而"坠落的人"这一画面无疑给美国人以当头棒喝，打破了他们的美梦，逼迫他们正视任何的生命，无论源于哪个国度，都是如此脆弱不堪。与主流格调相左的弗尔自然遭到媒体更多表现为书评的负面评论，恶评后期甚至上升为反犹主义的人身攻击。"你所认为的，并非是事实；你所害怕的，正是你要面对的"，这话恰如其分地适用于美国人对待《特别响，非常近》所插入的"暴力图片"的态度。弗尔"坠落的人"图像的运用不仅打破了国家媒体对暴力图片的故意压制，更通过将暴力图片与各种历史暴行的隐性并置打破了美国无往不胜、美国例外论的神话。

二 "坠落的人"图像禁忌

首先，捕捉死亡当下一幕并使之定格成为永恒正是相机所擅长的，而所有战争图像中最著名且最常见的都是死亡那一刻（或之前一刻）的图片。在"9·11"那天有不少业余或职业摄影师拍下了大楼倒塌之前绝望跳楼的人们的

---

① ［美］乔纳森·萨福兰·弗尔：《特别响，非常近》，杜先菊译，人民文学出版社2012年版，第341页。

② John Updike, "Mixed Messages", *The New Yorker*, 14 May 2005, http://www.newyorker.com/archive/2005/03/14/050314crbo - - books1.

画面，其中最夺人眼球的当属美联社摄影记者理查德·德鲁（Richard Drew）于第二日刊登在《纽约时报》上的坠落者——画面中的主人公直直坠落，像是在潜水。然而，类似德鲁的图片均成了美国人民公认的"禁忌"，"美国人为自己能对之规避而自豪"①，美国媒体也不约而同地集体噤声，不再刊登任何坠落的生命的照片。这也反映了美国人对暴力图片的集体观念。在《残酷的光芒》一书中，苏西·林菲尔德（Susie Linfield）阐明了其背后的缘由，其中最主要的推手是评论界通常给暴力图像贴上了"色情般的"（Pornographic）、"爱窥阴"（Voyeuristic）的贬义标签，认为充斥网络的坠落的生命影像"不仅大大增加了各种心怀鬼胎之人窥探点击率，轻而易举的窥视途径也削弱了生命丧失的畏惧"②。

然而，事实是否真的如此？观看骇人听闻的暴力照片是否就是亵渎生命？其实不然。正如林菲尔德所说的："直到我看到了德鲁的照片——它无关正在燃烧的大楼，却与困在大火里的人息息相关——我才真正感受到这场灾难的恐惧，这种恐惧让我震惊，不再麻木。"③ 这种把暴力图片打上"春宫画"记号的行径混淆了暴力图片与色情文学的区别（他们甚至带着狭隘的眼光去蔑视色情文学——不是所有的色情文学都是暴力的、无人性的、仅满足窥探欲的），而理据更是难以取信于他人，因为仅仅只是基于某种怀疑：怀疑人们会不去关注受害者的苦难，怀疑人们看得多了会麻木，或者会不恰当地为之兴奋，怀疑人们会倦怠，不仅无视他人的痛苦反而觉得这是理所当然。这样的论断甚至有些无理取闹。人类有着"美与真"的愿望，但这世界总有肮脏的存在，试想摄影师如果总是采用赏心悦目的角度，如何能呈现人性的堕落与

---

① Tom Junod, "The Falling Man", *Women and Performance*, No. 1, 2004.

② Georgiana Banita, "News and Information: The Internet and 9/11", *September 11 in Popular Culture: A Guide*, Santa Barbara, C. A.: Greenwood, 2010, p. 73.

③ Susie Linfield, *The Cruel Radiance: Photography and Political Violence*, Chicago: U of Chicago P, 2010, p. 254.

腐败？或者摄影师们就该忌讳某类人的"春宫画"怀疑与蔑视而因噎废食，不敢再记录历史各种暴力？这种非基于事实的主观猜疑是非常危险的，因为"它们犹如东方主义臆断，被当作一种无形的武器，企图羞辱被指控之人，让他们噤若寒蝉，不能自由讨论"，这无疑中断了读者对它们新的理解的可能性，甚至将人们引向掩耳盗铃般的无知与压抑。正如钻研图片新闻与灾难图像的学者约翰·泰勒（John Taylor）在其著作《身体的恐惧》里所说的，"如果仅用谨小慎微的、文明的表达，我们如何能铭记犹太大屠杀？如果图像停止传播了，或完全消失了，这对知识意味着什么？如果所有的犯罪都有礼貌的语言来描述，对文明又意味着什么？如果渴望是丑恶的，那么在各种野蛮行为前的所谓慎重又是什么？"[1] 那些指控者们才是想要麻痹大众、对灾难、残忍熟视无睹的真凶，"这些评论家所追寻的却是不可能存在的：一个纯洁、没有污点的摄影凝视，带来完美地呈现希望与绝望、抵抗与战胜、亲密与距离两者平衡的图片"[2]。

其次，这样的负面评论、禁忌无疑忽略了"看"的伦理功能。我们不能仅把"看"作为某种被动的、窥视的劣行，因为"观众也会做出反应，就如学生或学者一般""观察，有所选择，对比，阐释"；"看"实际上也是一种能动的、批判式的思考，每位凝视着某一图片的观众"既是远远的旁观者，也是对所呈现的景观积极的阐释者"[3]。"春宫画"论的另一理据——暴力图片会让观众们麻木、习以为常甚至去模仿的理据前提是它们应驱使我们采取伦理行动去阻止已有的非正义。这也印证了暴力图片所传递的一个伦理难题，"一方面，它高呼，不能让它发生！另一方面，它又尖叫，真是奇观啊！"[4]

---

① John Taylor, *Body Horror*：*Photojournalism*，*Catastrophe*，*and War*, New York：New York UP, 1998, p. 196.

② Susie Linfield, *The Cruel Radiance*：*Photography and Political Violence*, Chicago：U of Chicago P, 2010, p. 45.

③ Jacques Rancière, *The Emancipated Spectator*, London：Verso, 2009, p. 13.

④ Susan Sontag, *Regarding the Pain of Others*, New York：Picador, 2003, p. 77.

换言之，一张暴力图片不仅向我们展示某一非公义的存在，对它的"看"更化为一种伦理、实际行动的催化剂，促使我们去阻止它的再次发生。再者，这个理据"暗示了我们的世界也曾有过黄金时代，在遭受苦难的他人面前，人们怜悯以待，宽宏相济，出手营救"①，即暴力图片不一定鞭策我们采取行动，但它们能积极地推动我们在某个背景下去见证、理解某一历史时刻。

虽然暴力图片是无法取代的历史档案，但无法自言其身，所以对它们的阐释若能有语言作语境会更加的深刻。那些把坠落的生命的图像融入小说文字的作家们更能鼓舞读者与他者的伦理认同、铭记与接纳，而非遗忘和压制。这虽非具体的实际行动，"但铭记也是一种伦理行为，本身有着伦理价值"②。"9·11"作家对坠落的生命这一图像的阐释方法有所差异，但殊途同归，均唤醒了被"胜利文化"集体意识遮蔽的他者意识。"胜利文化"一词所代表的是美国官方叙事，代表着界限分明的自诩战无不克的民族主义，强化了"我们"和"他们"的两极差异，支持官方以恐制恐的复仇行动。而坠落的生命的图像显然打破了这样的主流神话，因为它让美国人沦为与其他生命无异的境地——在天灾人祸面前的脆弱与不安。也正是这份普世无殊的脆弱感方能引起不同处境之人的共鸣，正是"他者"的"面孔"唤起人们对他者的责任意识。列维纳斯的"面孔"理论印证了这一点：

> 接近"面孔"乃是最为基本的责任模式。你将自己转身他者，犹如你面前的某一物体，这时你会看见鼻子，眼睛，前额，下巴，你可以描述它们（……）你与面孔的关系自然由你的观察而定，但面孔的确切模样又不能仅限于此（……）面孔并非在我面前，而是在我之上；它是濒临死亡、洞穿死亡、揭露死亡的他者。其次，这一他者请求我不要让它

---

① Susie Linfield, *The Cruel Radiance*：*Photography and Political Violence*, Chicago：U of Chicago P, 2010, p. 46.

② Susan Sontag, *Regarding the Pain of Others*, New York：Picador, 2003, p. 115.

孤独死去，否则我就成了导致它死亡的共谋。因此，面孔对我说：不得杀人。面对他者，我构成了他者地位的极大威胁。斯宾诺莎将"生存权"称为"求生意志"，认为它是所有理性动物皆遵守的基本原则，但面对他者，这一为人熟知的"生存权"也遭到了挑战。于是，回应他者并对他者负责的使命打破了我自卫自保的自然权利——生存权。"爱他者"的伦理关系源自这一事实：自我无法独自生存，自我无法从孑然一身的在世存在中获得意义（……）直面面孔的脆弱性意识着质疑我本体层面的生存权。在伦理学中，他者的生存权优先于我自身的生存权，这一优先性可用如下伦理律令概括：不得杀人，不可危及他人生命。①

但是，脆弱的普世性并非等同于脆弱的同一性，"支持维系生命的方式有所不同，在全球各地，身体脆弱特质的分布方式也大相径庭"②，有些人的生命受到严格保护，如果他们觉得自己的神圣权利受到了侵犯，就足以引发战争；他者的生命则缺乏如此果断而坚定的支持。可见，哀悼和脆弱性均被冠以等级差异。因此，只有当自狂自大或自怨自艾的忧郁症可以转化为对他人脆弱性的思索，才可以成为新认识的出发点，从中分析并提出批判："何种情况下某些人的生命比其他人更脆弱，因此也更值得悲伤"③。"坠落的人"系列图像中此人的背景、国籍均难以知晓，更容易让读者越过民族主义的樊篱，去感受所有生命的脆弱性。

三　《特别响，非常近》图像叙事的历史文本迁移

弗尔在小说中以最直接的方式将"坠落的人"的图像融合在文本之中，

---

① Emmanuel Levinas, *Ethics and Infinity*：*Conversations with Philippe Nemo*, Trans. Richard A. Cohen, Pittsburgh：Duquesne UP, 1985, pp. 85 – 87.

② ［美］朱迪斯·巴特勒：《脆弱不安的生命——哀悼与暴力的力量》，何磊磊、赵英男译，河南大学出版社2013年版，第26页。

③ 同上书，第25页。

图文并茂，无疑给读者以更大的震撼，更有可能感同身受地体会在恐怖袭击之后困于熊熊大火不得不跳楼保留一线尊严的生命的绝望与脆弱。这长达 15 页的连环图片中的倒叙插图部分与库尔特·冯内古特（Kurt Vonnegut）的小说《第五号屠宰场》（*Slaughterhouse - Five*）有着异曲同工之处。这部小说通过主人公比利·皮尔格林（Billy Pilgrim）的故事透露了作者曾沦为战犯又是"二战"德累斯顿轰炸的幸存者的人生经历。在战争中饱受颠沛流离之痛的皮尔格林对时间失去了概念，在"过去"与"未来"的生活间穿梭。小说中有这么一个情节：皮尔格林在前前后后、反反复复地观看一部关于美国"二战"轰炸的电影，他不自觉地用倒播的方式观看了德累斯顿轰炸的细节：

> 轰炸机机队从熊熊燃烧的德国城市撤离。投弹手打开他们放置炸弹的舱门，以一种无比神奇的磁力将火苗收缩并吸入一个巨大的圆柱形钢管中，再拉起钢管收置在机腹里。所有的钢管都整整齐齐地放在支架上（……）当所有轰炸机飞回基地，投弹手将这些钢管取了下来，并将他们运回美国。美国的工厂夜以继日地工作，将这些钢管分解，将里面危险的东西化为矿物（……）再将这些矿物运往偏远地区，让那里的专家们将它们埋入地底下，再无从伤害他人①。

冯内古特对德累斯顿轰炸过程的戏剧性逆转让读者思索这个夺走数十万平民性命的暴行可作的另一抉择，也督促读者从道德的层面去质疑这场所谓的反法西斯的军事行动的正义性。必须强调一点，这部小说出版于 1969 年，当时的美国正在越战中涂炭生灵，对历史军事暴行、平民创伤的揭露更容易让读者去感受生命的脆弱，抵制各种形式的暴力。弗尔在文本对"坠落的人"的图像逆转，不仅是简单的情节模仿，更是在历史事件中形成的文本迁移，

---

① Kurt Vonnegut, *Slaughterhouse - Five*, New York：Library of America, 1969, pp. 394 - 395.

通过在德累斯顿轰炸中失去至爱痛不欲生的祖父与祖母的受创故事让读者清楚地在美国作为军事暴力的始作俑者、与恐怖主义的受害者这两场世纪灾难中看到生命的脆弱，这种脆弱性不分国籍，不论性别。德鲁的"坠落的人"的图像当事人的身份事后经过探究调查，基本得到了确定，然而弗尔小说里这15幅图里的人物却是未知的，他可能是奥斯卡的父亲，也可以是其他人。这种无法识别的不确定性更能促使读者去面对一个残酷的现实，即任何一个人（或他们自己）都有可能成为未来暴力的受害者，在暴力状态下人类易受他人伤害的弱点以最极端的方式暴露无遗。因此每个个体都是相互依赖的脆弱生命，既无法摆脱这一弱点，更不应该越过雷池去违背这一特性招致兵戎相见。

正如前文所提及的，列维纳斯的"面孔"理论有助于读者对生命脆弱性的领悟。但是，列维纳斯同时明确地指出："面孔并不只是人类的面孔。"为了说明这点，他引用了瓦西里·格罗斯曼（Vassili Grossman）的小说《生存与命运》（*Life and Fate*）。小说讲述了这样一个故事：政治犯的亲属（族人、妻子、父母等）赶赴莫斯科卢布扬卡监狱了解家人最新消息。接待台前排了长队，排队的人只能看到其他人的脊背。一个妇女在其中焦急地等待：她从未想到人们的脊背是如此意味身长，也从未想到脊背可以如此精准地反映人们的心情。队伍中人们翘首以盼的模样十分特别：此起彼伏的肩膀就像汩汩涌出的泉水，或低声涩泣、或情不自禁、或号啕恸哭。可见，在此，"面孔"是一个借用与比喻，从脊背颈等身体部位中我们能找到"面孔"的踪迹，但这已经不是通常意义上的"面孔"。因此不难看出，"整个人的身体差不多就是一个脸庞"①，"'面孔'存在于一系列的移情置换"②（Displacements）之

---

① Emmanuel Levinas, *Ethics and Infinity*: *Conversations with Philippe Nemo*, Trans. Richard A. Cohen, Pittsburgh: Duquesne UP, 1985, p. 97.

② ［美］朱迪斯·巴特勒：《脆弱不安的生命——哀悼与暴力的力量》，何磊磊、赵英男译，河南大学出版社2013年版，第116页。

中。从这个角度来看的话，小说里那 15 幅"坠落的人"的图片是往下坠落或向上漂浮，完全由翻着书页的读者来决定：他（她）若倒着看，人就往上升，没有坠落，没有死亡，这也隐含着我们该为逝去的生命负责，"我们有这个责任去思索是什么样的社会条件存在才会导致这样的死亡会产生"。

类似"坠落的人"这样的暴力死亡图片确实伤害了一向自诩民主、自由、繁荣、所向披靡的美国人的自尊，打破了美国神话，让他们不得不承认生命的脆弱，但这些图片不该成为禁忌。觉得受到伤害才意味着有机会对伤害做出反思并发现伤害散布的途径，意味着明白还有谁受到了威胁：边界渗透、意外暴力、剥夺权利、恐惧……去思索它们如何让人类遭受苦难。而禁止呈现画面、禁止媒体报道，却按有强烈政治企图的规范框架设定理想的人类标准，决定谁有权成为人类、何种生活值得追求、何种死亡值得哀悼，要么夸大人们的哭喊呼号来粉饰贪婪的民族主义，要么全然无视人类苦难的声音，借此抹杀人类的苦难，这种行为在更广泛的意义上限定了我们视听领域的界限，规定了我们可见、可知事物的范围。因此，正如巴特勒在《脆弱不安的生命》一文中指出的，我们必须要求获得更多更真实的画面，我们有权要求这些画面中展现苦难的真相与不堪，并谨记"影像描绘真实时所遭遇的困境才传达了真实的情况"，突破主流禁忌所面对的责难才更能凸显逆流而行的勇气与难能可贵。

这也正是弗尔《特别响，非常近》的意义所在。

第三节 创伤参演与应对

"二战"的纳粹大屠杀、越战又为当事人留下了梦魇，造成了巨大的精神伤害，而"9·11"事件更让人类的灾难达到巅峰，使美国成为创伤王国。自

1996 年卡西·卡鲁斯出版专著《未认领的经历：创伤、叙述与历史》以来，创伤理论研究实现了从医学到文学的转向，肖珊娜·费尔曼、杰弗里·哈特曼、多利·罗布等人均阐释了自己的理解与分析，为创伤理论的发展做出了贡献。其中历史学家多米尼克·拉卡普拉在《再现大屠杀：历史、理论、创伤》（*Representing the Holocaust：History，Theory，Trauma*）与《书写历史、书写创伤》（*Writing History，Writing Trauma*）两书中将弗洛伊德术语"忧郁"（Melancholy）和"哀悼"（Mourning）重新解读为"创伤参演"（Acting Out）与"创伤应对"，使得"这组二元术语被默认为奠定了创伤理论与文学研究相结合的理论基础"①。在"后 9·11"小说《特别响，非常近》中，这两种应对创伤的方式分别在小主人公奥斯卡祖父与祖母身上得到体现——他们均是"二战"德累斯顿爆炸的幸存者，后来又在"9·11"恐怖袭击中失去了唯一的儿子；祖父陷于抑郁的"为何我不在你身边"的创伤展演中不能自拔，而祖母在不停地痛苦呢喃着"我的感情"中拼命寻找生命的意义以应对创伤。

拉卡普卡强调创伤的伦理性和政治性，思索如何把创伤个体与人类福祉相关联；他"不仅对创伤的历史性与结构性进行了厘清，而且打破了学科界限，剖析创伤当事人处理创伤过程所涉及的伦理与政治维度，使创伤不再局限于个人心理问题和精神分析的范畴，而是把创伤当事人的个人命运与其对他人、对社会的责任联系起来"②。然而，评论家们曾认为以约翰·厄普代克的《恐怖分子》（*Terrorist*）为代表的"后 9·11"小说"再现了政治事件对个人空间的介入及其影响"，但在阐释文化创伤的过程中，"既无意识地迎合了美国的主流政治意识形态，也对美国政治进行了反思"③。《特别响，非常近》是否可以另出一格？

---

① Sien Uytterschout, and Kristiaan Versluys, "Melancholy and Mourning in Jonathan Safran Foer's *Extremely Loud and Incredibly Close*", *Orbis Litterarum*, No. 3, 2008.

② 朱荣华：《多米尼克·拉卡普拉对创伤理论的建构》，《浙江学刊》2012 年第 4 期。

③ 曾艳钰：《后 9·11 美国小说创伤叙事的功能及政治指向》，《当代外国文学》2014 年第 2 期。

因此，本小节将以多米尼克·拉卡普拉的忧郁与哀悼双元术语为纵轴，以"二战"德累斯顿爆炸和"9·11"事件两基点为横轴，考察两次灾难事件均是受创者的祖父从忧郁到哀悼的创伤应对曲线过程，并从中反思个人命运与他人、社会的关联，探索弗尔创伤叙事对"9·11"的理性回应。

一　祖父：沉迷创伤参演，拒绝应对

一般受创者会纠结于见证或规避（参演或应对）的矛盾之中，然而祖父汤姆斯·谢尔的身心言行却完全沉没在忧郁或创伤参演之中，换句话说，他一直活在那个重创的过去——1945 年德累斯顿轰炸。

创伤事件因其猛烈性和突发性而不能被受创者的意识立刻接受，发生的当时受创者也没能感到痛苦或焦虑，所以，"对这样难以想象事件的最初接受方式通常均为难以理解"[①]。谢尔就是这样的受创者。在德累斯顿轰炸之前，他的女朋友安娜告诉他她怀孕了。他喜出望外，甚至对空袭的警报熟视无睹：

> 我离开之前，她说，"请你喜出望外。"我告诉她我确实是喜出望外，我当然喜出望外了，我吻了她，我吻了她的肚子，那是我最后一次看见她。那天晚上九点半，空袭警报响起来了，所有的人都去了防空洞，但谁都是不紧不慢的，我们习惯了警报，我们以为警报是虚惊，谁没事要来炸德累斯顿？[②]

谢尔在这场惨绝人寰的轰炸中活了下来，但安娜，没有。这对他而言，"生比死更可怕"，他内疚自己为何还活着，他不解自己为何没和亲人一起死

---

① Judith Greenberg, *Trauma at Home：After* 9 /11, Nebraska：University of Nebraska - Lincoln Press，2003，p. 23.

② ［美］乔纳森·萨福兰·弗尔：《特别响，非常近》，杜先菊译，人民文学出版社 2012 年版，第 214 页。

去。"幸存成了死亡危机与生存危机的搏斗"① 这种幸存与伴随而来的幸存者必须经历的种种情感危机构成了创伤。在"为何我不在你身边"一节中，谢尔在从未寄出的给未出生的儿子（即奥斯卡的父亲）的书信中呢喃出了自己的生死两难：

> 抱歉。这是我一直想向你说的话，我为一切抱歉。我抱歉，在我或许能够挽救她和我们的理想或者至少和它们同归于尽的时候，我却离开了安娜。我抱歉，我没有能够舍弃那些不重要的东西，没有能够抓住重要的东西。我为我将要对你母亲和你做出的事情而抱歉。我抱歉，我将永远也不能看见你的脸，喂你，在你睡前给你讲故事。我用我自己的方式试图为自己辩解，但当我想起你母亲的生平故事时，我知道我什么也没有解释清楚（……）多么遗憾，我们必须活着，多么可悲，我们只有一次生命，因为假如我有两次生命，那我一定会用一次生命和她一起度过。那样我就会和她一起留在公寓里（……）我将在活人中度过这一次生命。②

显然，这种生存的悖论与幸存者的内疚感紧密相关，而后者又是 PTSD 的直接结果。除了其他症状，PTSD 还导致受创者自我形象严重扭曲。谢尔不仅遭受了失去了本可以与之一同度过"唯一的一生的唯一的一个人"的苦痛，还陷入了混乱，总是在想自己"是个多大的傻瓜，多么愚蠢狭隘，多么无用，多么遭罪和可怜，多么无助"③。他的痛苦部分源于自己不该从德累斯顿轰炸中幸存下来的执念，这让他虽然迎娶了安娜的妹妹为妻，却仍然对过去无法

---

① Cathy Caruth, *Unclaimed Experience: Trauma, Narrative, and History*, Baltimore, MD: Johns Hopkins University Press, 1996, p. 7.

② 乔纳森·萨福兰·弗尔：《特别响，非常近》，杜先菊译，人民文学出版社 2012 年版，第133—134 页。

③ 同上书，第 32 页。

释怀，不能挣脱过去也就无法过好现在，刚结婚就和妻子在公寓里用红胶条划出了"无事区"和"有事区"，"无事区"是"供人消失的好地方"①。到后来，"无事区"比"有事区"更多了，谢尔甚至只能在"无事区"才能和妻子做爱。最终，当得知妻子违反约定怀孕了，他避无可避，只能离开妻子和未出生的孩子，"不是因为（他）自私"，而是"不能活下去"，"（他）试过，但是（他）不能"②。他抛妻弃子的行为实际上就是拉卡普卡所定义的创伤参演，"受创者承受着抑郁的痛苦，完全没有能力去执行伦理责任，比如说，考虑他人"③。

不管创伤经历多么摧毁人心，都还是会有活下去的可能。但对于谢尔而言，要生存下去就必须祛除情感自我，只留个躯壳，如同他的姓氏"Schell"（音同 Shell）一般。然而躯体的健康并不等同于自我健康的恢复，有学者甚至认为受创者"完全没有可能恢复到受创前的自我"④。尽管如此，随着时间的流逝，受创者还是有可能整合记忆、明白曾经所发生的事，其中的关键就是接受事实——不管多么不可思议、难以承受，事情确实发生了，而说出所发生的事有助于接受过去，应该承认创伤，而非压制或规避。从表面上来看，谢尔因患了失语症，才无法和他人分享他的伤痛，然而实际上这是他强加给自己的疾病；他不能或者说拒绝与他人交谈印证了他不愿去应对、处理过去创伤的事实，他的说话能力与安娜同时在德累斯顿中丧失了⑤。

失语的谢尔对谈论过去的极端拒绝掐断了所有应对过去的途径。他竭尽

---

① 乔纳森·萨福兰·弗尔：《特别响，非常近》，杜先菊译，人民文学出版社 2012 年版，第 112 页。

② 同上书，第 136 页。

③ Dominick LaCapra, *Writing History*, *Writing Trauma*, The Johns Hopkins University Press, 2001, p. 28.

④ Judith Greenberg, *Trauma at Home*: *After 9 /11*, Nebraska: University of Nebraska – Lincoln Press, 2003, pp. 179 – 180.

⑤ 乔纳森·萨福兰·弗尔：《特别响，非常近》，杜先菊译，人民文学出版社 2012 年版，第 16 页。

全力去隐藏过去，身体活在当下，精神却一直纠结在过去，不断在想象中重复过去来折磨自己。这些行为都是典型的抑郁症，或"创伤参演"。创伤参演不仅包括无法正视过去，还让受创者陷入无法再去建立有爱的亲密关系的恶性循环中。谢尔迎娶了安娜的妹妹为妻，因为她与安娜相似。在他眼里，妻子仅仅是安娜的化身，当他叫妻子给他当雕塑模特时，他重塑的也是自己一刻也不能忘怀的安娜形象。

　　谢尔对过去的沉溺源于无法遗忘。"遗忘是创伤治愈不可或缺的一个阶段"①。遗忘的过程与让内的叙述记忆相似，它涉及受创者重获理性，放飞过去。谢尔完全没有足够的理性来实现卡鲁斯的"遗忘"，反而背道而驰，一直沉迷于和安娜有关的回忆不能自拔。而问题因他自己后来注意到这点而变得越发复杂。他慢慢意识到只要他能够放开过去，他的生活就会简单得多。尽管如此，他仍情不自禁地把自己囚在过去的牢笼里，折磨着现在的自己：

　　　　每一天的每一刻，我的心都碎成了比原来组成它的碎片还要多的碎片。我从来没想到过我是个安静的人，更不会沉默，我从来没想到过任何事情。一切都改变了，楔入我和我的幸福之间的不是世界，不是炸弹和燃烧的建筑物，而是我自己，我的思考，这种无法舍弃的癌症。无知是福吗？我不知道，但思考是这么痛苦。告诉我，思考究竟给我带来了什么，思考把我带到了什么伟大的地方？我想啊想啊想啊，我把自己从幸福中想出来了一百万次，却一次也没有把自己想进幸福中去。②

　　正如谢尔在给未出世的孩子的信中所说的，思考曾使他活了下来，而如

---

　　① Cathy Caruth, *Unclaimed Experience*: *Trauma*, *Narrative*, *and History*, Baltimore, MD: Johns Hopkins University Press, 1996, p. 33.

　　② 乔纳森·萨福兰·弗尔：《特别响，非常近》，杜先菊译，人民文学出版社 2012 年版，第 17 页。

今，思考却在杀死他①。他也承认"有时候我想如果我能告诉你那天晚上发生了什么，我就可以把那个晚上抛在后面"②，可他又坚信不遗忘过去才能弥补他不能与安娜共度一生的遗憾，所以他和妻子立了一个规矩——不许谈论过去，而失语症也让他不用冒险去谈论他无法表达的创伤，把他的沟通简化为双手比画的"是"与"不是"的手势语。

朱迪斯·赫曼（Judith Herman）认为，"创伤的复原需要三个阶段：重建安全感、追忆创伤事件及融入社会"③，谢尔沉迷于过往，陷入抑郁无法自拔，又拒绝交谈，不能哀悼过去，无法遗忘，所以无法与妻儿重建幸福的家庭，导致他自我孤立，诋毁自我存在价值，难以从创伤中复原。

二　祖母：未果的创伤应对

小说用题名均为"我的感情"的四个章节来阐述祖母的心理创伤与愈合过程。和祖父类似，"在生存危机与死亡之间挣扎"④。自德累斯顿轰炸之后，她一直难以摆脱父亲、姐姐丧生而自己存活于世的内疚感，更把亲人的死亡责任揽在自己身上，认为是曾散放在她卧室地板上的那100封信加速了轰炸后大火的燃烧才毁了她家的房子。同时，婚姻生活中一直被丈夫当作已故女友（同时也是她姐姐）安娜的影子，打破夫妻协议偷偷怀孕后又被丈夫遗弃，更让她觉得自己一无是处，"想做一头栖身于污秽中的猪"⑤"不习惯于害羞""习惯羞耻"⑥。所以她每次在发表意见之前总要先贬低一下自己，习惯性以

---

① 乔纳森·萨福兰·弗尔：《特别响，非常近》，杜先菊译，人民文学出版社2012年版，第219页。

② 同上，第212页。

③ Judith Lewis Herman, *Trauma and Recovery: The Aftermath of Violence from Domestic Abuse to Political Terror*, Basic Books, 1997, p. 246.

④ 孔瑞：《"后9·11"小说的创伤研究》，北京交通大学出版社2015年版，第58页。

⑤ 乔纳森·萨福兰·弗尔：《特别响，非常近》，杜先菊译，人民文学出版社2012年版，第236页。

⑥ 同上书，第182页。

"我不是很聪明（……）但我觉得（……）"来开头[①]。尽管祖父在答应了她求婚之时给了她生活的希望，"他的关注，填满了（她）中间的那个空洞"[②]，但被当作影子的生活让她不停痛苦自问"人为何要做爱"，最后更心痛地发现"爱一个人爱了四十年，此刻，这份爱变成了订书机和胶带"[③]。而命运又再一次戏弄了她，让她在"9·11"中失去了唯一的儿子。

虽和祖父一样饱受创伤，但从表面上看，祖母更积极地应对创伤，努力投入新生活。在初见祖父之时，尽管她自己都不能保护她自己，萌生自杀的念头，想抱上最大的石头走到哈德逊河里，让自己的肺装满水，但她"想保护他"，并觉得自己"肯定可以做到"[④]，甚至坚信"如果情势需要，准备粉身碎骨"[⑤]。当祖父准备离开她时，她鼓励他，"我也不知道（怎么活下去），但我在努力"[⑥]。她一直努力和别人沟通，努力学习英语，好让自己像一个地道的美国人；她努力地想表达她内心的情感，听从祖父的建议，敲打着键盘，写下自己的生平故事，"表达自己而不是折磨自己""减轻负担"[⑦]。甚至在得知自己的儿子所在的世贸大楼遭受袭击之时出奇的"坚强"，感觉自己"像一块石头一样充实"，"没有觉得空虚"[⑧]，还在给奥斯卡的信中强调"一直想告诉（他）的关键一点"，那就是"说爱我永远都是必要的"[⑨]。

祖母向奥斯卡坦承自己能活下来的秘诀是不像祖父那般想得多，"这一辈子都在学着不要那么多愁善感"，因为"不在幸福面前保护你自己，你就不能

---

① 乔纳森·萨福兰·弗尔：《特别响，非常近》，杜先菊译，人民文学出版社 2012 年版，第71 页。

② 同上书，第84 页。

③ 同上书，第235 页。

④ 同上书，第182—183 页。

⑤ 同上书，第84 页。

⑥ 同上书，第184 页。

⑦ 同上书，第121 页。

⑧ 同上书，第235 页。

⑨ 同上书，第328 页。

在忧伤面前保护你自己"①。所以，"9·11"当天，当她看到电视播放熊熊燃烧的大楼画面时，她"没有任何感觉，并不惊讶"。然而，她表面的超脱、实际上的情感麻木实则是创伤后的表现，是"受创者屈从于情感迟钝，表面平静淡然"② 她其实和祖父一样，身陷过去创伤的囹圄。白天她尚且可以凭借自我意识的控制，压抑创伤记忆，然而在睡梦中并不能摆脱梦魇的困扰。小奥斯卡经常通过对讲机注意她房间里的动静，她会在半夜里把他也吵醒，"她咕哝着抱怨"，所以"（他）的睡眠仰仗于她的睡眠，（他）告诉她'没有噩梦'的时候说的是她"③。她其实一直没有摆脱如同40多年前与祖父在纽约重逢时想抱着石头投河自杀的倾向，在恐怖袭击之后，小奥斯卡观察到：

> 她捡了些漂亮的石头送给我，（……）最坏的那天之后一两天，我正在第一次见费恩先生的路上，我看见奶奶抱着一块巨大的石头穿过百老汇街。那块石头大得像个小娃娃，肯定特别重。但她从来没把那块石头给我，她也从来没有提起这块石头。④

显然，在"9·11"中失去独子的创痛让她回想起了德累斯顿的伤痛。在"9·11"那天和奥斯卡趴在地板上的时候，祖母脑海里跳跃着在这两场灾难中丧生的亲人的画面：

> 有时候，我觉得空间在和我们塌下来。（……）你父亲在睡觉。安娜在吻我。我觉得自己被埋葬了。安娜捧着我的脸颊。我父亲揪着我的脸。

---

① 乔纳森·萨福兰·弗尔：《特别响，非常近》，杜先菊译，人民文学出版社 2012 年版，第183 页。

② Judith Lewis Herman, *Trauma and Recovery: The Aftermath of Violence from Domestic Abuse to Political Terror*, Basic Books, 1997, pp. 42 – 43.

③ 乔纳森·萨福兰·弗尔：《特别响，非常近》，杜先菊译，人民文学出版社 2012 年版，第 106 页。

④ 同上。

所有的东西都压在我身上。①

　　我想起我长大的那所房子里的墙壁。我的手印。墙倒下的时候，我的手印也倒下了。②

　　因此，拉卡普拉对创伤的治愈秉着保守态度，"复现创伤有时是处理创伤的必经阶段，处理创伤也不一定意味着所有创伤得到弥合"③。德累斯顿轰炸中失去父亲和姐姐的创伤，怀孕时被祖父抛弃的经历，"9·11"中失去独子的伤痛，"9·11"之后重新接回祖父但又再次失去他的心冷，所有这些创伤记忆都将永绕身边，无法释然。

三　创伤迁移

　　在《特别响，非常近》中，透过祖父与祖母的故事，弗尔展现了"难以言说"的创伤展演，与"不得不说"的艰难的创伤应对过程，论证了祖父口中"活着比死亡可怕"的伤痛。"9·11"失去亲人的伤痛引发了祖母德累斯顿的痛苦记忆，引发了个人、家庭创伤迁移。然而，创伤本身具有普世性，不分宗教、信仰、国籍与民族。透过他人的创伤视角，我们更应关注人为暴力事件所导致的创伤问题，思索创伤是由谁造成的，根源何在。除了在小说中将英美联军对德国的德累斯顿轰炸惨案与恐怖组织对美国的"9·11"袭击并置，透过小奥斯卡播放录像的故事，穿插、见证了美国对日本投放导弹的恐怖事件，"将个人及家庭创伤上升到民族、国家的层面上来，将美国9·11创伤与其他民族、国家的历史创伤进行对照，形成互文性"④。众所周知，英美盟军是德累斯顿爆炸的制造者，直接导致数万人死亡；在"9·11"恐怖袭击中

---

　　①　乔纳森·萨福兰·弗尔：《特别响，非常近》，杜先菊译，人民文学出版社2012年版，第232页。

　　②　同上书，第230页。

　　③　朱荣华：《多米尼克·拉卡普拉对创伤理论的建构》，《浙江学刊》2012年第4期。

　　④　王建会：《〈特别响，非常近〉中的"创伤迁移"现象探究》，《国外文学》2015年第4期。

美国却成了受害者；而在随后的两场反恐战争中，美国又是阿富汗、以色列普通民众的施暴者。世事轮回，历史事件千丝万缕，环环相扣，弗尔在小说中将人类的前后两场灾难并置并非偶然，创伤叙事更多的是注入对美国政治的反思。同时，通过创伤迁移，弗尔鼓励读者将自身置于全球视野之下，从个人创伤视角转到人类共同命运的思考中来，警示世人反省暴力行为，善待他人，共建美好家园。这也正是"后9·11"的伦理价值所在，即"表征精神创伤，实践诗学伦理"①。

四 结语

在《特别响，非常近》中，透过小主人公奥斯卡的祖父与祖母的创伤经历，弗尔展现了"难以言说"的创伤展演，与"不得不说"的艰难的创伤应对过程，论证了祖父口中"活着比死亡可怕"的伤痛。同时，基于创伤的普世性，作者将三场历史性大灾难并置，实现了个人、家庭、国家间际创伤迁移，以此对美国政治进行反思，并警示世人和善以待，祛除暴力，共建美好家园。

---

① 刘荡荡：《表征精神创伤 实践诗学伦理——创伤理论视角下的〈极吵，极近〉》，《外国语文》2012 年第 3 期。

第四章 《坠落的人》：坍塌的山巅之城

第一节 小说与评价

一 小说简介

美国文坛名宿唐·德里罗（Don DeLillo，1936 - ）是后现代主义小说家当中保持旺盛写作活力者之一，是与品钦、麦卡锡、罗斯齐名的美国当代四大小说家之一，也是第一位获得耶路撒冷奖的美国作家。当代颇负盛名的"X 一代"（Generation X）小说家，如戴卫·福斯特·华莱士（David Foster Wallace）、布雷特·伊斯顿·艾利斯（BretEaston Ellis）、乔纳森·弗朗钦（Jonathan Franzen）等，都视德里罗为自己的精神导师。他的叙事风格多样，关注历史、政治和当代文化危机，反映后工业时代的美国社会和人们的生活。在"9·11"恐怖袭击之后，他的作品顺应历史潮流转向描写反映"后9·11"时代美国的社会问题、从袭击中生还的人们的心灵创伤和精神痛苦的问题。他的代表作之一《坠落的人》（*Falling Man*）发表于 2007 年，其灵感源于摄影师理查德·德鲁（Richard Drew）拍于 2001 年 9 月 11 日上午 9 点 41 分跳楼者的照片（他们当时被困于烈火熊熊、烟雾弥漫的双子塔楼，绝望之中从窗口跳下结束生命），该照片发表之初被各大媒体广泛使用，"坠落的人"（Falling Man）也成为 21 世纪初最具象征意义的词语之一。德里罗的这部小说是继他《在未来的废墟里》一文（In the Ruins of the Future：Reflections on Terror and Loss in the Shadow of September）之后又一部直指恐怖主义对人们心理冲击的力作。他以精准的笔触、罕有的细腻深刻地刻画了"后 9·11"时代纽约人所经历的创伤和痛苦，以"赋予那片嚎叫的天空以记忆、温情和意义"①。这部小说因此被誉为描写"9·11"的经典之作，不仅代表了作者对于恐怖袭击事件本身的阐释，更昭示了作者对于全球化、恐怖主义、霸权主义乃至后现代社会人类所面临的窘境而进行的反思。

　　《坠落的人》主要讲述在世贸中心工作的律师基思，在"9·11"那天从烟雾笼罩、灰尘弥漫的废墟中侥幸逃生后，与妻子丽昂、儿子贾斯汀重新生活在一起、努力治愈创伤的故事。39 岁的律师基思工作的办公室所在地纽约世贸大厦遭到恐怖分子的袭击后，在慌乱中他从死人堆里爬出来，穿过惊恐不安的人群和满是瓦砾的街道，手里提着别人的公文包，跟跟跄跄地回到已经分居多年的妻子丽昂的寓所。对于基斯突然归来的原因，丽昂没有多问，双方都在努力修复几近破裂的婚姻关系。经过一段时间之后，基思一直为梦魇与幻灭所困，无法与妻儿交流、沟通，与家人渐行渐远。出于同病相怜、彼此诉说、相互慰藉所需，基思与公文包的主人、另一名恐怖袭击中的生还者弗洛伦斯发生了短暂的婚外情。发现于事无补之后，他开始逃避亲密关系，远离家庭生活，沉迷于扑克游戏，浑噩度日之中不断忆起在"9·11"中丧命的牌友，恐怖袭击已成为他心中挥之不去的梦魇。全书分为三个部分，以似乎

---

　　① Don DeLillo, "In the Ruins of the Future：Reflection on Terror and Loss in the Shadow of September", *Harper's*, No. 12, 2001.

毫不相干的三个神秘人物的名字命名，即"比尔·洛顿""恩斯特·赫钦格""戴维·雅尼阿克"，几条线索交织，运用后现代主义的拼贴技法将宏大历史事件在个人层面一一展现。这三个人物只是作为背景人物出现，捉摸不定、神秘诡异、令人恐怖。其中，比尔·洛顿是一个被误传的名字，出自贾斯汀的玩伴之口，是孩子们口中的恐怖分子，一个读音听似"本·拉登"的称谓。围绕"比尔·洛顿"，小说展开了创伤叙事，展现基思、丽昂和孩子的创伤后遗症。"恩斯特·赫钦格"则是丽昂的母亲妮娜的情人马丁·里德诺的真名。现为艺术品商人的马丁曾在20世纪60年代末参加德国左翼集体"一号公社"的反政府示威游行、扔鸡蛋、扔炸弹等激进活动。他所珍藏的一张通缉布告上的70年代德国恐怖主义者也正好是19个，与"9·11"袭击的19个犯罪嫌疑人数目一致。德里罗借着马丁之口，批判美国政府的对外政策，认为美国行为不当。而"戴维·雅尼阿克"的故事，则是随着丽昂的探索一点点浮现出来的。在小说的前半部分，他只是一位匿名的"坠落的人"的行为艺术表演者，直到文末一则简短的讣告才将这个名字与"坠落的人"直接相连。通过他并非哗众取宠的表演，人们不断忆起曾经的恐惧。在这三部分中还穿插着参加本次恐怖袭击活动的极端分子的故事，让读者走进他的内心，感受其内心的挣扎与矛盾。

总的来说，德里罗通过书写"9·11"事件对亲历者及其亲人所产生的创伤性影响，呈现了"后9·11"恐怖景观中当代的社会冲突、人们的心灵挣扎。淋漓尽致的恐怖景观阐释既有助于美国人"了解自己的话语"①，亦是人类反思全球化与恐怖主义关系之开端。

二　小说评价

小说甫一出版，便好评如潮。《伦敦书评》（*London Review of Books*）更是

---

① David Cowart, *Don DeLillo: The Physics of Language*, Athens: U of Georgia P, 2002, p. 604.

不吝用"杰作"来褒奖它。玛格丽特·斯坎伦①（Margaret Scanlan）认为，《坠落的人》将"9·11"恐怖袭击事件置于深远、宏阔的社会历史图景之中，描写"9·11"事件及由此导致的"9·11"创伤性影响，不仅是德里罗通过创伤记忆的复写对重大历史事件的所做的一次文本实践，更是借此对美国社会与政治的反思。换言之，作者通过成功地把重大历史事件与美国人的情感和心理结合起来，深刻揭露了"9·11"事件给普通民众所带来的种种困惑和挥之不去的心理创伤，更入木三分地批判了美国政府霸权主义的对外政策，"并提出了文化融合这一深刻课题"②。琳达·S.考夫曼③（Linda S. Kauffman）则指出，该小说的标题已成为"后9·11"人类状况之象征。尤其是小说中的"坠落"二字更是具有丰富的象征意义：双子塔楼的坠落象征无坚不摧、无往不胜的美国及美国梦的坠落，也象征包括幸存者基思、弗洛伦斯及基思的妻子丽昂在内的普通民众生活的坠落；戴维·雅尼阿克的坠落表演则象征人类整体的坠落，也预示人类社会将面临更为严峻的生存困境。正如巴特勒所言，在当下全球暴力视角下，我们需要重新解构和建构"生命"这一概念，需要重新思考他者生命，不能再坚持传统的、霸道的"自我高于他者"观，因为在那样的理论下，少数族裔和边缘群体更易遭受暴力。德里罗对广义生命的阐释，阐明了其实不论是直接的还是间接的恐怖袭击受害者，抑或是直接的施暴者，在传统的世界伦理和政治秩序面前都是受害者，因此，重建新的生命伦理秩序显得至关重要。所以，这部小说不仅代表了作者对于恐怖袭击事件本身的阐释，更是"昭示了作者对于全球化、恐怖主义，乃至后现代社会

---

① Margaret Scanlan, " Strange Times to Be a Jew: Alternative History after 9/11", *Modern Fiction Studies*, No. 3, 2011.

② 章淮平：《论唐·德里罗小说〈坠落的人〉中"坠落"的象征意义》，《江苏理工学院学报》2014 年第 1 期。

③ Linda S. Kauffman, " World Trauma Center", *American Literary History*, No. 3, 2009.

人类所面临的窘境而进行的反思"①。

在国外对这部小说的研究已经具有相当的规模，主要集中于叙事手法、创伤、恐怖，以及政治的角度。纵览国内迄今为止对这部书的研究，可发现基本追随西方，关键词主要集中于"创伤""身份""记忆""恐怖""救赎""反叙事""后现代主义"，如朴玉的《从德里罗〈坠落的人〉看美国后"9·11"文学中的创伤书写》，汉松的《"9·11"小说的两种叙事维度——以〈坠落的人〉和〈转吧，这伟大的世界〉为例》和张加生的《从德里罗"9·11"小说看美国社会心理创伤》等，明显也将着眼点置于叙事手法与创伤方面。事实上，《坠落的人》既是一部写实作品、政治作品，"蕴含着当代政治思想"②，也延续了德里罗对精神层面的问题一如既往的人文关怀，"是一部关注人类精神生态，探讨人与家园、人与他的记忆之间关系的作品"③。

第二节 萎靡的男性气概 幻灭的美国神话

"9·11"事件所造成的负面影响已经进入人们的心灵深处，梦魇一般地侵蚀着人类的生存心理，正如德里罗在《坠落的人》直言的，"这就是'9·11'之后的日子；几年已经过去，成千上万的人仍被梦魇困扰：被困的人、被压的肢体、瘫痪的梦、气喘吁吁的人、窒息的梦、无助的梦。"④ 但美国媒体铺天盖地地播放着代表了美国人的坚强、不屈、勇敢、信念以及团结等品质与精神的画面，讴歌英雄主义、爱国主义、民族主义等。在《坠落的人》小说

---

① 荣军、李岩：《文学表征创伤，叙事参与疗伤——读德里罗〈坠落的人〉》，《名作欣赏》2012年第6期。

② 蒋道超：《恐怖与救赎——政治解读"9·11"定义之作〈坠落的人〉》，《深圳大学学报》（人文社会科学版）2014年第2期。

③ 梁讯：《记忆与担荷：论〈坠落的人〉中的主题》，《当代外国文学》2014年第3期。

④ ［美］唐·德里罗：《坠落的人》，严忠志译，译林出版社2010年版，第252页。

里德里罗就官方叙事宣扬的"山巅之城"下美国民众耳濡目染的天真神话与"男性气质"这个关键词展开反叙事书写，刻画了一位与主流书写相去甚远、男性气概萎靡的基思形象，书写普通民众的真实创伤，引发人们去思考自己引以为傲的神话，从而达到挑战主流叙事、瓦解主流话语、进行文化批评的目的。

一 "山巅之城"与天真神话

1630 年，在满载清教徒的"阿贝拉"号劈波斩浪、雄心满满地抵达新英格兰前，约翰·温思诺普（John Winthrop）——马萨诸塞殖民地首任总督——发表了题为《基督徒仁慈的典范》的布道文，鼓励即将踏上新大陆的清教徒们说他们是上帝的选民，将得上帝的庇佑，来到了一个超越历史和传统的新大陆，在那儿建立一座"山巅上的城市"：

> 我们将发现以色列的上帝就在我们中间，我们能以一当百，击退敌人；上帝将赋予我们荣耀，以后其他农场（定居点）上的人们将说："愿上帝使这里变得与新英格兰一样。"我们必须相信，我们将是一座建立在山巅上的城市。所有的目光都聚集在我们身上。①

这一"山巅之城"的神话，和美国人笃信的另一个神话，即理查德·休斯（Richard Hughes）在《美国笃信的神话》一书中指出的"天真神话"，深入人心，逐渐演变成为影响至深的美国民族神话，塑造了美国的民族性格。它们使许多美国人坚信，"人和世界（至少是美国）本质上都是天真的"②，美国人摆脱了欧洲的陈腐和堕落，不会像其他国家那样陷于人类历史的沼泽，

---

① John Winthrop, "A Model of Christian Charity", *The Norton Anthology of American Literature*, New York: W. W. Norton, 1985, p. 49.

② Richard Hughes, *Myths America Lives By*, Urbana & Chicago: University of Illinois Press, 2003, p. 54.

也不会像其他国家那样可能继承了人类历史的污点，或向历史妥协，他们是例外的，如《圣经》里"马太福音"中耶稣在巴勒斯坦的拿撒勒布道时所说的一样，作为"上帝的选民"，他们"是社会中坚，众人表率。（……）是世界的光芒，一个建立在山巅上的城市不会被埋没。"

"山巅之城"神话在美国被广泛运用于政治之中，很多民众被潜移默化，深信美国人生而崇高、伟大、正义、无私，加深了他们的自大心理，阻碍他们看清事物的本质；"天真神话"使美国人坚信自己的伟大，对自己的正义和无私更是无比自信，一厢情愿、自以为是地将自己想象为富强的代表者、正义的维护者、民主的传播者、自由的英勇斗士，发动、参与了多次战争，却没能正确判断本国政府的战争行为，也没有意识到美国政府给当地人们带去了无尽的灾难。美国人对"9·11"恐怖袭击事件的反应也不例外。

"9·11"后，美国的官方话语充分利用了天真神话，严厉谴责恐怖分子，煽动民众；作为政府喉舌的媒体则过度消费灾难场景，如电视反复播放灾难现场，报纸力图挖掘每一个细节以不断唤起人们对恐怖袭击的记忆，将异端分子塑造成彻头彻尾的魔鬼，同时向民众对比鲜明地标明美国一直坚持的信仰与勇敢的形象。"恐怖袭击迅速被盗用，被政治化、商业化、军事化（……）且被性别化了。"[1] 在这样出于国家政治的需要的官方爱国话语的影响之下，民众"将'9·11'事件看成是一群憎恨美国民主与自由制度的人所犯下的反人类、反人性的罪恶行径"[2]，并萌发了"伊斯兰恐惧症"，将伊斯兰等同于恐怖主义，把穆斯林等同于恐怖分子。反恐战争自然也就被贴上正义的标签。对于美国入侵伊拉克是否给当地人带来死亡和痛苦，是否侵犯了伊拉克人的人权等问题，美国民众并没有形成立场，正如约瑟夫·奥尼尔的

---

① Thomas Ærvold Bjerre, "Post‐9/11 Literary Masculinities in Kalfus, DeLillo, and Hamid", *Orbis Litterarum*, No. 3, 2012.

② 张和龙：《"9·11文学"：新世纪美英文学的审美转向?》，《深圳大学学报》2014年第2期。

另一部"9·11"小说《地之国》中男性白人汉斯所坦言的，"我没有兴趣，我真的不在乎"。

二　支配型男性气质

《地之国》中的汉斯并非异类。以清教信仰为核心的美国神话为美国国民提供了公民身份，塑造了身为"上帝的选民"的优越感的民族性格，而"白人男性中心主义"则成为清教徒的核心，在美国主流社会形成"我们"与"他们"的对立。

（一）男性气概与支配型男性气质

"白人男性中心主义"所采纳的男性气概模式基本上属于康奈尔（R. W. Connell）所提出的"支配性男性气质"（Hegemonic Masculinity）模式。这种男性气质有别于传统男性气概（Manliness 或 Manhood）①，后者被哈维·C. 曼斯菲尔德②（Harvey C. Mansfield）视为一种品德（Virtue），以"勇敢或绅士风范"（Courage or Gentlemanliness）为基石，具有内在导向性，强调男性的人格与道德品质，以勇敢、强硬、坚韧、进攻性和毅力等特性作为基调和性别规范。但"支配型男性气质"主张男性气概应是"主动的、竞争的、拥有权力的、控制的、主宰的"③。

"支配型男性气质"模式扭曲、异化女性、其他弱势群体、有色种族，是一种对种族与性别的暴力统治。从性取向的角度来看，以异性恋为标准的男性气质的证明与建构基于对同性恋的排斥与压制；从阶级的角度来看，其建构与证明通常是建立在对其他阶层男性气质的贬低与压制的基础之上，如西方社会中中产阶级男性气质的支配性或霸权性是建立在对劳工阶层的他者化

---

① 隋红升：《男性气概与男性气质：男性研究中的两个易混概念的辨析》，《文学理论研究》2016 年第 2 期。

② Harvey Mansfield, *Manliness*, New Haven: Yale University Press, 2006, p. vii.

③ 方刚：《男性研究与男性运动》，山东人民出版社 2008 年版，第 43 页。

基础之上；从种族的角度来看，西方社会白人气质的证明与建构是基于对有色人种男性气质的贬低、否定、剥夺、压制的基础之上。这一点在美国社会尤为突出。美国男性气概研究专家基默尔（Kimmel）一针见血地指出"种族歧视、反犹主义、本土主义、对同性恋的憎恶，这些力量合在一起，都释放在对他者男性气质的贬低上"：

> 一直以来，在美国本土出生的新教徒的男性气质是对他者（黑人、犹太人、男同性恋和其他非白人移民）男性气质的非人性化的压制基础上建立起来的。这些人要么被描述得男性气质过剩（野兽般的暴虐、狡猾、贪吃），要么缺乏男性气质（女性化、依赖性、柔弱乏力）。①

（二）政治、权力话语下的支配型男性气质

"9·11"之后，官方叙事将这种"支配型男性气质"发挥到了极致。一方面，他们极力贬低穆斯林群体，从西方白人男子的视角来解读穆斯林男子，带着西方男性的优越意识来居高临下地加以审视，将作为"他者"的穆斯林男子丑化成身材矮小、目光狡黠或带着淫光、带有女性特征，不得不以虐待妇女来树立可怜的权威；或将他们描述为因极端宗教信仰而变成疯狂的、失去理性、动辄诉诸武力、泯灭人性、屠杀平民的恐怖狂徒。另一方面，诸如白人文学家笛福在帝国冒险叙事《鲁宾孙漂流记》中不断塑造着积极正面、英勇、果断、慷慨的白人形象，来巩固英帝国形象，增加民族认同感一般，他们又得意扬扬地标榜作为对立面的"我"——外形健硕、崇尚文明、富于理性。他们显然是以贬低和污蔑穆斯林男子来衬托和证明自己的男性气质，因为"种族主义和排外主义有着强烈的性别印记，似乎把'他们'描述得没

---

① Michael Kimmel, *Manhood in America: A Cultural History*, New York: Oxford University, 2006, p. 230.

有男性气质就能够让'我们'感觉更有男性气质似的"①。电视台循环播放着的都是英勇的白人消防队员视死如归，于熊熊大火之中拯救受害者的感人肺腑的画面。

"我们"与"他们"的二元对立无非是自欺欺人地图谋"师出有名"。自英国殖民扩张以来，白人殖民者一直标榜自己是世界上最优越的民族，他们的神圣使命是为落后地区带去文明，送去上帝的福音，这是他们白人的重担，因此他们在殖民地的活动具有正当性和合法性。这体现了殖民者的帝国主宰意识。"9·11"之后的"恐怖主义话语是一种东方主义或殖民话语"②，官方叙事中的美方自我标榜与贬低他者亦是为发动伊拉克与阿富汗战争做政治铺垫。战争通常被视为男人的领地，也是考验、证明和实践男性气概的重要形式与场所。此观点从古希腊时期就已有之，比如亚里士多德就认为"战场是展示男性气概或勇气的最佳场所"③。因此，在男权文化话语体系中，战场上的英雄是人们心目中真正的男子汉，"只有不断经受战争的洗礼，那种开疆拓土式的男性气概才能得到恢复"④。美国官方媒体也不失时机地向民众播放在伊美军英勇杀敌的画面，正如迪克纳总结的，恐怖袭击之后，男子汉气概似乎又回归了，男性英雄重新成为主流文化元素，他们表现出来的英雄气概也几乎是男性气概的代名词，告诉人们"男性气概在战争、尤其在危难之时对国家的保卫过程中才能得到最好的展现"⑤，给"9·11"之后宛如惊弓之鸟、急需情感支撑的美国注入了强大的力量，让美国人知晓"国内与国外的'美国新战争'"，让他们"觉得更安全了，因为'我们'的男人正在保护我们

---

① Michael Kimmel, *Manhood in America：A Cultural History*, New York：Oxford University, p. 129.

② Stephen Morton, "Terrorism, orientalism and imperialism", *Wasafiri*, No. 2, 2007.

③ Harvey Mansfield, *Manliness*. New Haven：Yale University Press, 2006, p. 75.

④ Kimmel, Michael, *Manhood in America：A Cultural History*. 2nd ed. New York：Oxford University, 2006：76.

⑤ Harvey Mansfield, *Manliness*, New Haven：Yale University Press, 2006, p. 75.

（抵御其他的男人）和我们的生活方式"①。不可否认，在自己的国家和民族遭受外来侵犯之际，无论军人还是民众都需要表现民族大义，展现挺身而出、视死捍卫领土完整和民族尊严的魄力和气概。然而，美国官方叙事中无视第三世界无辜平民遭杀戮的场面，简单地把反恐战争、暴力甚至杀戮作为建构和证明美国男性气概的手段则是荒谬至极，"有很大的误导性、潜在的破坏性和反人道性"②。

不管美国官方叙事如何标榜自己实为支配型或霸权型的男子气质（非值得称颂的传统男子气概），让原本对生活漫不经心、对宗教世俗随意的人们转变为虔诚的基督徒，升华为热情高涨、摇旗呐喊的爱国者，这些无非都是一种通过叙事来有意逃避直面伤痛的手段，意识形态宣传的一个工具，"将这一场悲剧和灾难转化为一次国家层面上的'宏大叙事'，从而将隐形的政治与意识形态操控功能推向极大化"③，"其最终目的是压制'9·11'的创伤，将悲剧变为一种必胜的信念，而丧失应有的哀悼和悲伤，（……）叙事崇拜远没有为焦虑的恢复提供一个象征性的空间，而是直接或间接地向人保证，根本就没有必要感到焦虑"④。

双子塔象征着美国的超级大国地位、财富以及西方文明，代表着整个美国和美国人民，它的坍塌，正如马丁在小说中所言，"打击了这个国家的强势地位。他们实现了这一点，让世人看到，一个大国多么容易受攻击"⑤。美国人的天真神话、支配型男性气质都随着双子塔的坍塌而崩溃了，无法重建。以下将以《坠落的人》的男主角基思为例，对之进行细节论证这一点。

---

① J. A. Tickner, "Feminist perspectives on 9/ 11", *International Studies Perspectives*, No. 3, 2002.

② 隋红升：《自我的恪守与流俗的抗拒：论〈达荷美人〉中男性气概的真实性原则》，《山东外语教学》2014 年第 4 期。

③ 张和龙：《"9·11 文学"：新世纪美英文学的审美转向?》，《深圳大学学报》2014 年第 2 期。

④ Kristiaan Versluys, *Out of the Blue: September 11 and the Novel*, New York: Columbia UP, 2009, p. 13.

⑤ ［美］唐·德里罗：《坠落的人》，严忠志译，译林出版社 2010 年版，第 49 页。

三 "后9·11"时代萎靡的男性气质

小说以一幕世界末日景象铺开，"街道不复存在，已然成了一个世界、一个时空，散落的尘土遮天蔽日，近乎黑夜"①。听着塔楼倒塌的声音，基思感觉"这就是他倒下的声音"②。从死人堆里爬出来的他试图告诉自己，他还活着，"但是，这个念头模糊不清，让他捉摸不定"。③ 这样精神恍惚、飘忽不定的他与灾前踌躇满志，总是很贪婪地想获取、掌控周遭一切的颇具"男子气概的男人"（He - man）大相径庭。以前的他"曾经希望得到世上的许多东西，超过了时间和手段的限度"，用基默尔的术语来说，就是一个野心勃勃的"养家糊口的人"（Breadwinner）——"直至今日，这仍是美国男性气概的核心特征"。然而，"9·11"之后，他的工作场所、同事，一并消失了。遗世而立的他虽回归家庭，重找了一份工作，但一直处于恍惚的创伤状态，家人与工作没有给他任何满足感或男性身份。

（一）渐行渐远的家庭回归

基思想要重拾生活信心、掌握人生的第一步是踉踉跄跄地回归之前已经遗弃的家庭。在"9·11"之后的那几周里，他重新担当起作为丈夫、父亲这个家庭核心、保护神的角色。"9·11"父权叙事话语围绕着"美国神话中女人需要男人保护，而男人能成功为之的幻想"④ 重新建立起来，他成了家里"一个挥之不去的身影"，在各个房间里，飘荡着一种感觉："这个人赢得了充满尊重的关注"。他花时间和儿子贾斯汀在一起，送他到学校，接他回家，辅导他做家庭作业，为家人做晚餐，与儿子在公园里玩接球游戏。妻子丽昂看见

---

① ［美］唐·德里罗：《坠落的人》，严忠志译，译林出版社2010年版，第1页。
② 同上书，第6页。
③ 同上。
④ S. Faludi, *The Terror Dream：What 9/11 Revealed about America*，London：Atlantic Books，2007，p. 118.

了"一个自己以前并不了解的人"①，他开始感悟"生活的真谛是，应该严肃和负责地对待生活，而不是笨拙地攫取"②。这些对他而言陌生的家庭日常的确给基思带来了不寻常的愉悦感，但这并不可靠，也不稳定。他自我承认，"这些时段里有一种隐含的快感，一种几乎被隐藏起来的感觉，某种他勉强知道的东西，一种自我揭示的低语"。③

实际上，基思本身就不是一位传统的家庭男人。家对他而言一向都是陌生的，"没有什么是他所熟悉的，身在这里，又在一个家庭里了。他觉得自己是陌生的，或者说，他一直觉得如此"④。妻子对他这个丈夫也一直有着陌生的隔阂，"我的丈夫""这几个字眼以前从来没有让她觉得轻松（……）他不是什么丈夫。配偶这个词用在他身上一直显得滑稽，而丈夫则完全不合适。他是某种别的什么人，在别的什么地方"。他只是努力"逐渐变为一个像丈夫的男人"⑤。当丽昂问他为何在灾难发生后会回来，他并不能给她一个她所期待的答案——想在灾难发生时保护妻儿——而是坦言"难以重新说明那时的念头"⑥，并不知道心里当时是怎么想的，并补充说他还是选择了丽昂的寓所而非去医院。回来后，妻子"就像牵着学步的儿童"，带着他"一步一步地挪动"步行去了医院。可见，德里罗塑造的并非一位坚强的男性守护者、家庭守护神，完全相反，这是一位需要家庭庇佑的脆弱的男人。

但这个需要家庭保护的脆弱男人仍然固守着自己的领地，只想"避开鼎沸人声和面孔浪潮，避开上帝和国家，独自坐在安静的房间里"，就连与最亲密的家人也划出了清楚的分界线："他像往常一样，隐藏着自我，但是现在表现出一种空间感，一种由空中里程和城市构成的空间感，一种他与别人之间

---

① [美]唐·德里罗：《坠落的人》，严忠志译，译林出版社2010年版，第62—63页。
② 同上书，第147页。
③ 同上书，第70页。
④ 同上。
⑤ 同上书，第75页。
⑥ 同上书，第22页。

的实际距离感。"① 虽然丽昂一直想和他交流，认为在当时的局势下，面对着把他们吓得半死的事件，家庭是必要的，住在一起是渡过难关的一种方式。可他却觉得在这个国家里，"大多数人的生活都没有意义"②。面对着一样遭受创伤的儿子，他也一样束手无策。因为作为父亲，他本人一直处于"一种深睡状态，一种嗜眠病，眼睛睁开，心灵关闭"。

在几次交流无果之后，丽昂有点明白了，"她希望在这个世界上获得安全，然而他并不希望"③。其结果也正如维斯勒斯所言，"9·11"事件"并未让一个家庭走得更近"，"反而成了他们渐行渐远的推力"④。

（二）无果的性爱

人们一般会把性行为看作是一种生理行为，而忽略了其社会文化性、政治性和它所体现的性别秩序。但德里罗笔下的男性人物的性行为都与他们的身份建构息息相关。法国社会学家皮埃尔·布尔迪厄在《男性统治》一书里这么定义男子气概：男子气概既被理解为生殖的、性欲的和社会的能力，也被理解为斗争或施暴的才能。⑤ 可见，性是男人证明自己男子气概的一种重要方式，正如塞德勒所言，"关于男性性能力所代表的语言，男人们所传承的是一种代表着意志、表现、征服的言语"⑥。然而，基思并未能从自己的性经历当中（不管是与妻子丽昂或是情人弗洛伦斯）重建男性身份。

在飞机撞楼 15 天之后，他与丽昂做爱。它确实给她带来了放松，那是唯一一段没有胁迫感或扭曲感的放松时间，也是她记忆之中和他一起度过的最

---

① ［美］唐·德里罗：《坠落的人》，严忠志译，译林出版社 2010 年版，第 231 页。

② 同上书，第 234 页。

③ 同上书，第 236 页。

④ Kristiaan Versluys, *Out of the Blue*：*September 11 and the Novel*, New York：Columbia UP, 2009, p. 28.

⑤ ［法］皮埃尔·布尔迪厄：《男性统治》，刘晖译，海天出版社 2002 年版。

⑥ V. J. Seidler, *Rediscovering Masculinity*：*Reason*, *Language*, *Sexuality*, New York：Routledge, 1998, p. 22.

温柔的时刻。但事后，当她望着他，"他脸上没有表情，无动于衷，与他醒来时没有什么大的不同"。① 这种无动于衷的状态与态度也存在于他与弗洛伦斯——一位也是在恐怖袭击中幸存下来、公文包被基思误拿的黑人女子的婚外情中。他们俩只有性爱，没有浪漫，虽"互相获得性爱的愉悦，然而这并不是让他回到那里去的原因"。她的吸引力在于她是唯一一个能够了解曾发生在他身上的事，能明白他当下所承受的各种梦魇，"吸引他的是在盘旋而下、没有时间限制的持久飘荡过程中共同了解的东西"②，因为他俩经受着一样的创伤，同病相怜。弗洛伦斯只是基思"自动投影行为"的一个"传声板"③，试图在她的讲述中找到自己，不似普通男人在情妇这里展现雄威。

基思本身也不是一个能享受亲密关系的男子。实际上，他害怕与女性的亲密关系。这可以追根至传统男性气概话语体系所具有的严重的排他性，在强调勇敢、强硬、坚韧、进攻性和毅力等特性的同时，生怕自己被女性掌控，或是让自己染上懦弱的女性气质，所以否定、排斥女生气质的性别规范，拒绝男性个体的情感需求与亲密表达，贬斥了个体的同情之心与悲悯之心，具有非人性的特点。严重的，甚至会表现出强烈的厌女症。在岳母妮娜眼中，基思就是这样的一个人：

> 有这样一个男人，一个榜样，他是他的男性朋友们的可靠典范，具有朋友的一切品质，是一个好帮手，一个可以交心的密友。他借钱给人，提供建议，对人忠诚，诸如此类，不胜枚举。但是，他对女人却非常恶劣。一个活生生呼吸的地狱。女人和他的关系越密切，他越会觉得，她不如他的男性朋友。于是，她的境遇就更加糟糕。这个人就是基思④。

---

① ［美］唐·德里罗：《坠落的人》，严忠志译，译林出版社2010年版，第75页。

② 同上书，第147页。

③ Kristiaan Versluys, *Out of the Blue*: *September 11 and the Novel*, New York：Columbia UP, 2009, p. 25.

④ ［美］唐·德里罗：《坠落的人》，严忠志译，译林出版社2010年版，第62页。

基思确实就是这样一个男人，丽昂无奈地发现，"他不愿意屈服于她的种种要求：尝试亲昵、尝试过度亲昵的需要，（……）那种需要包含肉体的东西：两手、双脚、下体、龌龊气味、成团的污垢，有时他只谈话或睡意蒙眬的呓语"①。在双子塔坍塌时失去了最亲密的牌友，又不能在家庭、爱人的温暖港湾中疗伤，最终他变成了一具行尸走肉，自我怀疑成了"一种自我操控的机械，就像一个外形像人的机器人"②。

（三）不男人的暴力

除了性能力，男性气质的建构与实践还主要体现在对权力、财富、甚至施暴能力等外在因素的追逐，经常以对他者的征服和压制的方式进行。暴力亦是德里罗小说人物展现男子气质的另一重要途径，赫利尔认为他的小说里"充满了暴力行为"③，《坠落的人》的写作背景就是规模空前宏大、难以理解、导致死伤无数的暴力恐怖事件。

虽然个人与个人间的暴力画面不多，但有关基思与情人弗洛伦斯的一幕值得关注。当他俩在百货商店看床垫时，弗洛伦斯坐在床头上，玩起了她羞涩的小游戏，公开表示亲昵。两个站在距基思不远的男人开始窃窃私语，评论起她来。基思不禁恼怒，骂："嘿，混蛋。"尔后又声音更响亮地说了一遍，并等着这两个字产生效果。气氛开始紧张起来，那个男子听着他同伴说话，没有什么动作。基思最初开心地站着观察，但是后来却改变了主意，走过去用拳揍了那个男子，抬起双手，手掌朝上，仿佛在说，我在这里，来吧。"如果任何人向弗洛伦斯讲一句粗话，动一根指头，或者以任何方式侮辱她，基

---

① ［美］唐·德里罗：《坠落的人》，严忠志译，译林出版社 2010 年版，第 113 页。

② 同上书，第 246 页。

③ J. N. Duval, *The Cambridge Companion to Don DeLillo*, Cambridge：Cambridge University Press, 2008, p. 134.

思都会动手杀死他的。"① 如此反应激烈或偏激的基思与之前似乎遗世而立、对世事对家人都漫不经心、渐行渐远的基思大不相同，但细究其源，也不足为奇。这是男人自尊、男子气概在作祟："每一个挑战，每一个表现出不尊重的行为，都会挑衅作为一个男人的荣耀。所以真正的男人，是那些时刻准备好像一个男人去战斗的男子汉们"②。这是霸权男子气质的一个典型案例，即男人靠武力来争夺女人、保护自己的女人以维护自身的男性权威。因此，当发现自己的女人被其他男子指指点点，昏昏沉沉的基思猛然惊醒，发觉自己作为男人的尊严可能受到挑战，身上所传承的传统男子气概潜意识要求他即刻出击，不让正在看着他反应的女人失望。作为妻子的丽昂深切地感受到基思的暴力倾向：

> "你想杀某个人，"她说。
>
> "这个念头你已经有一段时间了，"她说。
>
> "我不能参军，这太糟糕了。年龄大了，"他说，"不然，我可以杀人而不受惩罚。"③

然而，暴力并不能赋予基思力量或使他表现出同样的阳刚之气来面对他的创伤。这仅仅只是瞬间的反射，临时的表现，尔后即被遗忘，恍如隔世般地忘了之前发生了何事："奇怪的是，在他们散开之后的混乱中，基思觉得有一只手在自己的胳膊上，就在肘部上面，心里立刻明白，这是弗洛伦斯。"

（四）游戏人生的扑克

逃离家庭生活后的基思并未能在与弗洛伦斯的婚外情中如愿疗伤。生活依旧无序而混乱。彻底迷失自我的基思重操旧业，成为一名职业扑克牌玩家，

---

① ［美］唐·德里罗：《坠落的人》，严忠志译，译林出版社 2010 年版，第 144 页。
② A. Clare, *On Men*: *Masculinity in Crisis*, London：Chatto & Windus, 2000, p. 36.
③ ［美］唐·德里罗：《坠落的人》，严忠志译，译林出版社 2010 年版，第 233 页。

在过去的游戏里无法自拔。运动，包括扑克，"自古以来就与男人、男子气概相关，是男人专属的领域，一般没有女人涉足，而把扑克这种非体育、伪运动项目化为男性竞技的一种方法是突出它激进的玩法和'睾酮'素的游戏策略"①。正如德里罗所描述的，打牌时，他们脸上放光，使用直觉和冷战危险分析方法，认真对待每一手牌。他们机灵地算计，盲目地投机。所有的动作都在眼睛后面，在故作天真的期待中，在精心算计的圈套中；有健康的挑战，有赤裸裸的讽刺，还有旨在粉碎他人薄弱人性的意图成分。"每个人都试图给他人设下陷阱，为自己的虚设梦想选定范围；这些游戏是生活本质的汇集，是他们白天主动行为的清晰而舒适的提炼。"② 就算是打牌时的消遣之一——喝酒，他们也选择限于深色酒类，"限于男人风格更强、颜色更深、更醇厚的蒸馏酒"，而抽烟，则只选择吸雪茄，因为觉得吸雪茄"坦率、豪爽、高人一等"，不像吸香烟那样"显得全然无助、心智不全"③。

对基思而言，扑克牌是唯一觉得放松的休息时间，但也是"一种期待，不带割断联系形成的杀人罪痕迹"④，它也就成为解读基思性格的一个重要元素。在"9·11"事件之前，相比与女性矛盾的亲密关系，打牌让基思的男子气质表达得更如鱼得水，似乎男子气概溢于言表，也是维系着兄弟手足情谊的最佳途径。然而，这种"霸道、自信"的支配型男子气质也随着坍塌的双子塔粉碎了，不仅他大多数牌友灰飞烟灭了，基思也听到了自己倒下的声音。

因不愿面对创伤，基思又开始转向扑克游戏，希冀从中获得秩序感。尽管曾让他自在的男人圈已不复存在，但他"感觉到了返回这里的需要"，"他能够产生一种适意的感觉，这就是他稔知已久的地方"⑤。他觉得自己很适合

---

① Van Ingen, C. "Poker face: Gender, race and representation in online poker", *Journal of the Canadian Association for Leisure Studies*, No. 1, 2008.

② ［美］唐·德里罗：《坠落的人》，严忠志译，译林出版社 2010 年版，第 104 页。

③ 同上书，第 106 页。

④ 同上书，第 28 页。

⑤ 同上书，第 214 页。

这样的生活，因为"这里不存在对应规则"，"不需要对应规则来起协调作用"，"不存在可能根据另外一种要素来理解的要素"①。它似乎让他脱离了痛苦的记忆和恐惧，不要再害怕"如果他闭上眼睛，他会看见某种东西"②，也不用去想以后，"将来这个概念使人觉得难以捉摸"③：

> 他逐步适应了某种为他量身定做的东西。置身于这些房间时，听着庄家大声说，第十桌有空位，他内心产生了一种前所未有的自我意识。他两眼望着牌桌，排队等候。在这些时段中，除了玩牌之外，其他什么都不存在——在玩牌的时候，他脑海里通常不会无意中闪现历史，闪现出回忆。④

基思也曾有一瞬间想站起来，然后离开。他觉得，他可以走出去，收拾行李走人，搭乘第一班飞机，要一个靠窗的座位，放下遮光板，安心睡觉。他确实弃了牌，靠在椅子上。可是待到一副新牌出现在面前时，他已经做好了再玩一把的准备。这种无忧无虑于过去与将来的游戏已让他沉迷其中，即便起初一周会回去几天，却不知如何用言语来告诉家人他日日夜夜所做的事。甚至面对着赌场偶遇的特里——另一个在"9·11"事件中幸存下来的旧牌友——他一直设法避免与他见面，不愿听到他的声音，不愿看到他手里的香烟慢慢燃烧的样子，因为所有这一切都会让梦魇重现，他甚至不愿去听周遭的声音。基思在这里再次展现了多米尼克·拉卡普拉所说的"忠于创伤"（Fidelity to Trauma），即对"创伤应对"（Working Through）的负隅顽抗，不愿勇敢面对。

对这种"荒诞性""精神病式愚蠢"的可悲生活，丽昂的劝说发人深省：

---

① ［美］唐·德里罗：《坠落的人》，严忠志译，译林出版社 2010 年版，第 222 页。
② 同上书，第 223 页。
③ 同上书，第 217 页。
④ 同上。

可是，难道这样做不使人堕落？难道它不会使人意志消沉？它肯定会损害人的精神状态。我是说，我昨晚在电视上看到了玩牌的场面。就像在地狱中举行会议。时间就这样一点点地耗费了。几个月以后会出现什么情况呢？几年以后呢？你会变成什么样的人呢？①

"你会变成什么样的人"的质问是德里罗对后"9·11"男性气概重建的探索。但其结果却是让人沮丧：

> 他望着她，点了点头，似乎表示赞同，后来不停地点头，将这种动作带到另外一个层面上，一种深睡状态，一种嗜眠病，眼睛睁开，心灵关闭。

> 最后还有一点，它非常清楚，不用说明了。她希望在这个世界上获得安全，然而他并不希望。②

四 结语

"9·11"事件所造成的负面影响已经进入人们的心灵深处，梦魇一般地侵蚀着人类的生存意识，正如德里罗在小说中直言的，"这就是'9·11'之后的日子。几年已经过去了，成千上万的人仍被梦魇困扰：被困的人、被压的肢体、瘫痪的梦、气喘吁吁的人、窒息的梦、无助的梦。"③ 尽管美国媒体将代表着人类的脆弱、对命运的屈从的德鲁的"坠落的人"系列照片定为禁忌，让它们连同当天被困双塔的人们跳楼的电视画面一并消失在大众的视野中，取而代之的是铺天盖地地播放着代表了美国人的坚强、不屈、勇敢、信念以及团结等品质与精神的画面，如废墟中蹒跚的幸存者、消防队员、救援人员

---

① ［美］唐·德里罗：《坠落的人》，严忠志译，译林出版社 2010 年版，第 236 页。
② 同上。
③ 同上书，第 252 页。

等，反复强调美国"无辜受害者"的形象，讴歌英雄主义、爱国主义、民族主义等，然而，显而易见，基思已不再是曾经踌躇满志的大律师，与流俗的热血沸腾、保家卫国的男子汉、大英雄形象更是相去甚远。他甚至都不知道自己是谁，因为"'9·11'事件之后，符号系统中构建起来的自我认同坍塌了，遭受创伤的人们开始逐渐产生'自我意义感和价值感自我丧失'的危机，开始出现认同焦虑"。① 不管他采取了哪种途径，都无法如愿还原灾前的男子汉形象，他所看到的自己不过是"一种虚假的回忆，或者说，它严重变形，稍纵即逝"。② 小说开头与结尾前后呼应，以基思的视角展现"9·11"事件的恐怖现场，也映射了沉沦梦魇、难以得到拯救的事实。这与雄心壮志的大众媒体所大肆宣传的胜利的官方叙事背道而驰。

德里罗就"男性气质"这个关键词所展开的反叙事又具有后现代叙事特色，体现了后现代作家的一个共同点，即在"依赖他所反对的支持这个后现代世界的大众媒体"，"他无法完全脱离于他所批评的对象"③ 进行批评：他的反叙事是利用主流官方叙事，具有对官方叙事的依赖性（或者说"寄生性"），但同时又突破了这种叙事所提供的图像与语言的区囿，对之进行重写，书写普通民众的真实创伤，引发人们去思考，从而达到挑战主流叙事、瓦解主流话语、进行文化批评的目的。这便是《坠落的人》反叙事书写的本质所在，也完美地诠释了语言批评与媒体批评最终都是文化批评。

---

① 孔瑞：《"后9·11"小说的创伤研究》，北京交通大学出版社2015年版，第99页。
② ［美］唐·德里罗：《坠落的人》，严忠志译，译林出版社2010年版，第249页。
③ Peter Schneck, and Philipp Schweighauser, *Terroria Media, and the Ethics of Fiction: Transatlantic Perspectives on Don DeLillo*, The Continuum International Publishing Group, 2010, p. 6.

第三节 战争语境下的女性苦难与成长

小说前半部中的丽昂，也是一个"坠落的女人"（Falling Woman）："9·11"也打乱了丽昂的正常生活，使她陷入恐怖袭击事件所带来的创伤之中。但丽昂没有像基思那样，跟着倒塌的双子塔一起倒下了。相反，在男性不负责任甚至缺席的情况下，她勇敢地承担起对个人、家庭、社会的责任，竭尽全力扮演好作为女儿、妻子、母亲、社会人的角色，"准备独自生活下去，以可靠的镇定态度独自生活下去；她和孩子将会以撞飞机——划过蓝天的银色——出现前一天的方式生活下去"。① 伍尔夫用女性的抚慰力量去拯救人类的济世良方也体现在了《坠落的人》这部小说里。相比萎靡的男性而言，德里罗塑造了两位勇敢面对创伤、负重成长的女性形象——基思的妻子丽昂和他的情人弗洛伦斯颠覆了战争语境下隐蔽女性的霸权男性叙事。

一 政治与权力话语下的女性观

将人类从生物学的性别上进行划分，可分为女性与男性。同时，女性与男性亦可指社会与文化上的性别角色：诸如权势、自立、理性、活力、乐观、阳刚等因素通常与男性相关；而它们的相对物，即软弱、依赖、感情、被动、阴柔等被认为是女性特征。性别角色观，作为性别观念中最主要的组成部分，它体现了针对不同性别的刻板印象和角色期待，自然也是人们在家庭和社会生活中扮演性别角色的模式依据。而女性在社会、文化的影响下，其社会角色逐渐演变为第二性，不仅《圣经》故事告诉我们人类自被创造的那天起，女性就被认定是由男人的一根肋骨造就的，是男性的附庸，莎士比亚在《王

---

① ［美］唐·德里罗：《坠落的人》，严忠志译，译林出版社 2010 年版，第 258 页。

子复仇记》中也写道，"Frailty, Thy Name is Woman"（脆弱，你的名字是女人），女性便成了"The Weaker Sex"（懦弱的性别），"the Lesser, the Lower or Female Man"，通过强大的伦理、道德、风俗教化和一些针对女性的社会排斥政策制度，形成并不断巩固男尊女卑的社会性别观念，与此相适应构造了男性属于工作等公共领域，女性当囿于婚姻家庭生活等私人领域等角色期待，培养了男性重工作事业而女性重家庭生活的价值取向。

　　性别差异不仅划分了男性与女性，还巩固与加强了"我们"与"他者"的分界，因为性别不仅指男性与女性的差异，"更重要的，它是关于男人与女人间的关系"①。女性问题自然也成为两性关系有着巨大差异的东西方相互抨击彼此的话题之一。例如，基地组织首领本·拉登曾嘲笑美国道德败落，越来越女性化，缺乏男子气概，而法兰西斯·福山②虽口中之言不如本·拉登尖酸刻薄，但也直言对此的重重忧虑。他建议美国不要让女性负责外交事务和军务，因为她们没有能力应对那些来自"由野心勃勃、随心所欲的年轻男人掌控的非民主国家"所带来的不可名状的危险（或者更具体地说是自"9·11"之后）。

　　而当一个国家处于政治、经济、社会不稳定的时段，它会不自觉地将社会的堕落与危险归咎于女性。这种倾向可追溯至《圣经》故事：西方历史上的第一个女人夏娃不仅自己违反了上帝的禁令，还诱惑亚当偷吃了智慧果树上的果实，害得人类被逐出伊甸园。女人是罪恶之源，该对人类的堕落负有责任。神话中的男女形象对后人的思维和生活方式影响至深，也给人类社会播下了性别歧视的种子。因为本·拉登的嘲笑，有些学者也愤怒地将"9·11"归咎于 ACLU（美国公民自由协会）、同性恋和女权主义者，因为他们"让上帝抓狂了"。

---

① J. A. Tickner, "Feminist perspectives on 9/11", *International Studies Perspectives*, No. 3, 2002.

② F. Fukuyama, "Women and the Evolution of World Politics", *Foreign Affairs*, No. 5, 1998.

二 "后9·11"时期的被消失了的女性

或许是为了回击本·拉登的嘲笑，自从"9·11"事件发生后，在美国又重振男子气概，"男英雄"形象频频见诸官方媒体，为一个需要稳定、情感支撑的国家注入阳刚有力的能量。尽管布什政府任命了第一位女性国家安全顾问，但充斥着电视屏幕的一直都是男人画面（主要是白种男人）。英勇无畏的他们告诉本国人民"美国新战争"（America's New War）的概况，给普通民众带来强大的安全感，因为"我们的男人"在保护"我们"抵御其他邪恶的男人。据英国《卫报》评论，"9·11"之后，女性完全从报纸和电视报道中消失了，虽然她们中不少也是在恐怖袭击事件发生后冲锋陷阵的消防员或警官，也是阿富汗战争中的女斗士。

为何女性会被隐蔽？战争对女性的主动拒绝绝不会全部根植于女性身体更弱这一生物性因素。戈德斯坦在《战争与性别》一书中从跨文化的角度做了详细的、编年史般的探究，来阐释为何女性往往被排斥于战争之外，而男性，似乎都是血腥杀戮的疯狂爱好者。他发现，更深层次的原因是不同时代社会政治和战争的结缘、政治地位和男性的结缘。简言之，"文化，通过将成为一名好战士的品质贴上'男子汉'的标签，将男人们塑造成了战士"。[1] 战争无疑为男人的嗜血、争强斗狠提供了一个施展的场所，是男性表演勇敢、忠诚、义气等男性特质的特定舞台，无胜负，男人的社会地位会因此得到极大的提高，所以，"战士们为了更有效地战斗，要求更强烈的社会化"。男性既然是战争行动的主导者，自然也就是战争结果的分享者；而女性不过是战争行动的被动承受者，被剥夺了参加战争的权利，自然也就沦为二等公民，更无缘于参政。

女性被隐蔽还有一个原因是人们通常将战争与男权主义联系在一起，而

---

[1] Joshua Goldstein, *War and Gender*, Cambridge：Cambridge University Press, 2001, p.252.

女性成为和平主义的代名词。有时候，"我们不想放弃战争因为我们更加害怕和平无果的前景"①。而女性与和平相关，使二者显得理想化、乌托邦化，也就更加消极，"这也就加强了军事化的男子气概"②。

在这种文化传统之下，随着双子塔的坍塌而丧失了豪情、自信的美国人自然更想看到能拯救他们的力量——寓意"保护"的男子汉形象。正如欧茨在小说《泥女人》（*Mudwoman*）中针对美国政府对"9·11"事件的处理——政府对紧急事件的应急操作就是"建立信心和管理悲伤"。讽刺其滑稽与可笑的创伤应对机制欠缺普遍认同与信任，抨击美国政府道貌岸然、掩盖现实的辞令，谴责政治机制下的战争一般，伍尔夫曾经不仅对战争及父权制进行了有力的批判，还从女性的角度提出了自己独特的救世方案。她认为女性所具有的和平、抚慰的特质可以大大缓解男人的攻击欲、狂妄自大和凶残狠毒。只有让女性参与社会政治活动，方能使人类避免自我毁灭的命运。

伍尔夫用女性的抚慰力量去拯救人类的济世良方也体现在了《坠落的人》在这部小说里。相比萎靡的男性而言，德里罗塑造了两位勇敢面对创伤、负重成长的女性形象——基思的妻子丽昂、情人弗洛伦斯。

三　"坠"而不"落"的女人

小说前半部中的丽昂，也是一个"坠落的女人"（Falling Woman），"她既是家庭创伤经历者又是'来自媒体的创伤'经历者"③：作为妻子，她曾经历着分居的创伤；"9·11"也打乱了丽昂的正常生活，使她陷入恐怖袭击事件所带来的创伤之中。第一次在报纸上看见坠落者的照片时，她心里产生了极大的震撼。尔后分居多年的丈夫在死里逃生后重回家庭，但却始终难逃

---

① J. B. Elshtain, *Women and War*, New York：Basic Books, 1987, p.230.

② Joshua Goldstein, *War and Gender*, Cambridge：Cambridge University Press, 2001, p.413.

③ 张瑞华：《9/11反叙事：唐·德里罗的〈坠落的人〉》，《南京师范大学文学院学报》2014年第3期。

"9·11"的梦魇，又与她渐行渐远，最终再次弃她而去；自丈夫回归后，她夜夜失眠，担心他随时会再离去，内心焦虑不安；半夜里闭着眼睛浮想联翩的她常常想起因不愿屈服于老年痴呆的痛苦而开枪自杀的父亲，又担心自己将来是否也会遗传此病；饱受创伤的她还要处理生活在父母日常琐碎的创伤记忆中的年幼儿子贾斯汀的创伤与焦虑。"9·11"后的丽昂精神也受到了侵扰，无法安宁，变得异常敏感，"生活在准备应对随时出现的事件的精神状态中"①：出门不坐地铁；看画展时，对他人的靠近具有一种防备心理；她也变得具有暴力倾向，当邻居循环不断地播放中东地区的异域音乐时，让她联想到起了恐怖分子，勾起了她对"9·11"事件的痛苦回忆，她无法忍受这种音乐，对邻居歇斯底里地狂吼，甚至大打出手；她还失眠，心里没完没了想事情，纠结于人生存的本质、上帝是否存在等问题。

但丽昂并没有像基思那样，跟着倒塌的双子塔一起倒下了。相反，在男性不负责任、甚至缺席的情况下，她勇敢地承担起对个人、家庭、社会的责任，竭尽全力扮演好作为女儿、妻子、母亲、社会人的角色，"准备独自生活下去，以可靠的镇定态度独自生活下去；她和孩子将会以撞飞机——划过蓝天的银色——出现前一天的方式生活下去。"②

(一) 受挫的亲密关系修建

作为妻子，她贤惠聪敏，全心全意。当"9·11"发生后，基思带着满身的创伤，"一个满身尘土、满身碎片的男子"，回到已分居多年的妻子的家中。母亲妮娜强烈反对丽昂接受基思，劝她不要"让同情和善意影响自己的判断"③，但丽昂没有丝毫犹豫，心里想着儿子贾斯汀又能和父亲一起待在家里了，所以尽力帮助他疗伤、照顾他。她发现他们的生活处于转变阶段，她寻

---

① ［美］唐·德里罗：《坠落的人》，严忠志译，译林出版社 2010 年版，第 230 页。
② 同上书，第 258 页。
③ 同上书，第 10—11 页。

找着转变的迹象，并尝试了解基思的思想，试图帮他恢复以前的形象。

然而一切都很艰难。丽昂会怀念和朋友们共同度过的、可以畅所欲言的夜晚，怀念秋天在别人的乡村所度过的周末，但基思完全不同：

> 他不会喜欢这样做。他在这样的场合觉得不自在，这一点现在也不可能有什么改变。即便在最简单的社交场合，人们也难以和他打交道。他们觉得自己会躲开。他们会碰一鼻子灰，然后躲得远远的。①

这是基思性格的核心——"沉默寡言"②，拒绝向外人袒露心扉。正如丽娜警告丽昂的，不管是灾前，或是灾后，基思和丽昂在一起时都是沉默寡言的模样，实际交流的时间很少。寡言少语是美国神话中男子气概的一个重要元素：男人应是话少但强大的，"他能够凭借自身非凡的力量与勇气在混乱与喧嚣中重建秩序，可以给恐慌与危险的局势带来安全与稳定"③。基思的个性反映了传统男子气概话语的排他性，在强调勇敢、强硬、坚韧、进攻性和毅力等特性时，排斥体现女性气质的性别规范，如个体的情感需求与表达、同情之心与悲悯之心。虽内心千疮百孔，但为了担负起这个理想的角色，基思还是拼命地想根据性别文化长久以来为男性气概打造的种种刻板印象来塑造自己，把"具有侵略性"（Aggressive）、"强硬"（Hard）、"专断"（Assertive）、置身事外（Aloof）、"冷酷"（Cold）、"寡言"（Laconic）和"坚韧克己"④（Stoic）等流俗观念一览无遗地刻画在自己身上，"他希望遇到一个将会后悔和他在一起的女人"，"这就是他的风格"，丽昂所需要的不仅是一个晚上、一个周末，可"他天生就是度周末的"⑤。

---

① ［美］唐·德里罗：《坠落的人》，严忠志译，译林出版社 2010 年版，第 207 页。
② 同上书，第 10 页。
③ Mary J. Parish, "9/11 and the Limitations of the Man's Man Construction of Masculinity in Don DeLillo's *Falling Man*", *Critique*: *Studies in Contemporary Fiction*, No. 3, 2012.
④ Harvey Mansfield, *Manliness*, New Haven: Yale University Press, 2006, p. 23.
⑤ Ibid., p. 13.

丽昂一直想走进基思的世界，了解那天发生在他身上可怕的事情，"听他讲述，并且让他知道，她是在全身心地倾听，因为倾听讲述现在是挽救他们的办法，让他们不致陷入扭曲和仇恨之中"①。然而，他始终不肯敞开心扉：

> 就是这个男人，他不愿意屈服于她的种种要求：尝试亲昵、尝试过度亲昵的需要，还有询问、检查、探究和揭示事情——包括行业秘密——的强烈欲望，要他讲出一切的要求。那种需要包含肉体的东西：两手、双脚、下体、龌龊气味、成团的污垢，有时它只是谈话或睡意蒙眬的呓语。她希望吸收一切，就像儿童一般，吸收迷失感觉的尘土，吸收她可以从别人毛孔里闻到的任何东西。她曾经觉得，她就是别人。别人拥有更真实的生活。②

他不肯向她坦承"9·11"事件发生时，他错拿的弗洛沦斯公文包的去向及婚外情，"两眼露出呆滞的神情，嘴角挂着伤感的微笑"，"没有把藏在心里的东西说出来，某种肯定非常残酷的东西"③。甚至在她准备全身心地倾听他讲述他的朋友、恐怖袭击后的情景时，不合时宜地在出租车上向她撒谎、引诱她，犹如当年他曾经常常使用的方式。

当基思逐渐深陷于扑克游戏时，她也尝试着去理解他的世界，带着儿子陪他一起在电视上看人们玩扑克牌。当她看到那些不动声色、昏昏欲睡、懒懒散散的玩家时，不禁将这种情景与克尔凯郭尔联系起来，感慨这群"不幸的人"犹如误入北方荒凉沙漠的人已忘了自己灵魂的挣扎。可她却又不能和基思讲明这一点，否则，"他听到后会侧身对着她，假装沉思，目光呆呆地投向前方，嘴巴张开，眼皮慢慢合拢，脑袋最后奔向胸膛"④。

---

① [美]唐·德里罗：《坠落的人》，严忠志译，译林出版社2010年版，第112页。
② 同上书，第113页。
③ 同上书，第111页。
④ 同上书，第126页。

基思已"变为一个处于某种突出的未来时间之中的儿童"。尽管她知道，自己难以把基思与丈夫、配偶这样的词联系起来，但她还是真挚地对逐渐远离的基思表明她的态度，鼓励他在当前这种把他们吓得半死的局势下，家庭是有必要的，这是他们渡过难关的方式，"需要待在一起，让家庭存在下去"①。不过她并没有自欺欺人，她发现了问题的本质，"她希望在这个世界上获得安全，然而他并不希望"②，她知道基思已越走越远，也"准备面对那种情况"，"准备独自生活下去，以可靠的镇定态度独自生活下去；她和孩子将会以撞飞机——划过蓝天的银色——出现前一天的方式生活下去。"③

（二）在"绝望与恐惧"中的自我探索

美国存在主义心理学家罗洛·梅（Rollo May）④ 强调受创者增强自我存在意识、认识和体验到自身存在感的重要性。他还强调要突出焦虑的积极面，明确焦虑与自由的因果关系，鼓励创伤主体敢于面对困难与阻碍、选择与焦虑，从而走出困境，达到自我实现。丽昂一直在思索人的存在与宗教的关系，不断在探究上帝是否存在、人的本质问题，而在这一过程中克尔凯郭尔给了她莫大的帮助。

父亲曾经坚而不摧的信仰又给她带来了极大的影响。她回想起父亲的死，想起他死前对信仰的态度和对"人的生存"的讨论；她想起父亲曾说："人的生存应该拥有深厚的根源，超越我们身上湿漉漉的液体。湿漉漉的或者难闻的臭气。在生存的后面必须有一种力量，一种在过去、现在、将来保持不变的主要存在者"⑤；她想起在组织老年病人们写作时，自己也意识到，她和其他每个人是具有精神和灵魂的，"一直在梦想，希望实现某种无法触及的东

---

① ［美］唐·德里罗：《坠落的人》，严忠志译，译林出版社 2010 年版，第 232 页。
② 同上书，第 236 页。
③ 同上书，第 258 页。
④ 车文博：《人本主义心理学》，浙江教育出版社 2003 年版，第 236 页。
⑤ ［美］唐·德里罗：《坠落的人》，严忠志译，译林出版社 2010 年版，第 252 页。

西"，"那是一种力量，以特定方式形成自然本身，是来自外界精神的我们的生命的颤动"①。然而，在"9·11"袭击之后，当丽昂组织患老年痴呆疾病的老年人书写对"9·11"的反应，让他们谈论对上帝的存在、并观察老们所表现出的不同反应时，这时的丽昂对上帝是存疑的。老人们的反映也折射出了丽昂对上帝的怀疑：

> 上帝怎么会允许这样的事情发生呢？当袭击发生时，上帝在什么地方？
>
> 本尼·G. 感到庆幸，他自己没有什么信仰，否则，经历这次袭击之后，他会失去信仰的。
>
> 我离上帝更近了，罗斯琳写道。
>
> 这是魔鬼。这是地狱。烈火熊熊，痛苦不堪。不要想什么上帝。这是地狱。
>
> 卡曼·G. 希望知道，是否人们遭遇的一切都是上帝的计划的组成部分。
>
> （……）
>
> 如果上帝让它——飞机撞楼的事情——发生，那么，我今天早上切面包时，是不是上帝让我割伤了自己的指头呢？
>
> （……）
>
> 自从袭击事件出现之后，我就不再相信上帝了②。

丽昂也开始从对上帝的怀疑来思索宗教的目的：

> 丽昂难以接受存在上帝这个观念。她接受的教育让她想念，宗教使

---

① ［美］唐·德里罗：《坠落的人》，严忠志译，译林出版社 2010 年版，第 253 页。
② 同上书，第 64—66 页。

人顺从。这就是宗教的目的，让人回到幼稚状态。她母亲说，敬畏和屈服。宗教在法律、仪式和惩罚中得以强有力的表达，其原因就在于此。而且，它的表达方式非常漂亮，给人音乐和艺术灵感，提高一些人的意识，降低另外一些人的意识。有的人进入恍惚状态，有的人真的俯卧在地，有的人爬行遥远距离，或者成群结队游行，穿刺身体，鞭打自己。其他人——其余的人——可能受到的影响少一些，与灵魂中某种深层次的东西联系起来①。

所以，丽昂希望采取不相信的态度，希望怀疑，因为"上帝会催促她，让她变得更软弱。上帝就会是始终处于难以理解状态的存在"，而"不相信是理清思维、明确目的的过程"。尽管如此，她还是坚信，上帝的存在与科学并不矛盾，她还是要"扼杀动摇不定的信仰的脉动"②，每周两三次去罗斯琳的教堂，跟着其他人一起站起、跪下，看神父主持弥撒，"虽不相信圣餐变体这一说法，但是相信某种东西，心里有一些担心，觉得那东西会控制她"。③ 显然，此时的丽昂从理智上不愿完全相信宗教，举棋不定地在理性与信仰间徘徊，实质是怕失去自我而奋起抗争：

> 上帝会将她化为泥土，她微不足道，非常驯服，不可能反抗。这就是她现在奋起抗争的原因。因为考虑了这一点。因为一旦你相信这样的事情，相信上帝的存在，那么，你怎么能够逃避，怎么能够超越信仰的力量，存在下去？它现在存在，过去存在，将来也存在。④

很明显，丽昂反对宿命论。如果说她曾一直纠结在怀疑论，到了小说末

---

① ［美］唐·德里罗:《坠落的人》，严忠志译，译林出版社 2010 年版，第 66 页。
② 同上书，第 69 页。
③ 同上书，第 254 页。
④ 同上书，第 257 页。

尾，她也坦然接受了神的存在："她觉得，在灵魂中形成孤独和疑问的正是上帝高高在上的可能的在场；而且，她还觉得，上帝正是那存在于时空之外的东西，将这种疑问化解在一个单词、一种声音的抑扬顿挫的力量之中"，"上帝是那个声音，说：'我不在这里。'"①。换句话来说，她不再怀疑上帝的存在，坐在教堂里确实能让她"感受清楚心灵不停翻动之外的平静"，但是"她感受到的并不是某种神灵的东西，仅仅是对他人的感觉。他人使我们更密切。教会使我们更密切"，她在教堂里"感受到死亡，她的死亡、素不相识的他人的死亡"，但"在这种感觉中，没有令人沮丧的战栗"，相反，"这是一种安慰，感受到他们的存在——她所爱的死者，以及所有已经填满成千上万座教堂的素不相识的他人"②。这种具体而非抽象的感性存在，与克尔凯郭尔的哲学观相近——利用最简单的、感性的、我们日常生活里的方法，希望利用普通的、实际的、具体的方法来实现自己的存在，消解自己内心的苦闷与荒谬。存在指此时、此地、此人的存在，是有血有肉的个人存在。

丽昂思想的转变确实离不开她痴迷的克尔凯郭尔的精神引导。她讨厌母亲给寄的大部头文学作品，觉得它们"无懈可击、残酷无情"，"抑制了她寻求自我意识的需要，抑制了寻求某种更接近心灵和情感的东西的需要"，而从大学时期就"喜欢带有古旧感的克尔凯郭尔的著作"，"对克尔凯郭尔的痴迷到了喜欢他名字拼写的程度"③，"克尔凯郭尔给予她一种危险，一种精神边缘感"。克尔凯郭尔写道，"整个存在让我感到恐惧"，她觉得"在那个句子之中看了她自己"，"他让她觉得，她对世界的抨击并非像她有时候所认为的那样，是一种微不足道的情节剧"。④

而在伦理阶段，克尔凯郭尔提出"魔性的"（Demonic）这一个概念，即

① ［美］唐·德里罗：《坠落的人》，严忠志译，译林出版社 2010 年版，第 258 页。
② 同上书，第 255 页。
③ 同上书，第 126 页。
④ 同上书，第 126—127 页。

"自我隔离"（Self – seclusion），没有走出自己。他还认识到"精神失助"这一奇特的现代病，指出自我疏忽或自我隔离，真正的自我一直未能实现也无法实现。基思就是一直处于自我隔离状态，迷失了自我。克尔凯郭尔认为，要纠正这种现象必须在信任上获得飞跃。而和自我隔离的情况相反的是爱，爱可以引导人走出自我隔离的处境，也就克服了"魔性的"。这种爱的特征还可以引导到爱的关系，即在伦理阶段中，爱克服了孤立进而产生责任心，而透过责任心就可以达到伦理境界。

丽昂正是通过履行自己的社会责任，用爱来维系、重建与他人的伦理关系，进而实现自我价值，找回生活信心。

（三）社会伦理责任的履行与救赎

赫曼认为，创作的复原需要三个阶段：重建安全感、追忆创伤事件及融入社会①。丽昂无法从基思萎靡的男子气质中获得受保护的安全感——犹如媒体官方叙事的鼓吹。但她凭借自身的力量找到了应对创伤的途径：她并没有像基思一样自我规避，沉迷在父亲开枪自杀的恐惧往事中不能自拔，而是在关注自己家庭成员的同时，主动担当起社区义工的工作，毫无怨言、全心全意地去帮助与父亲一样患有老年痴呆症的老人们，她充当老年痴呆症人群的倾听者，借此勇敢追忆创伤事件，思索生命本质与宗教信仰等问题。

见证他人创伤，实现创伤的移情也是医治创伤的重要手段。丽昂经常组织那些罹患阿尔茨海默氏症的老人讲述个人经历，并将这些内容记录下来。她尊重这些老人，与他们建立联系并互相理解。通常，她和组员们讨论，谈一谈世界上发生的事件和他们生活中的事情，然后分发印有格子的便笺纸和圆珠笔，让他们写作文，如让他们写那些飞机有关的情况，撞楼时他们在什

①　Judith Lewis Herman, *Trauma and Recovery: The Aftermath of Violence from Domestic Abuse to Political Terror*, Basic Books, 1997, p. 246.

么地方，写自己认识的大双子塔楼里或附近的人。她清楚地知道"倾听和讲述现在是挽救他们的办法"，这不仅是对她与基思而言，对她和这些老人亦是如此：

> 丽昂开门鼓励他们发表意见，互相争论。她希望知道一切，每个人说的内容，日常的事情，不加修饰的信仰表达，深层次的情感，渗透这个房间的激情。她需要这些男人和女人。阿普特医生的说法使她感到不安，因为它具有真实性。她需要这些人。也许，这个小组对她的重要性超过了对其他成员的意义。这里有某种宝贵的东西，某种渗透出来、进而释放的东西。这些人是杀死她父亲的疾病的活生生的例证①。

在书面记述与口头交流的过程中，老人们的焦虑得以舒缓，精神获得解脱；丽昂也在关注并感怀老人的创伤经历中，不断唤起了自己的创伤记忆。她想起父亲自杀的情景，回忆起浑身是血的基思站在她面前的样子，开始反思儿子贾斯汀反常的举动。在倾听时，丽昂与老人们建立了信任：

> 自从故事会开始以来，几乎已经过去两年了，她的婚姻慢慢消失在夜空中。她聆听这些男人和女人讲述他们的生活，他们讲述的方式有的滑稽，有的尖酸，有的直接，有的动人，这使他们相互之间建立了信任②。
>
> 她欠他们一个故事，不是吗？

"她需要他们倾听"③，应老人们的要求，丽昂也将她自己的经历说了出来，"与其说她是在讲述，毋宁说她是在让自己淡化，进入时间之中，返回不

---

① ［美］唐·德里罗：《坠落的人》，严忠志译，译林出版社 2010 年版，第 65 页。
② 同上书，第 136 页。
③ 同上书，第 138 页。

久之前的某人过去片段之中。"① 赫曼认为，创伤主体如能在一个自我感觉安全的环境中向他/她认为可信任的人分享创伤经历，外化自己的创伤记忆，而倾听者在倾听的过程中有意识地帮助创伤主体重新外化创伤事件并重新评价创伤经历，引导创伤主体对自己做出公正判断，将会有效地帮助他/她重新建构积极、正面的自我观念，从创伤中复原。在与老人们的相互倾诉、相互移情中，丽昂的恐惧与焦虑得到了释放，逐渐消解了创伤的痕迹，并最终走出了心灵的荒漠，重新获得了生活的勇气。

由此可见，"话疗"（Talking Cure）和重建关系都是治愈创伤的重要途径。除了履行社会责任，丽昂也很用心地去应对家庭责任，在构建与母亲、儿子的亲密关系中找到了生活的寄托与意义。

作为女儿，她秉承孝义，对母亲妮娜百般照顾、耐心以待。父亲的自杀对母亲妮娜造成了很大的刺激。这位基思口中的二流高校的二流教授完全老了，接受了膝关节置换术，脸色苍白，身体瘦弱，需要拐杖，需要服药，需要午睡，需要限制饮食，需要去看医生。她"接受老龄状态，用它把自己包裹起来"②，用情人马丁的话来说，她正在进入一种逃避状态。因担心母亲的生活问题，丽昂把母亲接到纽约来一起居住，尽可能地满足母亲的一些愿望。妮娜性情暴躁，甚至觉得丽昂都是隐形的。"这个充满精力的裁判，从未停止对女儿生活的判断"，对女婿基思的批判也是不留情面、一针见血，但丽昂心里明白，母女俩间有着"无法用语言描述那些重叠的情感"③。所以当母亲过世时，她也怀念她，想着妮娜就在她周围，"出现在沉思冥想的气氛中——她的面容和呼吸就像一种随时相伴的东西，在附近徘徊"④。而母亲坚强的个性也感染了她："丽昂从来没有在妮娜身上看到一丝软弱，在她的记忆之中没

---

① ［美］唐·德里罗：《坠落的人》，严忠志译，译林出版社 2010 年版，第 137 页。
② 同上书，第 10 页。
③ 同上书，第 52 页。
④ 同上书，第 207 页。

有，既没有任何性格弱点，也没有对确实、清晰判断的妥协。她发现自己准备利用这一点，心里觉得惊讶。"

从母亲遗传的这份坚强让丽昂勇敢地担起同时作为母亲与父亲的责任。重大历史事件给孩子造成的心理创伤，是德里罗在小说中正视的另一个严肃问题——他所塑造的丽昂的儿子贾斯汀也是一位在创伤阴影生活中没有安全感的孩子："9·11"事件之后，他生活在父母日常琐碎的创伤记忆中；在日常行为中，他偏向、固执使用单音节词，过度挑食，并且常常和小伙伴们拿着望远镜眺望远方，寻找空中的飞机，希望发现潜在的威胁，找到本·拉登那样的恐怖分子，而且直到小说结束还是在不停地找寻。他和小伙伴们对本·拉登甚至取了化名"比尔·洛顿"，但是他们又不想和父母谈论此事，告诉父亲说"他（拉登）说了只有我和我伙伴才能知道的事情"。可见"9·11"给他们带来的心理创伤的严重性：他和小伙伴们不敢直面这一事件，心里对恐怖分子害怕至极，只能通过不断重复与创伤经历有关的儿童游戏，来表述他们作为创伤主体的真实感受。这些细节基思作为父亲并不以为然，而丽昂不仅发现了还为之焦虑不安，夜里辗转反侧。一方面，在男人脆弱不安的局面中，为了维持家庭生计，她必须努力工作；另一方面，在父亲缺席的情况下，为了儿子能够健康成长，她时刻关注儿子的思想动态。小说中有不少她与儿子生活的温馨描述，透露出一位坚强的母亲浓浓的爱：她会经常带儿子去书店，享受凉爽和清净，"他们浏览了科学、自然、国外旅行和文学图书"；关心儿子的学习状态，"你在学校里学到的最好的东西是什么呢？"为了尽可能减轻儿子的焦虑，丽昂及时了解儿童眼中的"比尔洛顿"，试图引导儿子少说单音节词语，和儿子调侃、开玩笑。在丽昂的引导下，贾斯汀很少再运用单音节词，说话也变得顺畅、流利。儿子的成长给了她更大的动力，让她坚信就算没有基思，她和儿子也可以一起生活下去。

四 结语

"9·11"事件之后，官方媒体将德鲁的"坠落的人"的照片集体隐蔽，但德里罗却反其道而行之，在《坠落的人》这部小说里洋洋洒洒地给了它好多篇幅，借着一位与主流媒体唱反调的行为艺术家再现当时的情景，一次又一次地高空下坠表演不断提醒人们灾难的恐怖。这位艺术家，同时也是德里罗本人，正是借用这个行为艺术/书写策略消解了主流媒体关于"9·11"事件中集体和个人的拟像，间接让民众反思自我的存在；恐怖袭击发生之后，主流媒体让女性失声，让丽昂这位勇敢的女性形象与基思这类萎靡的男性形象平行展现，并通过创作丽昂的应对经历阐释了她所信奉的克尔凯郭尔的《恐惧与战栗》的观点，即社会中的个人是一种为恐惧、战栗、悲观、绝望等消极情绪所支配的个人，这种悲观消极的情绪是个人对自己的生存的最本真的体验，但是正是这种情绪驱使人采取行动，进行非此即彼的选择。这也是那位行为表演者给丽昂带来的巨大的冲击，唤起她的自我觉醒，给了她如何在绝境中生活的启示：他孤立无援，立于绝境，面对种种可能性他必须选择，如独立于绝望的悬崖必须跳跃一样，选择是他自由的唯一出路。

世界末日般的灾难、美国的集体创作让丽昂参透生命中的虚无性，而正是对绝望的勇敢面对、回忆和清醒认识，让丽昂发现了在废墟上重建生活的可能，体会到个人对于自己和他人的责任。因此，丽昂能从绝望与虚无中重生，没有像基思那般一蹶不振，而是通过人体艺术的表演获得救赎，重建自我，勇敢地面对现实生活，在丈夫逃避家庭离开后，勇敢地当起家庭的顶梁柱，对儿子与母亲进行无微不至的照顾，同时肩负起社会伦理责任，充当老年痴呆症人群的倾听者，帮助他们走出创伤。这也正是尼采的"积极虚无主义"观和萨特的带有道德责任意识的自由选择，若与其相悖，就会像基思那样陷入消极虚无主义，迷失自我，无法得到救赎。

伍尔夫曾号召将女性的抚慰力量作为拯救人类的济世良方。在《坠落的人》中德里罗也展现了现代社会中女性的理想和人格气质，颠覆了战争语境下隐蔽女性的男性霸权官方叙事。相比萎靡的男性，德里罗所塑造的勇敢面对创伤、负重成长的女性形象颠覆了战争语境下隐蔽女性的男性霸权叙事。这位关于遭受重创之后如何应对、探索、救赎的女性形象，其实也是作者潜在的对美国那些生活在恐怖袭击事件阴影之下的"后9·11"民众的期望。

第三部分
理性批判

第五章 《恐怖分子》: 反叙事反东方主义书写

第一节 小说与评价

约翰·厄普代克 (John Upkike, 1932 - 2009) 是享誉世界文坛的美国犹太作家, 以兔子系列小说闻名于世, 被誉为美国社会变迁的准确记录者。他从 1960 年发表第一部兔子系列小说《兔子快跑》(Rabbit, Run, 1960) 以来几乎每 10 年完成一部续集, 如《兔子归来》(Rabbit Redux, 1972)、《兔子富了》(Rabbit Is Rich, 1981) 和《兔子安息》(Rabbit at Rest, 1990), 主要作品还有《半人半马》(The Centaur, 1963)、《夫妇们》(The Couples, 1968) 和其他长篇小说。这些作品主要关注美国小城镇中产阶级家庭新教徒的世俗生活, "性爱、宗教与艺术"是其作品的三大标志, 反映了美国人"生存的焦虑与绝望、道德的腐蚀与沉沦、信仰的淡漠与更替"①, 但在"9·11"恐怖袭

---

① 朱雪峰:《信仰与恐怖: 评厄普代克新作〈恐怖分子〉》,《外国文学研究》2006 年第 5 期。

击事件发生之后却笔锋一转，撰写了题材敏感的"后9·11"小说——《恐怖分子》（*Terrorist*，2006），以虚构的美国新泽西州新普罗斯佩克特市为背景，以土生土长的美国纯真青年艾哈迈德·马洛伊由一名18岁中学生转变为狂热恐怖分子为主线，记述其从实施到放弃自杀式恐怖袭击的过程，试图从恐怖分子角度出发，设身处地去想象并理解他们的心理动机和思维方式，探究恐怖主义发生的根源和解决途径。

亨廷顿早在《文明的冲突与世界秩序的重建》一书中指出："正在出现的全球政治的主要的和最危险的方面将是不同文明集团之间的冲突，引起了人们的各种反应：新奇、义愤、恐惧和困惑。"① 厄普代克在小说中精心设计了一个典型的多元文化家庭，以考察恐怖分子可能产生的环境。主人公艾哈迈德的父亲是埃及交换留学生，是位穆斯林却为了绿卡和爱尔兰裔美国籍的特蕾莎结婚，但婚后发现和一个垃圾、淫荡的纯正白人结婚并不能实现他的美国梦，因为她的爱尔兰后裔身份实际上代表着美国社会的穷苦白人阶层，于是在艾哈迈德三岁时他彻底绝望并不辞而别。嬉皮士母亲没有多少文化，只能从事医院护工这类体力活，还有做业余画家以维持单亲家庭的基本生活。她宗教信仰淡薄，热衷于通过绚丽的艺术和爱情来享受生活，与不同男人发生性关系，其中包括儿子的辅导员老师杰克，追求自我快乐，对儿子却以自由的名义放任自流，让他独自成长，独自应对一切选择。失去家庭温暖的艾哈迈德从小就因肤色较深被认为是该死的阿拉伯人而时常受同学欺负，遭人冷落，备受凌辱，饱尝艰辛。但他依旧生活态度严谨，白色衬衫总是端庄平整、一尘不染，对美国青年轻率的情爱态度十分反感，对母亲混乱的生活方式更是深感厌恶。他天性善良，说话轻柔，甚至不忍踩死令人厌恶的臭虫。但由于无法享受必要的家庭温暖和老师的关怀，艾哈迈德小小年纪就形成了

---

① ［美］塞缪尔·亨廷顿：《文明的冲突与世界秩序的重建》，侯井天译，新华出版社2002年版，第2页。

孤僻的性格。正是由于这种环境缺乏关爱，11 岁时他开始转向安拉和《古兰经》寻求慰藉，并皈依了伊斯兰教，试图从中获得温暖、慰藉和精神支柱，让自己原本枯燥无味、终日浑浑噩噩的生活可以变得有趣，同时希望从中找到持同样信仰的父亲的影子，找到归宿感，让自己的人生坐标、生活意义明朗化。清真寺阿訇拉什迪（Rashid）于是成了艾哈迈德父亲的替身，他出于自己的极端政治伊斯兰意图，极力挑唆，宣扬学校传授的西方文化因缺乏主的存在，美国教育只会浪费孩子们的美好时光，要求成绩优秀的艾哈迈德疏远邪恶的西方文明，并放弃升大学的机会去学开卡车。学校里的职业指导顾问杰克·列维试图劝阻，却没有成功。其中一个原因是生活腐化的杰克不能取得艾哈迈德的信任。他虽是犹太人的后代，却已经失去了对上帝的敬畏；与整天只知道看肥皂剧的肥胖妻子早没了共同语言，也没有生活目标和激情，觉得自己面对的下一个任务就是死亡，对无聊的学校工作也不上心，甚至明修栈道，暗度陈仓，常常趁艾哈迈德不在家时以种种借口和其母亲私通。经过长达将近八年的有所企图的宗教训练，被引入歧途的艾哈迈德开始相信自己的事业全是真主的意图，弃上大学而进入阿訇安排的家具公司当货车司机，为执行自杀式袭击做准备，并接下开车去纽约炸毁林肯隧道的圣战任务。庆幸的是，艾哈迈德生性善良。他尽管经过了宗教的系统训练，但有时仍对其空洞的说教反感，甚至认为阿訇在循循善诱或使用激将法，"用必要的阴暗面和复杂情况来充实一个单薄的、天真无邪的信仰"①。正是这种质疑和善良才使艾哈迈德在实施自杀式袭击的紧要关头，在列维冒着必死之心竭力劝导的过程中，由于良心的作用和人性之光的闪现而犹豫不决并错过时机，最终挽救了自己和他人的性命。

小说一问世便引发国内外评论界关注，英美各大报刊如《纽约书评》

---

① ［美］约翰·厄普代克：《恐怖分子》，刘子彦译，人民文学出版社 2009 年版，第 111 页。

（*New York Review of Books*）、《哈得逊评论》（*Hudson Review*）、耶鲁评论（*Yale Review*）、《伦敦书评》（*London Review of Books*）、《新闻周刊》（*Newsweek*）和《现代小说研究》（*Modern Fiction Studies*）都刊载书评。许多研究者从不同角度解读该著作，但褒贬不一。褒奖者认为，厄普代克"以作家特有的敏感捕捉并书写当今时代最引人关注的话题"①，体现美国文学启示主题的转变②，"在探讨全球化语境下的文明冲突、霸权话语、宗教分歧、种族矛盾和恐怖主义产生的根源等方面做了开拓性尝试"③，揭示恐怖主义源于"不同的社会环境、不同的宗教信仰及人性善恶的冲突"④，并和其他"9·11"小说一样，留下了如何"实现人类生态共居的有效途径"的疑问⑤。因此多诺霍（Donohue）将它视作厄普代克"最具冒险色彩并且非常值得一读的作品"⑥。但批评之声亦不绝于耳。A. 特拉亨伯格（Trachtenberg）认为小说畅销仅因为贴上了"9·11"这一警醒的标签，⑦ 卡库塔尼（Kakutani）就指出它的主人公只是"单一维度的卡通式人物"⑧，显然厄普代克根本不认识艾哈迈德这个人，杜里埃（Duryea）也认为"人物令人质疑，对话虚假，小说充其量只是达到修辞上的真实，厄普代克对伊斯兰教和穆斯林的认知并不可靠"⑨；希钦斯（Hitchens）甚至批评厄普代克"不明智地利用了关于某些事件的现成资料，

---

① G. Caldwell, "Gods and monsters in terrorist", *The Boston Globe*, 4 June 2006.

② 张瑞红：《"9·11"后别样的启示与关怀——评约翰·厄普代克的〈恐怖分子〉》，《外国文学研究》2012 年第 3 期。

③ 罗小云：《后 9·11 文学的幻想：厄普代克的〈恐怖分子〉》，《外国语文》2011 年第 3 期。

④ 王维倩：《后"9·11"时代的文明冲突——评约翰·厄普代克小说〈恐怖分子〉》，《当代外国文学》2013 年第 2 期。

⑤ 张加生：《从德里罗"9·11"小说看美国社会心理创伤》，《当代外国文学》2012 年第 3 期。

⑥ D. Donohue, "Updike makes a surprising turn in 'Terrorist'", *USA Today*, 4 June 2006.

⑦ A. Trachtenberg, "Updike's terrorist survives bad reviews to be best seller", *The Wall Street Journal*, 19 June 2006.

⑧ M. Kakutani, "John Updike's terrorist imagines a homegrown threat to homeland security", *The New York Times*, 6 June 2006.

⑨ C. Hitchens, "No Way", *The Atlantic Monthly*, No. 8, 2006.

写了一部拙劣的小说"①。

第二节　文学伦理批评视域下的反叙事解读②

厄普代克在"后 9·11"小说代表作《恐怖分子》中打破虚伪爱国主义的官方叙事，在阐述主人公艾哈迈德如何从一个纯真青少年成为一名极端宗教信仰的恐怖分子的反叙事过程中思考恐怖主义产生的根源，探讨如何在人与社会关系中求真、人与人关系中求善、人与自然关系中求美，实现社会生态、精神生态和自然生态，建立理想家园，履行了作家的伦理责任，体现了作者的人文关怀。

一　厄普代克写作风格之变

"9·11"事件虽已过去 10 余载，但它带来的焦虑和恐惧在西方世界蔓延，不仅影响了人们的日常生活，也改变了他们的价值观和道德判断，其中的阴影注定难以消失。"后 9·11"铺天盖地的以政治为目的的官方叙事，更是过度消费了这场灾难，用宣扬虚假的爱国主义论调来标榜美国早已岌岌可危的信仰，并妖魔化伊斯兰教，将穆斯林塑造为反自由、反民主的魔鬼，试图为自己以反恐为名的战争扬起正义的旗帜。而"后 9·11"文学则表现出反官方叙事的特征，多以描述普通民众的创伤叙事，来刻画这场人类灾难导致的个人、集体创伤，并反思文明冲突与恐怖主义的关系，"注入了历史反思和伦理拷问的内涵"③。厄普代克小说《恐怖分子》将视角从直接受害者美国人转向间接受害者穆斯林，反官方叙事特征更为突出。

① B. Duryea, "Updike's take on 'Terrorism'", *St. Petersburg Times*, 4 June 2006.
② 原文发表于《兰州教育学院学报》2015 年第 8 期，略有修改。
③ 杨金才：《关于后"9·11"文学研究的几点思考》，《外国文学动态》2013 年第 3 期。

在《恐怖分子》这部小说中，厄普代克一改往日关注美国小镇世俗生活的爱好，扭转了优雅华丽的文风，讲述了一个时代感极强的故事：因对现实生活不满和失望，中学生艾哈迈德被热忱的伊斯兰信仰误导，变成了穆斯林与基督徒、东方与西方之间大规模冲突中的一枚棋子，成为一名极端恐怖分子，心甘情愿充当人肉炸弹，准备驾驶装满炸药的卡车去炸林肯隧道，最终被辅导员老师列维拦下并成功说服放弃。虚构叙事与重大历史创伤事件相融合，并"通过历史叙事在整个社会框架下对所处社会的精神危机、文化危机进行审视"①，体现了作家的人文关怀忧思。

其中，人文精神建构途径与当代西方生态乌托邦叙事异曲同工，后者秉承了想象与批判的传统叙事功能，具体深化到对自然生态乌托邦、社会生态乌托邦与精神生态乌托邦自由幸福的神话，警示人们"实现精神生态的和谐就是要促进文化沟通和交流"②。厄普代克通过想象和虚构纯真青年转化成恐怖分子的故事，体现了反官方叙事的特征，从人与社会、人与人、人与自我、人与自然四组关系中阐述美国非生态环境，挖掘恐怖主义产生的根源，反思实现自然生态、社会生态、精神生态的问题所在。

二 自然生态：在背离的人与自然关系中求美

"本源性"乃人与自然关系的最佳阐释，"采菊东篱下，悠然见南山"的桃花源生活不仅仅是浪漫派、湖畔派诗人的向往，生态、和谐、美好的乌托邦也通常成了西方生态文本力求构建的目标，也警示人们若人类背离了自然，尽管是历史的进步，是文明的跃升，知性的拓展，理性的体现，但也因此丧失了人的自然属性，失去了自然的庇佑，容易陷入异化的精神世界。

在《恐怖分子》中，厄普代克勾画的并不是生态化的完美善世，而是人

---

① 张加生：《从德里罗"9·11"小说看美国社会心理创伤》，《当代外国文学》2012年第3期。
② 同上。

与自然的完全背离。读者如同艾哈迈德一样惊愕，因为在故事接近尾声时方才看到一块"没人在上面踩过，没人在上面野炊过"的草地，之前映入眼帘的尽是"被蚕食"的广阔土地，"荒凉阴郁，没有树木"①的人行道。读者从艾哈迈德的城市漫游中只能感受那"没心没肺的城市""古里古怪的建筑""瓦砾海旁烟渍斑斑的白色教堂""拥挤的贫民窟""不断被细分的土地"，厄普代克笔下的城市景观同人物精神世界的异化和挫败融合在一起，展现出一个人与自然背离、精神瘫痪的现代社会。

科学技术现代化让人类纵享物质繁华，但也导致人与自然背离，人的心灵也难以从中得到净化，人性之清流也会变得混浊，徒留冲突与矛盾。厄普代克寥寥几语勾画出的美国非生态自然，体现了他对和谐统一的自然人伦思想的渴望，并逐渐深化到关于社会生态、精神生态的多元思考。

三　社会生态：在冲突与矛盾的人与社会关系中求真

"后9·11"小说对历史的认同，主要体现在"求真"，正视不同目标与宗教、东西方文明间的矛盾与冲突，阐述了灾难性事件给美国人民带来的巨大创伤，再现政治事件对个人、社会的介入与影响，同时也对美国政治、外交进行了反思，即实践了布思在《小说伦理学》中所阐述的作家伦理责任，呈现最能反映时代特征、社会精神特性的小说，以此激发读者的深思。

在小说开头，厄普代克借艾哈迈德"这些魔鬼夺走了我的主"②的心理活动，一针见血地指出美国社会经济、文化、军事现状："鸡笼子社会"中人们被"关进消费机器"③，穷人们被忽悠着去借债的时候，"死亡成了最后的结局，成了美元哐啷消失的柜台"④，美国人"将物欲主义的精神毒性展现得

---

① ［美］约翰·厄普代克：《恐怖分子》，刘子彦译，人民文学出版社 2009 年版，第 13 页。
② 同上书，第 1 页。
③ 同上书，第 175 页。
④ 同上书，第 157 页。

淋漓尽致"①；缺乏信仰，成为"美式'自由宗教'的牺牲品，高于一切的自由，却不晓得自由的目的是什么"②，只"痴迷于性和奢侈品"；老师们表面向学生灌输美德和民主思想，学校教的历史却是"纯粹的殖民主义"③，故而象牙塔里也是弱肉强食，阿拉伯裔的艾哈迈德因家庭窘困备受基督教学生欺凌；美国"没有包容一切的神圣法律体系，无法让贫或富的人们肩并肩一同弯腰鞠躬；没有自我牺牲的准则"，与此相反，"各种各样自私自利的想法互相碰撞着""需要什么就拿什么"；美国霸权主义横行，"把一个犹太人国家强行塞进巴勒斯坦，正好塞进中东的咽喉。现在他们强行闯入伊拉克，把它变成美国的样子，然后霸占那儿的石油。"④

在小说中，厄普代克带着极强的政治敏感性，审视国内社会现状和普通民众百态，对现阶段美国可实现乌托邦式国家的美好梦想提出质疑，借主人公艾哈迈德和引他入伊斯兰教的阿訇之口，揭露在美国表面商品经济繁荣、过度消费主义的生存模式下，物质世界已然消耗了精神世界，人们失去信仰，精神荒芜。同时，文化霸权又忽视了文化他者，军事霸权引起不满与仇恨，告诫人们诸多因素证明"冰冻三尺非一日之寒"，恐怖分子将战争带入美国与社会非生态状况有着直接联系，"9·11"事件"是美国梦戏剧性的失败，它将美国文明中长期遏制的邪恶力量暴露无遗"⑤。

厄普代克作为当代小说家，不仅在探讨美国经济、政治上"求真"，力求从自身角度挖掘恐怖主义产生的根源，更注重从客观角度反映西方与阿拉伯世界的矛盾。实际上，美国与穆斯林世界的矛盾并非一日之寒，早在第三次中东战争（1967）爆发之后，FBI就曾对众多阿拉伯裔穆斯林进行过长期的

---

① ［美］约翰·厄普代克：《恐怖分子》，刘子彦译，人民文学出版社2009年版，第76页。
② 同上书，第175页。
③ 同上书，第38页。
④ 同上书，第152—153页。
⑤ 王维倩：《后"9·11"时代的文明冲突——评约翰·厄普代克小说〈恐怖分子〉》，《当代外国文学》2013年第2期。

监视，众多官方媒体反阿拉伯舆论、爱国主义论调使许多穆斯林被仇视，根本无法正常工作和生活；伊朗人质危机（1979）导致众多在美中东裔移民被监视、隔离，承受了巨大的社会压力；世界贸易中心爆炸案（1993）加剧了伊斯兰世界与美国社会的紧张关系，两者势如水火；"9·11"事件最终将美国与伊斯兰世界由来已久的冲突推上顶峰，"伊斯兰恐惧症"（Islamophobia），"反阿拉伯种族主义"（Anti – Arab Racism）肆虐，并导致误读伊斯兰、残害无辜穆斯林的过激行为，矛盾进一步加剧。依亨廷顿"文明冲突论"，这已经不是美国人与极端恐怖分子的矛盾，而是在误解中衍生为宗教矛盾为特征的东西方文明冲突。厄普代克跳出了官方叙事，站在同情无辜穆斯林后裔的立场上，真实地再现了美国人的偏见与过激行为。如美国人杰克在会场上一看到一个穿白袍的男子在做演讲就如鲠在喉，想到了正是因为这样的人，让多少美国人死在那坠落的大厦里；主人公艾哈迈德在学校里经常被欺负，因为他的肤色；恐怖袭击后他的母亲不得不拔掉电话线，因为经常会接到陌生人的恐吓电话。厄普代克虽然目睹了那场悲剧，但仍能冷静地思考官方叙事的不可靠性，如实地展现两个世界的偏见、误解而导致的冲突。

四　精神生态：在异化的人与人关系求善、矛盾的自我关系中求圣

在《生态文艺学》中，鲁枢元指出，人类超越了本身的"生物性""社会性"，更多地呈现一种"精神性"的存在；而这种精神生态主要体现在本人与他自己的关系。但是，人是双重地存在着，即主观上作为自身而立足，"客观上又存在于自己生存的这些自然无机条件之中"，因为人的"社会性"决定了他无法离群索居、孤立生存于世。相互依靠、帮助、温暖是人与人关系的自然需要。然而，随着文明、社会危机日益加重，人的精神生态日益异化，主要体现在物欲主义的膨胀，人性的泯灭，并因此导致人与人的关系的异化，亲情、爱情、友情受到了严重拷问，令人困惑彷徨。如何在矛盾的自我关系中求圣、在异化的人与人关系中求善也自然成了当代小说家的忧虑所在。

　　艾哈迈德的埃及籍父亲当年和爱尔兰后裔美国人母亲特蕾莎结婚考虑的
仅仅是"无论她有多垃圾多淫荡，她能帮自己获得美国国籍"①，可他忽略了
一个社会事实，即族裔后裔群体游走在社会边缘，不会被主流社会完全接受，
更无法共享繁荣经济成果，所以在艾哈迈德 3 岁时便抛妻弃子，留下心灰意
冷的妻子周旋于形形色色的男人之间，甚至和艾哈迈德的辅导员杰克通奸，
忽视儿子。艾哈迈德有意于美好的爱情，可是学校里尽是"打情骂俏""裸露
的小腹镶嵌着耀眼的脐钉，还刺了庸俗的紫色文身"②的女生。欲求友谊更是
妄想，因为穆斯林和犹太人"同处于基督教世界的边缘，属于穿着滑稽服装
的小丑，在那些守着家财、皮肤煞白的基督徒看来，他们都是娱乐的对象"③。
伪善的师生关系、冷漠的家庭关系、无情的人际关系让艾哈迈德饱受挫折与
困惑，只得求助于伊斯兰教，不料成为极端分子的棋子，误入歧途。

　　所幸人类的德行与邪恶并存，厄普代克笔下的恐怖分子艾哈迈德并非嗜
血亡命之徒，相反，他连一只甲虫都不忍踩死，他的人性善恶并存，两者在
矛盾、冲突中最终朝向求圣目标。在虔诚受训、学习《古兰经》时，"心中开
启了一个无底的深渊，一个疑惑重重、古老晦涩的深穴"④，认为"老师是在
循循善诱，在使用激将法，用必要的阴暗面和复杂情况来充实一个单薄、天
真无邪的信仰"⑤，质疑阿訇缺乏仁慈，甚至带着不该有的幸灾乐祸心理；阿
訇让他远离物质带来的"虚假的快乐"⑥，可是他认为自己还年轻，"料想还
有足够的时间来让自己的物欲主义得到宽恕"，因为"主知道什么叫追求享
受，否则就不会把天堂弄得那么让人享受"⑦；阿訇让他远离女人，因为女人

---

① ［美］约翰·厄普代克：《恐怖分子》，刘子彦译，人民文学出版社 2009 年版，第 34—35 页。
② 同上书，第 1 页。
③ 同上书，第 313 页。
④ 同上书，第 109 页。
⑤ 同上书，第 111 页。
⑥ 同上书，第 156 页。
⑦ 同上书，第 158 页。

就是"一条不干净的肉"，让人仇恨①，但他如其他年轻人一样，"在心头按耐不住的骚动中，想知道能不能在这柔弱的躯体之上奋斗一番，这个会引诱他摒弃忠实内心的躯体"②。正是这种种质疑和自我矛盾，让他在准备自杀式引爆林肯隧道完成圣战任务的千钧一发之际，在看到前方车辆后座上两个孩子对他露出的纯真笑脸时，善战胜恶，并痛恨"这些魔鬼"（在这里指的是阿訇，还有引诱他加入恐怖组织的中情局卧底查理），"夺走了我的主"③。

五　结语

作为想象性、向善向上的文学乌托邦"通过潜移默化的方式唤醒人的内心，让更多的人看到问题并产生改造世界的想法"④。厄普代克对穆斯林的另一种故事想象，打破了美国政府与媒体出于政治阴谋造就的关于反恐合理性的"集体记忆"，即认为美国人是无辜的，而把责任都归咎于穆斯林施暴者，认为恐怖袭击是对美国民主、自由的破坏，在反叙事中批判美国的非生态现状，痛斥人与自然背离、精神世界荒芜、物质繁荣下的相对贫困、宗教文明冲突、人际冷漠、缺乏交流和理解、军事外交霸权等导致恐怖主义产生的因素，表达了他对如何实现自然生态、社会生态、精神生态的人文忧思。

"人文知识分子应以社会批评为使命，应将思想的触角、创作的笔锋延伸到学术圈子之外，针对社会时局发表见解，体现知识分子的道德勇气和社会良知"⑤。假若说"9·11"文学的人文关怀体现在"本土性"和"全球性"两轴⑥，那么读者对关注社会热点的小说《恐怖分子》的解读也应是批判性的，

---

① ［美］约翰·厄普代克：《恐怖分子》，刘子彦译，人民文学出版社 2009 年版，第 173 页。

② 同上书，第 241 页。

③ 同上书，第 329 页。

④ 陈寒：《乌托邦，永不消逝的蜃景——勒克莱齐奥和〈乌拉尼亚〉》，《当代外国文学》2010 年第 2 期。

⑤ 张加生：《从德里罗"9·11"小说看美国社会心理创伤》，《当代外国文学》2012 年第 3 期。

⑥ 但汉松：《9·11 小说的两种叙事维度：以〈坠落的人〉和〈转吧，这伟大的世界〉为例》，《当代外国文学》2011 年第 2 期。

在关注厄普代克针砭时弊所体现的人文关怀的同时，也不能忽略其中对伊斯兰世界的东方式书写①，如无知、残暴、阴狠的伊斯兰教徒形象，只是其中的文化他者塑造是作者本意，还是另有文章，有暴露政治指向，就值得读者进一步探究一番了。

第三节　隐含作者视域下的犹太复国主义转向②

《恐怖分子》倍受争议乃至遭受诟病之处主要聚集于对阿拉伯美国人艾哈迈德、伊斯兰阿訇他者文化形象的塑造上，如萨里妮亚（Salehnia）③指出小说中"我"与"他者"的二元对立是为了论证西方的民主与优越感，更进一步揭露出此意图是受到政治犹太复国主义影响，为美国干涉巴勒斯坦提供言论支持；皮尔那姆丁（Pirnajmuddin）④也不客气地指责厄普代克故意把伊斯兰"非民主化，非现代化"，误导读者，支持并强化了东方主义论调；朴玉也认为他"沿袭了西方世界长期以来对于伊斯兰和阿拉伯世界的东方式书写"，体现了西方主流国家偏离真实的"他者与异文化形象"⑤。

　　在叙述青年艾哈迈德是如何从一名善良的中学生演变为一个甘愿投身圣战的极端恐怖分子的过程中，厄普代克采用了第三人称的全知视角，对各类事件、不同人群（包括阿拉伯人、犹太美国人、伊斯兰教徒、美国安全部长）的心理活动了如指掌，"叙述人的声音和人物的内心独白如此接近，以至于有

---

① 朴玉、王栋：《〈恐怖分子〉的文化想象与他者书写》，《外语与外语教学》2012 年第 6 期。

② 原文发表于《重庆第二师范学院学报》2015 年第 4 期，略有修改。

③ Maryam Salehnia, "Political Zionism and Fiction", *Journal of Language Teaching and Research*, No. 3, 2012.

④ H. Pirnajmuddin, and M. Salehnia, "Islam and Modernity: A Study of John Updike's *Terrorist*", *The Journal of Teaching Language Skills*, No. 4, 2012.

⑤ 朴玉、王栋：《〈恐怖分子〉的文化想象与他者书写》，《外语与外语教学》2012 年第 6 期。

时很难分辨两者的区别和作者的态度"①。在《在隐含作者的复活》中，布思②批判了各种误读的泛滥成灾，并强调读者应恢复对作者的重视，遵照隐含作者的立场来重新建构作品。正因为当代小说的作者声音和形象的表现形式往往愈加复杂、曲折，因此在研究作者在小说中的介入和呈现问题时，读者只有从叙述者出发，仔细推敲叙述过程的蛛丝马迹，并从中推断隐含作者立场、观点、意图、态度，甚至是价值观。其中的关键是叙述的可靠性，因为隐含作者会以各种方式将自身隐藏于叙事者背后。倘若正如萨里妮亚（Salehnia）所言，厄普代克有意丑化阿拉伯人，透露出支持政治犹太复国主义主张，那为何全知叙述者口中的犹太美国人也呈现了负面形象，而且有对美国社会过度消费主义下的精神空虚的犀利批判？反之，若是东方式书写伊斯兰世界不是作者本意，那为何确实有迹可循？这就需要读者在阅读时进行"双重解码"③，既要解读叙述者的话语，也要超越甚至脱离它来揭开庐山真面，做出正确判断。"是的—不过"④ 是厄普代克一贯的写作风格和态度，因此读者应冷静、全面思考他"是的"的表象，方能推断出"不过"的内容，这既有利于调动读者的阅读积极性，也"才有可能看到作者修辞的审美和伦理重要性"⑤。本文也以"是的—不过"为契机，以区分"编码（创作时的作者）"和"解码（作品隐含的作者形象）"⑥ 为出发点，论证政治犹太复国主义主张仅仅是官方叙事阴影下的表象，文本间差异的复杂化和前后矛盾的不可靠叙述显现了隐含作者的文化犹太复国主义转向和对民族世界主义的人文

---

① 朱雪峰：《信仰与恐怖：评厄普代克新作〈恐怖分子〉》，《外国文学研究》2006 年第 5 期。

② Wayne C. Booth, "Resurrection of the Implied Author: Why Bother?", *A Companion to Narrative Theory*, ed. James Phelan & Peter Rabinowitz, Oxford: Blackwell, 2005, p. 86.

③ 申丹：《何为"不可靠叙述"？》，《外国文学评论》2006 年第 4 期。

④ A. Trachtenberg, "Updike's terrorist survives bad reviews to be best seller", *The Wall Street Journal*, 19 June 2006.

⑤ 申丹：《何为"隐含作者"》，《北京大学学报》2008 年第 2 期。

⑥ 同上。

关怀。

一 从"编码"与"解码"揭示政治犹太复国主义表象

"9·11"恐怖袭击打乱了西方人心理世界的理性秩序，更让美国人在心灵深处留下了挥之不去的战栗和恐惧，但同时也被美国政客所利用，被定性为因憎恨美国自由民主制度的袭击，成为"尘嚣日上的国际国内政治博弈的筹码"①。关于政府与媒体的关系，恩特曼提出了"瀑布"理论，即白宫先提供某个热门议题，并顺势引导，激发代表政府权力的记者等人的思想源泉。而后，这代表着官方的思想仿佛瀑布之水，通过各大新闻媒体向下倾泻，在社会、民众中产生余波②，东方学与西方媒体共同作用提供了有利于政府介入巴勒斯坦问题和拟定对伊斯兰世界方案的氛围。正因为"穆斯林的错误阐释弥漫于美国社会生活的诸多领域"，朴玉认为厄普代克难以免俗，小说也"没有摆脱萨义德所标识的东方主义文化意识形态"③。而关于东方学与犹太复国主义的关系，萨义德在《从受害者角度看犹太复国主义》一文中指出，西方人为臆造非真实的东方，故意将阿拉伯人视为"难以挽救的敌对分子，野蛮凶残，完全没法协商"④，是为了师出有名，给殖民主义本质的犹太复国主义戴上有责任、有义务给一个"荒芜野蛮之地带来文明"和"西方民主"的高帽。萨里妮亚（Salehnia）也据此认为小说全知叙述者对伊斯兰、阿拉伯世界的负面刻画代表了作者的本意，充斥着政治犹太复国主义的主张。

既然隐含作者是真实作者的"第二个自我"，两者不可完全割裂的关系确实强调了外界因素的不可忽视性。然而，布思在谈及作家关于"真理"的责

---

① Anthony Kubiak, *Stages of Terror*, Bloomington: Bloomington Indiana UP, 1991, p. 2.

② Pintak L, *Reflections in a Bloodshot Lens: America, Islam and the War of Ideas*, London and Ann Arbor MI: Pluto P, 2006, p. 3.

③ 朴玉、王栋：《〈恐怖分子〉的文化想象与他者书写》，《外语与外语教学》2012 年第 6 期。

④ Edward Said, "Zionism from The Standpoint of its Victims", *Dangerous Liaisons: Gender, Nation, and Postcolonial Perspectives*, U of Minnesota P, 1997, p. 34.

任问题时指出，"许多作家在追求完美形式的时候，必会违反一些表面事实或真理，其中缘由或出于社会的准则，或是顾及商业的准则，或是受制于某个作品或题材的某些无情的要求"，所以"族裔小说家使方言变得和缓，以便叙事能让外人理解或不触犯本民族的人，而历史小说家总是有意或无意地违背历史事实，以使小说获得成功"①。厄普代克既然被誉为美国社会变迁的准确记录者，所以在将重大历史事件"9·11"融入虚构叙事时，肯定会反映当时的社会主流文化思潮，留下时代的政治烙印，但很可能如布思所说的，有意违背历史事实，即伊斯兰世界的真实情况，仅仅是为了小说的成功（事实也确实如此，这本小说因题材敏感，其中对充满神秘色彩的伊斯兰世界的平民揭露，引起大众的关注，满足了他们的期望和好奇心，在首版就发行了15万册，大大超过了作者作品的平均发行量），并非作者本意。真实作者与隐含作者"在立场上的疏离和亲近常常将文本间的差异性复杂化"，因此读者应着眼于文本阐释，方能做好与作者"扑朔迷离的智力游戏"②。

朴玉和萨里妮亚（Salehnia）认为厄普代克笔下的人物如同萨义德在《东方主义》西方文化所想象的，"感性的、纵欲的，是道德堕落、心智幼稚、缺乏理智、思维混乱、没有逻辑、不负责任、不讲信用的未成熟的"③。但是读者若细细品读，会发现全知叙述者前后叙述态度的不一致性。在小说开头，艾哈迈德发出了令美国人不快的心声，"这些魔鬼夺走了我的主"，透过他的眼光所看到的"信仰淡漠""冷漠无情""内心充满欲望和恐惧"，安全感来自"腐化的电视娱乐"，"沉湎于幸福和财富的虚假表象"④ 的美国群像被指责为主观不可相信，正如官方媒体所批评的是潜在恐怖分子对美国民主自由制度的故意诋毁攻击，小说中安全部长就代表了大众的心声，"他们为什么要

---

① 程锡麟：《析布思的小说伦理学》，《四川大学学报》2000年第1期。
② 哈旭娴：《厄普代克〈S.〉的隐含作者与潜在话语》，《湖北社会科学》2012年第5期。
③ 周宁：《东方主义：理论与论争》，《厦门大学学报》（哲学社会科学版）2003年第1期。
④ ［美］约翰·厄普代克：《恐怖分子》，刘子彦译，人民文学出版社2009年版，第1—2页。

仇恨我们？有什么可恨的？"① 艾哈迈德这个异教徒的"故意诬赖"也坐实了东方学理论中阿拉拍人不讲理、野蛮、难以沟通的形象。然而，在小说中部大篇幅描述艾哈迈德的中学辅导员杰克（犹太裔美国人）和妻子贝丝（美国人）的日常生活时，却证明了艾哈迈德论断的客观性。杰克一心培养的儿子"不愿意和他们住在一起，再不联系，儿媳表面友好，实则冷漠"，杰克本人颓废悲观，"空洞的职业经历令他感觉压抑"②，挥之不去的"仅剩的任务就是去死"③ 的念头令他恐惧得夜夜失眠。而他过度肥胖的妻子贝丝则整天与零食、电视为伴，入迷得甚至觉得"这就是生活，你争我夺到了谋杀、性交和妒忌的程度，经济上的贪欲促使他们去追求这些"，并不得不承认"整个生活几乎都不受控制了"④。艾哈迈德被中情局卧底查理认为是伊斯兰教"小狂人"，而小说叙述者却在好几处描述他不断理性思考，不时质疑阿訇的训道和《古兰经》有异，认为"老师是在循循善诱，在使用激将法，用必要的阴暗面和复杂情况来充实一个单薄、天真无邪的信仰"⑤。如此种种均在为结尾艾哈迈德因在犹豫不决之时错过最佳时机而导致引爆林肯隧道失败做了铺垫，结局也就不会像张群所说的，"显得仓促、简单，缺乏必要的铺垫，让人难以置信"了⑥。

"9·11"给美国人除了带来集体创伤，还导致了"伊斯兰恐惧症"（Islamophobia），或者"反阿拉伯种族主义"（Anti–Arab Racism），即民众对中东黑眼睛、大胡子、棕皮肤、着大长袍等中东模样的人产生"怀疑、戒备甚

---

① ［美］约翰·厄普代克：《恐怖分子》，刘子彦译，人民文学出版社 2009 年版，第 38 页。
② 同上书，第 21 页。
③ 同上书，第 18—19 页。
④ 同上书，第 130 页。
⑤ 同上书，第 111 页。
⑥ 张群：《"失乐园"——评约翰·厄普代克的新作〈恐怖分子〉》，《东华大学学报》2007 年第 3 期。

至恐慌"①，所以艾哈迈德和母亲经常接到一些仇视阿拉伯人的恐吓电话，后来不得不把电话线拔了，而他本人在中学里也因有色皮肤倍受欺凌。美国人对伊斯兰世界的误解现象形象地叙述于这样的一幕：当杰克在学生毕业典礼上看到阿訇致辞时，他想到了这个人"所代表的信仰体系在几年前导致了许多人死亡"，想到了"浓烟从两座世贸塔楼上升起"，想起"处在包围中的以色列"，还有"那几座可怜的犹太教堂必须由警察来日夜守卫"，所以在他眼里"这个一身白色的男子就像一根骨头插在会场的咽喉里"②。申丹认为，叙事话语的"不可靠性"不仅用于叙述者，还得用于人物的眼光③。在以上所引片段中，表面上看是全知叙述者的可靠叙述，但到后面读者会发现这里叙述者换用了杰克这位犹太裔美国人带有偏见、戒备的眼光观察实际上是"纤弱规矩"、令人"有好感"的阿訇，代表着对伊斯兰世界误解、怀疑的美国民众的主观猜测，也因此构成了不可靠叙述。人物不可靠眼光被提升至叙述层，既可以"生动有力地塑造人物主体意识"，主题意义的表达也被"丰富和加强"④ 了，厄普代克通过微妙的不可靠叙述方式，表面上响应了民众憎恨穆斯林教徒的态度，实则告诫读者这只是虚构性话语，未经考证，倘若就此随波逐流，只会越发煽动了民族仇恨。

乔国强在《"隐含作者"新解》中指出，媒体报道（特别是政治色彩浓厚的）至少该有两个隐含作者：一个是从"编码"出发可看出的指使作者的"社会意识形态和政治文化"，另一个是文本所"解码"的那个"下降的虚伪""低于"或"上升的""优于"真实作者的人。《恐怖分子》是一部基于政治题材的小说，读者只有透过文本的细微变化，方能知晓厄普代克表面的

---

① 刘克东：《恐惧带来的思考——谢尔曼·阿莱克西的后 9·11 书写》，《当代外国文学》2012 年第 2 期。

② ［美］约翰·厄普代克：《恐怖分子》，刘子彦译，人民文学出版社 2009 年版，第 116 页。

③ 申丹：《何为"不可靠叙述"？》，《外国文学评论》2006 年第 4 期。

④ 同上。

伊斯兰世界描述不过是"众多利益相关者的集体缩影"①，并非真实作者的"身影"，文本间差异的复杂化和人物眼光的不可靠叙述均促成反讽效果，证明厄普代克否定政治犹太复国主义论调的立场。

二　文化犹太复国主义的转向和世界主义文学主题的升华

厄普代克作为著名的美国犹太裔小说家，其他作品中也不乏犹太人角色。例如，他笔下的新教徒"亨利·贝克"是个美国犹太裔作家，常困于写作障碍，特别是在写诺贝尔奖受奖演说稿的时候，却在 1999 年意外获得诺贝尔文学奖，被评论家认为是始终无缘于诺贝尔奖的厄普代克对瑞典人的一种嘲讽。《恐怖分子》中的杰克，也是位犹太裔美国人。他的故事发展平行于艾哈迈德的"恐怖分子成长记"。关于这位生活在美国的第三代犹太人与艾哈迈德关系的叙述，字里行间也流露出美国犹太文学常见的主题，即流浪与回归、父子恩怨、负罪与救赎。前文已论证认为厄普代克代表了政治犹太复国主义的论断有失偏颇，并非真正的隐含作者的意图，那么关于这位犹太人与阿拉伯后裔的纠葛又隐含了作者怎样的文化主张？叙事学家西摩·查特曼认为，因为隐含作者只是作为叙述文本本身的结构成分而存在来发出信息，因此认为读者必须通过以下的叙事交流图（如图 5-1 所示）方能实现与隐含作者的秘密交流并获取真正的信息。因此笔者将着眼于文本，并结合犹太复国主义渊源和阿哈德·哈姆的思想，阐述厄普代克文中隐含的文化犹太复国主义主张。

叙事文本

真实作者　　　隐含作者→（叙述者）→（受述者）→隐含作者　　　真实读者

图 5-1　叙述文本的构成与叙事交流

世俗犹太政治家不断强化犹太人曾在欧洲被纳粹分子屠杀、迫害等外部

---

① 乔国强：《"隐含作者"新解》，《江西社会科学》2008 年第 6 期。

反犹太主义的悲情历史记忆，以激发民族凝聚力，同时让他们坚信"作为犹太人（上帝曾经的选民），绝对优越于他们打算攻占的巴勒斯坦上的东方人"①，而"穆斯林则是上帝意欲让犹太人在神圣土地上重获古老家园的不可避免的敌人"②，以唤醒深埋在犹太人心中重建犹太国的沉睡观念，从而将他们引入犹太复国主义的轨道。然而，正如后犹太复国主义学者所批判的，建国前后"以色列对历史的描述如同它在国内以及向全世界所散布的那样，充斥着曲解和偏见，以便迎合以色列与阿拉伯世界之间的政治论战和宣传战的需要"，因此，"犹太复国主义是欧洲，而不是犹太区的产物"③。阿哈德·哈姆与旨在建立犹太国的政治犹太复国主义者们针锋相对，他的一系列文章发展成被称为"主化复国主义"的主张。他在《这不是道路》（*This is not the way*）指出建立以色列国、进行移民计划是本末倒置的，犹太人散居世界各地已是不可更改的客观事实，如何保持犹太人的族性特征才是犹太民族存亡的关键④，因为正如哈姆在《自由中的奴役》一文中指出的，犹太人在解放的道上"已经迷路了"，在内心深处他们也知道自己并不自由，没有民族文化，政治自由的背后隐藏着更可怕的"精神奴役"⑤，在同化的过程中民族性被彻底削弱，精神上无家可归。同化主要表现为改宗教，异族通婚，放弃自己的语言，然而同化也没有给犹太人带来真正的解放和平等，相反地，他们成了一个"鬼的民族"，既没有本民族的祖国，又不为主流社会所认可，失败、冷漠、悲观绝望的情绪挥之不去。在文化夹缝中生存的犹太人进退两难，普遍

---

① G. H. Jansen, *Zionism, Israel and Asian Nationalism*, Beirut: Institute for Palestine Studies, 1971, p. 149.

② Thomas S. Kidd, "American Christians and Islam: Evangelical Culture and Muslims From the Colonial Period to the Age of Terrorism", *Insight Turkey*, No. 3, 2010.

③ 王铁铮：《从犹太复国主义到后犹太复国主义》，《世界历史》2012 年第 2 期。

④ ［美］阿尔弗雷德·高乔克：《理性之光——阿哈德·哈姆与犹太精神》，徐新等译，内蒙古人民出版社 1999 年版，第 21—23 页。

⑤ Leon Simon, *Selected Essays by Ahad Ha - am*, Philadelphia: The Jewish Publication Society of America, 1912, pp. 172, 10.

有"自我身份的困惑和非我意识",常常体现为"强烈的局外感和边缘感",而"反映在犹太文学文本中就成了各种各样的人性变异和心理病态现象"①。因此,哈姆认为犹太复国主义的核心应以犹太文化精神和文化为核心,关注那些散居地的大多数犹太人的精神苦恼和尴尬,向他们辐射文化之光。

杰克是犹太人,但不是"一个包裹在古老契约里的自豪的犹太人",他祖父"在新世界抛弃了所有宗教,把信仰寄托在一个变革的社会中",理由是"桌上的食物、良好的居住条件取代了不被人们所见的主所许下的靠不住的诺言",相反,如果遵守了所有戒律,多年后会被送往屠犹灭绝营,所以也没有必要"一辈子累死累活为一个暴君效忠",也就反对医生要给儿子做包皮环切手术②。他娶了美国人贝丝为妻子,可是她父母拒绝参加她与一个犹太人的世俗婚礼。"宗教对他来说毫无意义"③,可身上却还带着"顽固的犹太美德"④,虽厌恶过度肥胖的妻子,却"出于该死的犹太人责任感"自知绝对不会将她抛弃。他每天像"流浪的犹太民族"一样游离在"空洞的职业"和"为他增添了一份夜晚的不安与恐惧"⑤的妻子之间,夜夜失眠,感觉自己如此孤独,绝望间以为"在世间唯一要做的事就是准备去死"⑥,之后如贝娄(Saul Bellow)小说中被同化、异化的犹太人只能沉沦于性欲一样,在与艾哈迈德的母亲通奸中找到了暂时的安慰,却不时为背叛妻子而不安,在被抛弃后又觉得自己已经被美国的消费主义消磨殆尽了。第三人称叙述呈现了被同化的美国犹太人在双重文化夹击下的困惑心理和人性变异的现象。

杰克在主流社会与传统犹太道德的"流浪与游离",沉迷于通奸、消费主义的"负罪",在他与艾哈迈德的父子恩怨中——在与他母亲发生奸情后杰克

---

① 邹智勇:《论当代美国犹太文学的犹太性及其形而上性》,《外国文学研究》2001年第4期。
② [美]约翰·厄普代克:《恐怖分子》,刘子彦译,人民文学出版社2009年版,第23页。
③ 同上书,第30页。
④ 同上书,第24页。
⑤ 同上书,第166页。
⑥ 同上书,第19页。

一直称艾为儿子，艾也从厌恶这个"年老的犹太恶魔，用他狡猾世故、父亲般的方式来掩藏自己"到慢慢接受，并和他沟通交流，最终在他的劝说下放弃爆炸任务——得到了精神的"回归"，完成了自我"救赎"。

厄普代克对杰克这位美国犹太人的生活叙述表现了他对被同化了的犹太人的局外感、异化感的关注，换句话说，隐含作者响应了哈姆的文化犹太复国主义的人文忧思。但厄普代克并非只关注犹太性，而是和其他美国犹太作家一样，"把主人公的犹太身份作为一种背景要素来运用，并发现隐藏在犹太身份与一般社会身份之间的深刻联系"，将关于杰克放弃犹太宗教信仰、戒律后，最终却无所适从，沉沦于性欲的叙述与小说中对信仰淡薄、冷漠无情、缺乏安全感、被关在"鸡笼子社会"沦为消费机器的美国群像刻画平行铺开，"成功地将犹太人的身份困惑与当代西方人的'自我'危机相结合"①，阐释了人文精神的缺失和人性的沦落所导致的"人类存在终极不和谐"现象②。瓦特（Watt）作为一名西方学者在研究伊斯兰教时曾指出宗教与信仰的区别仅在于所采纳的象征体系不同，所以各种信仰形式应加强对话，增进了解③，厄普代克人物情节正是对此呼吁所做的响应：兼具犹太人与美国人双重身份的杰克的劝说，与艾哈迈德的人性向善的自我反思，二者并肩战胜了极端恐怖分子的爆炸计划，也从另一个角度攻破了政治犹太复国主义者有意强化犹太人和阿拉伯人的敌我关系以达到政治论战、宣传战目的的阴谋，并为人类与恐怖主义做斗争提出了一条新的出路，即可以弱化亨廷顿所论证的西方文明与伊斯兰世界的文明冲突，找到共同点以解决宗教信仰冲突带来的致命危害，响应了犹太人"民族化的大同主义"精神，即把民族主义和世界主义整

---

① 刘珍兰：《犹太文学的犹太性和异化感》，《河北理工大学学报》2011 年第 2 期。

② Karl Jaspers, "The Tragic: Awareness, Characteristics, Interpretations", *Tragedy: Modern Essays in Criticism*, Prentice - Hall, Inc. ,1964, p. 17.

③ W. Montgomery, Watt, *Islam and Christianity Today: A Contribution to Dialogue*, London, Boston, Melbourne and Henley: Routledge & Kegan Paul, 1983, pp. 144 - 146.

合统一，主题显示了形而上性。

三 结语

在小说开篇，厄普代克引用了加夫列尔·加西亚·马尔克斯《关于爱情与其他恶魔》里的一句话，"怀疑比信仰更为顽强，因为支撑怀疑的是理性"，这是富有深意的。这部褒贬不一的作品满足了美国读者在"9·11"事件之后对官方叙事所传播的关于伊斯兰世界的东方主义形象的期待，也迎合了他们对极端分子畏惧好奇兼具的心理。然而，厄普代克曾坦言，他所有小说的真实意图是开展"和读者间的道德争论"，所以，读者被期待能"理性"地"怀疑"作者对美国政治主流意识形态的有意或无意迎合的表象，通过叙述文本间差异的复杂性、前后矛盾之处，和叙述者、人物眼光的不可靠叙述，读出隐含作者对恐怖主义产生根源、解决途径的理性回应，和对"政治事件对个人空间的介入及其影响"及"对美国政治进行的反思"[①]。

隐含作者是社会环境对真实作者的支配或指导、真实作者本人的主观愿望、读者文本阅读三者相结合的一种实现，因此，透过隐含作者视域对《恐怖分子》的辩证解读，读者可以看出政治犹太复国主义论调仅仅只是表象，正如布思在《隐含作者的复活》末尾处所说的，厄普代克"用较为优秀的隐含作者来战胜其他的自我"[②]，通过对美国犹太人杰克被同化后的困境的叙述，支持哈姆文化犹太复国主义的主张，同时把犹太要素和"后9·11"特定的社会矛盾、文化矛盾、信仰冲突进行结合加工，既阐述了犹太民族的历史命题，也表现了对人类共同的生存境遇的人文关怀，最终升华为形而上的世界主义文学主题。

---

① 曾艳钰：《后9·11美国小说创伤叙事的功能及政治指向》，《当代外国文学》2014年第2期。

② Wayne C. Booth，"Resurrection of the Implied Author：Why Bother?"，*A Companion to Narrative Theory*，ed. James Phelan & Peter Rabinowitz，Oxford：Blackwell，2005，p. 79.

第六章 《拉合尔茶馆的陌生人》：东方的血泪控诉

第一节 小说与评价

在众多"后9·11"小说中，巴基斯坦裔英国作家莫欣·哈米德（Mohsin Hamid）的《拉合尔茶馆的陌生人》（*The Reluctant Fundamentalist*，2007）一出版即获得广泛的关注、热烈讨论，入围当年的布克奖，得到《纽约客》《巴黎评论》《泰晤士文学增刊》等杂志的力荐，畅销全球22个国家和地区。其中一个重要的原因在于多数"后9·11"小说出自白人男性作家之手，而哈米德具备的异国文化背景和身份赋予了他独特的视野来理解这场世纪灾难：他出生于巴基斯坦文化古城拉合尔，在"9·11"事件发生时，30岁的他已在美国生活了15年。童年随父亲来到美国读小学，中学回到拉合尔，大学到普林斯顿大学就读，在美国普林斯顿大学主修公共与国际事务，后到哈佛法学院深造并取得法律博士学位，在纽约曼哈顿财务管理公司担任管理顾问的人生经历使他具备了多重文化身份与职业身份（既是管理顾问又是小说家），并赋予他得天独厚的优势、以犀利的笔触和独特的视角来描述充满争议的文化冲突。2000 年，哈米德发表处女作《蛾烟》（*Moth Smoke*），获得贝蒂·特拉斯克奖，入围美国笔会/海明威文学奖提名并被《纽约时报》评为年度好书。时隔七年后，第二部小说《拉合尔茶馆的陌生人》耗时七年、六易其稿后才发表，并引起轰动。白人作家的作品主要描写"9·11"事件给国内民众带来的心理创伤，或完全忽略穆斯林这一群体，或刻画了刻板的恐怖主义分子"他者"形象，或如约翰·厄普代克的《恐怖分子》一样，以白人的眼光来分析东西方关系。萨义德在《东方学》扉页中曾引用卡尔·马克思的话：他们无法表述自己；他们必须被别人表述；东方及其人民的形象多被他者化。而哈米德则打破了这一传统，塑造了东方作家书写西方的典范：小说以"9·11"事件为契机，不仅抓住了少数族裔美国梦破碎这一主题，讲述了由一名巴基斯坦男子在拉合尔茶馆里向一名素不相识的美国人讲述他在美国的求学、工作、情感经历，向读者展现了一名原本追寻"美国梦"但最终失败并变成"疑似"恐怖分子的巴基斯坦青年的心路历程，从而阐述出美国与其他族裔的碰撞与矛盾，东西方文化的冲突，揭示多元文化背后是权力的博弈以及当今的霸权主义的新表现，而且还匠心独运地让西方话语缺失，由东方暂时把握话语权，采用第一人称独白的叙事视角展现整个故事。这消解了西方中心性权威，也让不情愿的西方人换个角度来看东方，透过多元文化视角重新看待"9·11"事件，进而反省美国霸权主义在当今全球化进程中的表现，思考东西方对话的可能性。

《拉合尔茶馆的陌生人》以第一人称的独白讲述故事。在拉合尔街角的茶馆里，一名满脸胡子的巴基斯坦男子昌盖兹（Changez）向一名素不相识的美国人讲述他在美国、菲律宾、智利及回国后的经历。昌盖兹是没落的巴基斯坦贵族后裔，怀揣着梦想，不远万里只身到美国求学，以优异成绩从普林斯顿大学毕业后，力破重围，被一家顶级的评估公司工作——恩德伍德·山姆森公司（Underwood Samson & Company）录用，获得一份令人羡慕的高薪工作。在一次与校友在希腊游玩的途中，与富家女艾丽卡（Erica）相识并产生感情，并通过她进入了上流社会圈。有评论家指出，小说中公司与人名富有象征意义：恩德伍德·山姆森公司英文名的缩写是 US，指代美国帝国政权，而艾丽卡（Erica）的名字脱胎于 America（美国），"象征着美国民族性"，代表着"纯真美国叙事"[1]。根据人名和公司名的缩写可以看出寓意：昌盖兹服务于美国（US）、试图追求美国（Erica）、并努力"改变"（Changez）自身命运。昌盖兹相信自己实现了美国梦，自己的生活是一部电影，而他就是"领衔主演的大明星，一切都有可能"[2]。然而，"9·11"事件却成了分水岭。他发现作为来自中东国家的穆斯林男性，不仅是情感上的"他者"，也是美国的"他者"，被排斥与敌视，从未真正被美国主流文化所接受。他魂牵梦绕的艾丽卡一直深爱着死去的男友克里斯（Chris），无法从悲痛中走出，只是将昌盖兹当作克里斯的替代品，对他既不拒绝，也不接受，对他的爱既心存感激又犹豫不决。他们的做爱甚至只能在昌盖兹主动让她把他幻想为克里斯的情况下才能进行，而事后艾丽卡更因悔恨而疏远了他。虽然在家人和昌盖兹的关怀下，艾丽卡有走出心理阴影的迹象，但"9·11"事件让她旧病复发，"消失进了一种强大的怀旧情绪中去了"[3]，只能住进疗养院，最终不知所踪（被怀疑是自杀了）。

　　而"9·11"事件也让昌盖兹遭遇了职业和身份认同危机。他过去一直把自己的命运和公司那些人以及帝国的官员们捆绑在一起，遵循公司乃至整个美国所提倡的"一切为了取得最大限度的回报"，"管好最基本的事"[4] 这些以

---

①　Anna Hartnell, "Moving through America: Race, place and resistance in Mohsin Hamid's *The Reluctant Fundamentalist*", *Journal of Postcolonial Writing*, No. 3, 2010.

②　[美]莫欣·哈米德：《拉合尔茶馆的陌生人》，吴刚译，上海译文出版社 2009 年版，第 3 页。

③　同上书，第 103 页。

④　同上书，第 89 页。

利益、效率为中心的实用主义。但"9·11"事件激发了美国社会根深蒂固的文化冲突、种族偏见和种族歧视，使昌盖兹意识到自己的双重文化和民族属性以及"他者"的弱势群体地位。他不听母亲劝告，保留了胡子，"作为一种抗议的形式，一种身份的象征"①，此举不但招来同事的侧目，也让他在地铁、停车场等不同场合不止一次地遭到陌生人的辱骂。惨痛的社会现实让他不得不开始深刻的自我认识与身份认同的反思。同时，他发现如今他所效力的美国，正在侵略与他祖国血脉相连的国家（阿富汗），甚至还有可能蓄谋将他的祖国拖入战争的泥潭，这一切无疑让他有种被撕裂的感觉。但直接帮他点破这点的契机则是公司派他去智利评估一家即将被收购的公司之行。这家公司的负责人胡安·巴蒂斯塔让他意识到自己就是一个可悲的"现代版苏丹禁卫军战士"，为美国效力去攻打自己的国家，"他们通过战斗所毁灭掉的是他们自己的文明，因此他们再也无家可归了"②。昌盖兹彻底梦醒，向公司递交了辞呈，回归故里，成为一名"疑似恐怖分子"，如他号召学生参加要求巴基斯坦在国际和国内事务更独立的游行、从信奉美国文化到质疑美国文化的转变等等。

小说的结局颇耐人寻味，开放式的结局给了读者充分的想象空间。昌盖兹和陌生人在拉合尔茶馆交谈一天之后，在陪美国人返回酒店的路上，酒店侍者向他们两人走来，美国人把手伸到夹克里面，昌盖兹看到一道金属的寒光。小说曾提到这名美国人一直对周遭环境非常警惕，他的手机即使没有地面网络覆盖也能通过卫星来与人联络，而且他一直在心神不宁地发短信，更重要的是，昌盖兹注意到他"西装那轻薄的面料可以清晰地看到一个突起，就在和胸口平的地方，那是我们国家——其实似乎所有国家都是如此——的

---

① 李芸：《〈拉合尔茶馆的陌生人〉中的身份困境》，《南昌工程学院学报》2015年第2期。

② ［美］莫欣·哈米德：《拉合尔茶馆的陌生人》，吴刚译，上海译文出版社2009年版，第138页。

便衣特工喜欢别腋下枪套的地方……我肯定，您衣服下面的突起，只不过是旅行钱包的轮廓。"尽管昌盖兹认为那是美国人的名片夹，但读者难免怀疑这名美国人有可能是美国派来暗杀昌盖兹的特工，金属的寒光来自手枪。也有评论者认为结局可能是昌盖兹联手酒店侍者杀掉美国人。

　　土耳其作家帕慕克说："东方看得见西方，而西方看不到东方。"昌盖兹的讲述是"非主流文化对主流文化的一次'反凝视'"①，体现了哈米德对产生"9·11事件"背后的文化动因的思考。关于"9·11"事件及其对穆斯林国家和美国的影响，作者借昌盖兹之口批判美国，"作为一个社会，你们不愿意对痛苦进行反思，而这种共同的痛苦其实是把你们和那些袭击你们的人联系到一起的纽带。你们缩进自欺欺人的神话中，认为自己有多么与众不同，觉得自己是多么高人一等。然后你们在世界的舞台上把这些想法表现出来，于是整个星球都被你们的愤怒所激起的反响弄得不得安宁了"②。哈米德借用昌盖兹的口吻指出：正是美国的政治、军事及文化霸权导致了世界面对战争的威胁，进而导致恐怖袭击的产生。在全球化的今天，人们只有互相尊重，积极寻求"第三空间"的话语场，构建新型的交流模式，方可和平共处，共建美好家园。同时，作者将穆斯林"后9·11"的创伤性经历"建构为文化创伤，大胆质疑美国主流思想，并且以自省的勇气剖析自我，倡导一种基于社会责任的政治行动"③，而这恰与亚历山大等学者所定义的"文化创伤"理论相契合，即言说者更侧重于自觉的文化建构，它不仅关乎个体认同，尤其强调集体维度，即"群体成员主动担负社会责任以帮助群体成员走出个人心理创伤

---

　　① 曾桂娥、江春媛：《"东方"书写"西方"——莫欣·哈米德的〈拉合尔茶馆的陌生人〉评析》，《外国文学动态》2013年第5期。

　　② ［美］莫欣·哈米德：《拉合尔茶馆的陌生人》，吴刚译，上海译文出版社2009年版，第152页。

　　③ 朴玉：《"我们也是受害者"——评哈米德在〈拉合尔茶馆的陌生人〉中的文化创伤书写》，《国外文学》2013年第4期。

并分担他人的苦难"①。

第二节　"同质化"多元文化主义

作为跨国主义，全球化这把双刃剑的另一极端结果，"9·11"恐怖袭击再一次引发并改变了人们对美国多元文化主义（Multiculturalism）的争论模式。一直以来，"美国人往往把文化冲突当作国内矛盾，未能将其放置在更广阔的全球视野进行思考"②。莫欣·哈米德反其道而行之。他结合自己作为一名巴基斯坦作者但曾生活在伦敦、纽约两地所感受到的种族、宗教、民族差异体验，借小说主人公昌盖兹之身，展现了"后9·11"时代美国人对外国人的憎恶与恐惧（Xenophobia），并批判了美国一直以来多民族大熔炉（Melting pot）表象下意欲"同质化"的虚假多元文化主义。

一　多元文化

"多元文化"这一术语出现于西方20世纪20年代，指在一个社会、国家或民族中所存在的多种文化的总称，但其内涵和外延在不同年代发生了变化：50年代前后，随着现代化理论的产生，"多元文化"指代"殖民地和后殖民地社会的文化"和"不同民族的文化"这两种文化现象；60—70年代后，由于后现代理论的推动，多元文化的含义开始扩大，认为不但殖民地国家存在着统治文化与被统治文化的差异，世界上其他国家同样也存在着这种文化差异，即几乎任何一个国家都存在着多元文化，而且价值体系、思想观念上的

---

① Jeffrey C. Alexander, "Towards a Theory of Cultural Trauma", *Cultural Trauma and Collective Identity*, California: University of California Press, 2004, p. 1.

② Anna Hartnell, "Moving through America: Race, place and resistance in Mohsin Hamid's *The Reluctant Fundamentalist*", *Journal of Postcolonial Writing*, No. 3, 2010.

差异也不只是存在于民族间，还存在于各社会阶层、地域、年龄、性别、群体和宗教之间。可见，"多元文化"的含义开始由仅关注种族、民族差异的宏观层面，逐渐发展到涵盖价值规范等的差异的微观层面，开始越来越多地与"文化"自身的含义相对应。简单地说，多元文化指的是人类群体之间的价值规范、思想观念乃至行为方式上的差异[①]。

与"多元文化"相比，"文化多元主义""多元文化主义"属于社会思潮与理论。针对19世纪中后期的美国移民潮带来的文化异质性和"美国化"（Americanization）运动的不成功结局，美国犹太籍哲学教授霍勒斯·卡伦（Horace Kallen）于1924年提出并首次使用"文化多元主义"，反对把美国化、盎格鲁－撒克逊化以及民族熔炉论作为美国社会生活的正确模式和有价值的未来理想，"因为组成美国社会的各族裔人民是无法彻底融合的，他们的民族特点是无法彻底消除的，他们的'根'无法切断"[②]。"多元文化主义"与"文化多元主义"有历史和思想上的联系，但两者在背景、范围、内涵和目标方面有很大的不同。概括言之，两者在批评熔炉论时都持同一立场，都强调美国社会的多元性、对不同文化和传统的尊重和包容。但"文化多元主义"是对"美国化"运动的一种抵制，它反对一元性，鼓励多样性，更强调移民或少数族裔集团的无法同化的部分，要求的是白人社会（或欧洲文明）内部各种文化之间的平等，还没有或极少涉及那些处于人口少数地位的非白人民族集团文化和利益问题。而"多元文化主义"不仅明确认识到决定两国社会生活多元化的各种不同种族、族裔和文化集团的存在，还将这种关系同引起社会变化的其他因素联系起来考察。多元文化主义所包含的"文化"的内容超越了传统意义上的"文化"范围，实际上成为一种明显而直接的政治

---

① 郑金洲：《多元文化教育》，天津教育出版社2004年版。

② 韩家炳：《多元文化、文化多元主义、多元文化主义辨析——以美国为例》，《史林》2006年第5期。

诉求，争取和要求的不仅是对美国社会多元文化的尊重，对有色种族的尊重，而且要全面检讨和重新界定美国主流文化，改变美国的政治基础，将种族平等落实到具体的政治和经济生活中去。

二　美国化与"同质化"

然而，在推行"多元文化主义"的过程中，美国实质上依旧对曾经失败的"美国化"不死心，就算是"9·11"之后依旧难以改变。他们甚至不愿正视"9·11"是文明冲突的结果，是失败的多元文化主义的历史见证。就在"9·11"发生后的几周里，当时的第二夫人，美国副总统夫人琳恩·切尼，就公开指责那些推崇多元文化主义、国际主义以对抗反美主义的行为，因为在她看来，这无疑就承认了"'9·11'是我们（美国人）的错，是因为我们不能正确理解伊斯兰才导致这么多人死亡，带来这么大的损失"。正如 Rubin 和 Verheul 指出的，"通过不带任何歉意与悔恨之心来推崇美国国家的历史、爱国热情，而非提倡多元化和宽容，切尼夫人实际上是推进她长期以来的主张，即将多元文化主义踢出美国国家议程"[①]。这样的立场体现在恐怖袭击之后，白宫发布了《爱国法案》（Patriotic Act），美国人爱国心膨胀，群情激昂，纽约乃至全国都国旗飞扬，同时他们也不分青红皂白地攻击在美的穆斯林，甚至其他深肤色的无辜族裔人群也被殃及。《拉合尔茶馆的陌生人》里也有相应的描写：

> 在九月和十月我和艾丽卡缠绵在一起的那几个星期里，美国被一股越来越盛并且自以为是的怒火给攫住了（……）像一头猛兽被大大地激怒了，（……）他们说巴基斯坦的出租车司机遭到了殴打，不敢离开他们的生活区一步；联邦调查局最近常常突击（检查）清真寺、店铺甚至他

---

① Derek Rubin, and Jaap Verheul, "Introduction", *American Multiculturalism after 9/11*, Amsterdam: Amsterdam UP, 2009, p. 7.

们的信件；穆斯林男性常常失踪，可能是进了秘密的拘留中心接受盘问或者是更糟的事情。①

多元文化主义强调对有色种族的尊重，然而"9·11"之后，"对穆斯林的种族歧视开始蔓延到商业世界中来了——据说有原来说好录用后来反悔了的，也有无缘无故给炒了鱿鱼的"②。就连以往觉得自己实现了美国梦，"总感觉自己被融合无间地包容在人群里"的昌盖兹在坐地铁的时候也不止一次地遭受到完全陌生的人的辱骂，而在恩德伍德·山姆森公司，他"似乎在一夜之间成了小声议论和侧目而视的对象"③。可见"9·11"给美国人除了带来集体创伤，还导致了"伊斯兰恐惧症"（Islamophobia），或者"反阿拉伯种族主义"（Anti-Arab Racism），即民众对黑眼睛、大胡子、棕皮肤、穿大长袍等中东模样的人产生"怀疑、戒备甚至恐慌"④，群起而攻之。

实际上，美国并不是唯一反伊斯兰的国家。在"7·7"伦敦爆炸恐怖袭击不久，在一次新闻发布会上，当时的首相布莱尔就宣布将采取新的措施并提出新的法案来抵制伊斯兰恐怖主义的威胁，包括将那些犯有煽动或美化恐怖主义者驱逐出境；将那些爱肇事的神职人员赶走，关闭极端分子们造访的清真寺；剥夺参与恐怖主义者的英国国籍；巴基斯坦移民必须接受严格盘查。"突然间整个国家都在质疑忠诚问题，质疑多元文化主义，整个国家出现了排他、排外的民族倾向"⑤。这些变化都折射了对文化差异态度的巨大转变。对于"后9·11"时代国家决策所揭露的难以逾越的文化鸿沟，Mamdani 认为，所

---

① ［美］莫欣·哈米德：《拉合尔茶馆的陌生人》，吴刚译，上海译文出版社2009年版，第85—86页。

② 同上书，第110页。

③ 同上书，第119页。

④ 刘克东：《恐惧带来的思考——谢尔曼·阿莱克西的后9·11书写》，《当代外国文学》2012年第2期。

⑤ Peter Morey, "'The rules of the game have changed': Mohsin Hamid's *The Reluctant Fundamentalist* and post - 9/11 fiction", *Journal of Postcolonial Writing*, No. 2, 2011.

谓的"文化对话"（Culture Talk）都是美国越战后所采取的全球策略，冷战后时代见证了"文化的统治权与政治化"：

> 文化对话假定每种文化的背后都有某种限定它的、有形的实质性的东西，它也解释了政治就是这种实质的体现。"9·11"后的文化对话将"恐怖主义行为"理解为"伊斯兰"，将本次事件描述、定性为"伊斯兰恐怖主义"，认为市场（资本主义）、国家（民主）并不是爱好和平与恐怖倾向的分割点，文化（现代性）才是。也就是说，我们的世界分成了现代与前现代两部分，前者制造了文化，是它的主人。①

很明显，不管是"文化对话"，还是西方国家之前所宣扬的多元文化主义，其中所包含的"文化"的内容实际上已成为一种明显而直接的政治诉求，包括美国在内的西方多元文化主义的实质是"万众归一"，在承认多种文化存在的基础上却崇尚美国主流文化。这个实质也从"9·11"事件发生后10天，美国广告协会所推出的一项公益广告体现出来。当时的美国陷入了一种疯狂的爱国主义情绪之中，广告协会宣称说担心"美国人民会对阿拉伯美国人和其他族裔群体采取过激行为"，它"决定要向全国传播一条信息，提醒美国人民现在到了要团结一心的时刻了"，就号召了这场"我是一位美国人"的广告运动。广告协会如此解释其构思：来自不同年龄、种族、宗教的人们一起骄傲地高喊"我是一位美国人"，广告末尾配上文字，"万众归一"（E Pluribus Unum），即"虽然我们有着不同的面孔，宗教信仰，来自不同的地域和种族，我们是一个民族"②。这个"万众归一"的"我是一位美国人"的广告实则是打着承认多元文化的幌子，"将他们引向同一逻辑"的美国式"同质化"。

---

① Mahmood, Mamdani, *Good Muslim, Bad Muslim：America, the Cold War and the Roots of Terror*, New York：Three Leaves, 2004, pp. 16 – 17.

② Anna Hartnell, "Moving through America：Race, place and resistance in Mohsin Hamid's *The Reluctant Fundamentalist*", *Journal of Postcolonial Writing*, No. 3, 2010.

　　这个"同质化"或"美国化"式的"多元文化主义"在《拉合尔茶馆的陌生人》里也得到体现。不管是所谓的大熔炉，还是梦幻的"美国梦"，实质上都是"成为美国推销自身文化的同化策略、开门纳客的重要手段之一"，"从某种意义上说，'美国梦'也代表着移民内化为主人掌控自己命运的愿望"①。美国的"好客"也是有条件的，传统的好客与权力之间形成一种共谋关系，"这种共谋是被限制的权力，即接纳外人的主人有必要去挑选、选择、过滤、优选他们的受邀者、来访者或者客人，为他们提供避难所、访问的权力或热情款待"②，就如小说中象征着美国的恩德伍德·山姆森惯用的公司评估体系一样，美国正是通过以知识和教育为表征的政治权力，通过一套类似"实用而有效"的机制来挑选各国最优秀的学生，培养他们，让他们进入精英圈，最后为美国服务，成为昌盖兹口中的"签了契约的仆役"③。而想成为美国的一员，正如昌盖兹在恩德伍德·山姆森公司的上司所训导他的，不要抗拒变化，"力量是来自顺应变化的"④，所以他承认"自己在做的一切都像是在演戏"⑤，当他终于进入位于纽约市中心气派的写字楼时，他"并没有把自己看成是一个巴基斯坦人"⑥，在和美国同事一起出差马尼拉时，他"让自己的言谈举止都看起来更像一个美国人"，因属于"世界经济领导层的成员"而得到属于他的一份尊敬。而山姆森公司推崇效率至上的经济原教旨主义（Economic Fundamentalism），用系统的实用主义原则对所有雇员进行同质化训

---

① 信慧敏：《主人·外人·人质——论〈拉合尔茶馆的陌生人〉中的有条件好客》，《当代外国文学》2016 年第 1 期。

② Jacque Derrida, and Anne Dufourmantelle, *Of Hospitality*, Trans. Rachel Bowlby, Stanford：Stanford UP, 2000, p. 55.

③ ［美］莫欣·哈米德：《拉合尔茶馆的陌生人》，吴刚译，上海译文出版社 2009 年版，第 143 页。

④ 同上书，第 88 页。

⑤ 同上书，第 62 页。

⑥ 同上书，第 32 页。

练，"一切为了取得最大限度的回报"① 成了他们反复强调的格言，也是美国
多元文化主义的目标。从表面上看，过五关斩六将后进入公司的精英行列和
种族上呈现出"完美的多样性"②，但这并不能掩盖其背后严重的同质性。昌
盖兹坦言"如果我们都剃了板刷头、穿上迷彩服的话，相互之间其实并不会
有太大的区别"③。他们所有的人都来自一流名校，"身上全都散发出志得意
满的气息"，以为自己通过勤奋工作实现了成为美国主人的梦想。"导致他们
被同质化最主要的原因是社会对以经济成功为核心的'美国梦'的认同和推
崇，他们都被训练成为评估价值的经济原教旨主义者"，真的达到了"万众归
一"，然而"同质化往往不利于好客行为的实施，因为好客的本质要求是包容
和尊重差异，这也为'9·11'后美国社会排斥外人埋下了伏笔"④。

三　西方国家的"东方主义"解读

除了同质化，以美国为代表的西方国家对伊斯兰世界的"东方主义"解
读也阻碍了多元文化主义的实现。昌盖兹的"演戏"、对自我种族身份的压抑
与摒弃是对美国社会一直存在的穆斯林群体形象固定化（Stereotype）的应激
反应。当他应邀与艾丽卡的家人一起吃饭时，她的父亲以一种恼人的"典型
美国式的居高临下的底蕴"的语气和他谈论巴基斯坦，"听说富人过得像国
王，而其他人都在水深火热里挣扎。人民是好的，别误会我的意思。我喜欢
巴基斯坦人。但精英阶层已经完全把持了这个国家，不是吗？还有宗教激进
主义"。⑤ 这种东方学解读体现了美国人在各种官方报道误导下对不熟悉的巴

---

① ［美］莫欣·哈米德：《拉合尔茶馆的陌生人》，吴刚译，上海译文出版社 2009 年版，第
34 页。

② 同上书，第 35 页。

③ 同上。

④ 信慧敏：《主人·外人·人质——论〈拉合尔茶馆的陌生人〉中的有条件好客》，《当代外国
文学》2016 年第 1 期。

⑤ ［美］莫欣·哈米德：《拉合尔茶馆的陌生人》，吴刚译，上海译文出版社 2009 年版，第
51 页。

基斯坦带着偏见的品头论足，总是将整个伊斯兰世界与暴政、恐怖主义联系在一起。因此"9·11"过后，美国民众对外人——特别是穆斯林移民的态度从原来的好奇感演变为"伊斯兰恐惧症"，从原来的表面友好、好客转变为憎恨、敌视也就不足为奇了。昌盖兹在"9·11"后回国的境遇反映了当时很多在美穆斯林的真实处境，也让他"看到了所有掩藏在这一切后面的东西"：

> 武装的士兵把守着我要进入的关卡；作为一个受到怀疑的种族的成员，我必须接受严格的而且是比别人多的检查；获准进入后我雇了一个马车夫，他属于农奴阶级，因为缺乏合法居住所需的许可而被迫接受报酬极低的工作；而我自己则是一种签了契约的仆役，我的居留权要看我的雇主对我的善意能持续多久。①

由此可见，美国的"多元文化主义"一贯都只是带着政治意图的表象。"小说将文化与政治、地域绑在一起揭露事实，而三者间的张力不曾得到缓解"②，这种张力可以从小说的气氛感受出来。可能已是圣战分子的昌盖兹表面上平静地与不知名的美国游客交谈，而后者却可能是美国派来刺杀他的特工，他总是焦躁不安、心不在焉地环顾四周，警惕着周遭一切的动静，整个谈话过程的气氛弥漫着美国与"他者"国家之间的相互猜忌、怀疑、敌视，武力冲突如箭在弦上：

> 您好像到现在还有点不大自在。但愿我这么说您不会感到介意，可我看您时不时地朝四周张望，你把目光移来移去的样子，就好像在您的脑袋里响着滴—答—嘀的节拍，让人看了觉得像是某个动物来到了远离

---

① ［美］莫欣·哈米德：《拉合尔茶馆的陌生人》，吴刚译，上海译文出版社2009年版，第143页。

② Peter Morey, "'The rules of the game have changed': Mohsin Hamid's *The Reluctant Fundamentalist* and post‐9/11 fiction", *Journal of Postcolonial Writing*, No.2, 2011.

自己巢穴的地方，面对一个陌生的环境，不知道自己究竟将成为猎手还是猎物！①

如果您坚持的话，我甚至可以每样都先尝点，好让您放心菜里没什么可怕的东西。②

您也朝后看了，先生，所以我想您一定注意到了并不是只有我们想要离开。对，他们都到我们背后的摩尔路去了，包括那个虽然异常殷勤，可似乎仍然让您看着不顺眼的侍者。③

可您这是怎么啦，先生，您好像拔腿要跑似的。有什么东西让您如此惊慌呢？是远处传来的声音吗？我向您保证，这不是枪声。（……）什么？有没有人在跟踪我们？我什么人也看不到。（……）对，您说得对：他们停下了。您这是什么意思，先生，我有没有和他们发信号？当然没有！我和您一样，对他们的动机和身份一无所知。（……）可您到底在找什么呢？啊，是您那只与众不同的手机。如果您是在给同事发短信的话，您或许是想要通知他们，说我们离您的酒店已经不远了。④

我劝您还是放松点吧。对，那些人的确离我们相当近了，而且，对，那个人脸上的表情有点狰狞——可这只是碰巧罢了。他就是我们的侍者，在朝我点头致意。他们不会对您有什么恶意的，我向您保证。本来这应该是件不言自明的事，可您不应该把我们巴基斯坦人都想成是潜在的恐怖分子吧，就像我们不应该把所有美国人都想象成是秘密杀手一样。⑤

东西方间的猜忌与仇视跃然纸上。可其中的原因，正如 Mamdapi 所说的，

---

① ［美］莫欣·哈米德：《拉合尔茶馆的陌生人》，吴刚译，上海译文出版社 2009 年版，第29 页。

② 同上书，第 111 页。

③ 同上书，第 115 页。

④ 同上书，第 161 页。

⑤ 同上书，第 167 页。

是因为美国把东、西方文化政治化了：

> 从政治、领土领域来思考文化没有任何意义。国家是讲究领土的，但文化不是。如果把伊斯兰的历史写成政治意味浓厚，与其他地方，诸如中东，或者巴基斯坦的历史无异的话，那还有何意义？（……）我们必须从历史、非领土化的角度来思考它。否则，我们就是出于个别民族、帝国的意图来管理文化了。①

美国并没有给予其他种族、文化足够的尊重，将自己与他人平等对待。相反地，正如昌盖兹所批判的，美国一直认为自己是"世上最强大的文明"②，这也是它宣扬进步、民主的"多元文化主义"的前提，并以此为借口"在陆上所发生的主要冲突和对峙中，美国都扮演了中心角色"，"对于别国的事务总是喜欢插手干涉"，而"经济是美利坚帝国施展其权力的主要手段"③。而亨廷顿的文明冲突论也被错误阐释为先进的西方文明与落后的东方文明间的冲突，"在这些冲突之间，有一条共同的主线来贯穿，那就是推行一小撮人的美国利益观念"。这种观念打着反恐的幌子，"在阿富汗和伊拉克造成那么多人死亡还觉得自己有道理"④。

四　结语

"9·11"事件实际上印证了美国沾沾自喜的多元文化主义政策推行的失败，可正如本小节开头切尼夫人所抗议的那样，美国并不愿意承认这点，以免落下这场世纪性的灾难本是美国人自己搬起石头砸了自己脚的口实。美国

---

① Mahmood, Mamdani, *Good Muslim, Bad Muslim: America, the Cold War and the Roots of Terror*, New York: Three Leaves, 2004, p. 27.

② ［美］莫欣·哈米德：《拉合尔茶馆的陌生人》，吴刚译，上海译文出版社 2009 年版，第 73 页。

③ 同上书，第 142 页。

④ 同上书，第 162 页。

这种"掩耳盗铃"式地看待多元文化主义在小说中也有批判：正如象征着美国精神的、痴迷着过去不能释怀、让自己慢慢走上不归路的艾丽卡一样，美国"不愿意对痛苦进行反思，而这种共同的痛苦其实是把你们和那些袭击你们的人联系到一起的纽带，（而是）缩进自欺欺人的神话中，认为自己有多么的与众不同，觉得自己是多么的高人一等。然而在世界的舞台上把这些想法表现出来，于是整个星球都被你们的愤怒所激起的反响弄得不得安宁了"①。

巴特勒认为，"想要理解生命的脆弱不安，就必须打破形象描述的霸权方式"②。然而，"9·11"之后，布什就鼓噪"9·11没有借口"作为压制公众严肃探讨美国外交政策的手段，提出了二元论，即人们只有两种立场选择，"要么站在我们这边，要么跟恐怖分子为伍"；以迈克尔·华尔泽（Michael Walzer）为首的美国民众高呼"正义之战"，鼓噪不仅要重新强调美国价值观，还要打击那些被他们冠以"相对主义者"或"后主义者"头衔的知识分子，因为他们是"恐怖主义同路人"。这种二元论无疑是东西二分的陈词滥调，拙劣地将"我们"与"他们"（伊斯兰）二分为"文明"与"野蛮"。西方"后9·11"写作基本迎合了主流描述方式，所反映的公共生活中可曝光事物的范围划出了公共"视听领域"的界限。而哈米德挑战了"9·11禁忌"③，他与劫机者产生共鸣，颠覆了其他许多"后9·11"美国小说旨在阐释集体创伤和美国无辜论的写作模式，揭露了"大熔炉意识形态中隐形的'种族幻想'根基"④，这种"种族幻想"即是"弥漫在同化过程中理想的白

---

① ［美］莫欣·哈米德：《拉合尔茶馆的陌生人》，吴刚译，上海译文出版社2009年版，第152页。

② ［美］朱迪斯·巴特勒：《脆弱不安的生命——哀悼与暴力的力量》，何磊磊、赵英男译，河南大学出版社2013年版，第7页。

③ Fritz Breithaupt, "Rituals of Trauma: How the Media Fabricated September 11", *Media Representations of September* 11, Westport, CT and London: Praeger, 2003, p. 79.

④ Anne Anlin Cheng, *The Melancholy of Race*, New York: Oxford UP, 2001, p. 37.

人"①、美国文化高人一等的神话。

第三节　脆弱与承认：非暴力伦理解读

批判美国的单边主义，实为同质化的"多元文化主义"并非《拉合尔茶馆的陌生人》的最终目的。纯粹站在东方一边，无疑又陷入了另一种偏见。实际上，哈米德不仅开拓了"去领土化美国文学"，更实践了 Gray 撰写"世界文学"的号召，即"我们必须扩大的想象力和陌生化的领土，作为一名作家，应在利益冲突和立场中找到一个'空间'，让自己的小说，不仅仅是描述人们的情感，而是去探索导致当今各种争论背后的矛盾，让文本为展现这些不同观点而努力"②。要做到这一点，必须遵循朱迪斯·巴特勒所倡导的生命与哀悼伦理，直面人类的脆弱特质，尊重脆弱不安的生命。

一　赤裸生命与政治生命

正如前面章节所阐述的，要承认人类的"脆危"性，必须区分阿甘本所谓"赤裸生命"（Bare Life）同"政治生命"（Bios Politikon）的区别。前者是对生命的无条件尊重与敬畏，而后者则往往隐含着"图谋不轨"的意识形态。由于"9·11"事件让第一世界安全感遭受重创，让美国人民遭受难以忍受的悲伤，出于政治目的、为悲伤寻求解脱而以暴制暴的反恐战争却排斥了人类的脆弱特质，以牺牲他人福祉为代价保障自身安全，更摧毁了西方民众借助悲伤了解苦难、定义自身、了解自身的重要途径。在某种意义上

---

① Delphine Munos, "Possessed by whiteness: Interracial affiliations and racial melancholia in Mohsin Hamid's *The Reluctant Fundamentalist*", *Journal of Postcolonial Writing*, No. 4, 2012.

② Richard Gray, "Open Doors, Closed Minds: American Prose Writing at a Time of Crisis", *American Literary History*, No. 1, 2009.

"后9·11"时代是一个泛政治化的时代，知识、权力、身体、欲望、生命、日常生活等一切都带上了政治色彩。美国媒体不停播放世贸中心伤亡的画面，高歌阿富汗战争中美军英勇复仇的场面，为军人颁发勋章，却无视手无寸铁、化为炮灰的阿富汗平民，甚至本末倒置以"解放妇女"为借口粉饰战争，以"女性主义"托词来修补"第一世界霸主坚不可摧"的傲慢幻想。很明显，"9·11"之后的美国的哀悼体现了哀悼的等级差异，身体脆弱特质的分布也大相径庭。他们固执地认为，美国人民的生命受到严密保护，如果他们的神圣权利受到侵犯，就足以引发战争；其他人的生命则缺乏如此果断而坚定的支持，他们甚至是"不值得哀悼"的生命。这种对生命有界定的理解无疑忽视了西方哲学的一个永恒的话题，即在庞大的政治机器之下，在屠杀和战火面前，个体生命如何还能保持住尊严和价值？生命如果被政治化而失去了自身的构架，那么，无论是恐怖主义还是反恐战争之下的生命屠戮将永不停止，生命终将消失。

因此，正如巴特勒所说我们首先要支持一套新的身体哲学，这意味着我们要重新思考一系列与生命相关的概念：暴露、危险、脆弱、伤害、相互依赖、生命生产、欲望、劳动、接受言说以及社会归属等，同时我们要与所有给生命带来伤害的因素做斗争，而这将给国际联盟带来新景象。然而，如果不去思考"认同"与"认异"的条件及意义，我们就无法理解形象描述同赋予人性之间的关系，更无法培养全球共同体意识。巴特勒认为，"认同总是依赖某种差异，认同需要克服这一差异；只有重新引入这种号称已经征服的差异，认同的目的才能达到"。① 换言之，认同内部固有的差异极为重要，若无此"非我"的存在，认同就会蜕变为"同一"（Identity），认同也成空谈，因此"国家—民族"不应再被视为衡量是否正义的终极杠杆。

---

① ［美］朱迪斯·巴特勒：《脆弱不安的生命——哀悼与暴力的力量》，何磊磊、赵英男译，河南大学出版社2013年版，第128页。

正如前面章节所论述的，叙述者昌盖兹与不知名的美国人之间的茶馆会谈充满了相互猜疑、冲突、暴力的张力，而文末对两者身份扑朔迷离的不确定性（昌盖兹可能是恐怖分子或恐怖分子同情者，而那位美国人可能是 CIA 派来刺杀他的特工）给读者留下了思考的空间：是何种框架限制了我们对双方的理解？谁才是值得哀悼的生命？基于巴特勒的生命伦理理论，本章节将为《拉合尔茶馆的陌生人》充满反美敌意的指控一辩，通过阐述主人公三段关键的人生经历来澄清作者反对反恐战争并非出于第三世界的私心，而是为了国际团结。

二　马尼拉之行：民族主义、生命的思考

昌盖兹对民族主义、对生命的思考始于马尼拉之行。在此之前，他踌躇满志，自觉高人一等，带着批判、挑剔的眼光去对比马尼拉和拉合尔，在与菲律宾人相处的过程中不自觉地端出美国人的架子，"带着享受治外法权的样子，微笑着直接插到任何长队的前面"①。然而，在街头与一位陌生的菲律宾司机戏剧性的一幕让他走下"世界经济领导层成员"的高台，从另一个角度来审视自我与生命：他与同事一起坐豪华轿车外出，遇到堵车，陷在车海里动弹不得时，他瞥见一个吉普尼（Jeepney）司机带着切身的厌恶之情、恶狠狠地瞪视着他。这事儿在他脑海里挥之不去，他试图去理解这位司机的举动，想了几种可能性，最后承认种种可能性都表明，"作为潜意识的出发点"，他与自己都有一种"第三世界的敏感性"②。意识到这点后，他猛然地发现自己和那个菲律宾司机比和他美国同事的距离更近，开始抛开恩德伍德·山姆森公司典型的种族主义有色眼镜的目光，视之为需要被尊重的脆弱不安的生命，一个甚至可能无法被第三世界认可的生命。

---

①　［美］莫欣·哈米德：《拉合尔茶馆的陌生人》，吴刚译，上海译文出版社 2009 年版，第 60 页。

②　同上书，第 62 页。

　　"吉普尼"的历史渊源则论证了导致生命脆弱不安的一个重要因素——帝国主义暴力。它是一种菲律宾公共交通用的小型公共汽车，是"吉普"（Jeep）和"小型旅行箱"（Jitney）两词的结合体，是由"二战"后美军遗留在菲律宾的美国吉普车改造过来的。它的存在，也就时不时会激起菲律宾被帝国主义暴力统治的历史记忆，先是美军，然后是日军。列维纳斯认为，"他者"的"面孔"向"我"提出了伦理要求。"面孔"并不只是通常意义上的人类面孔；它存在于一系列的移情置换之中。在《和平与切近》中，列维纳斯写道："面孔：他者的极度脆弱性。和平：领悟他者的脆弱性。"① 这种"领悟"应当是深切体会他者的脆弱不安；"面孔"具有伦理意义。所以，哈米德将这个男人角色塑造为吉普尼司机并非偶然；他从物质、历史、社会因素来理解被暴露于暴力、危险脆弱的生命，来说明人类易受伤害的属性具备能动性，彼此相连，均容易暴露于对方的伤害之下；"伤害别人的行为"与"受到伤害的可能"是息息相关的。这个男人的瞪视会让昌盖兹有"切身"之感，是因为它让他意识到自己来自"第三世界"的同等处境。当他秉着对脆弱生命的同情之心向美国听众讲述这一幕时，他实际上越过了狭隘民族主义的樊篱，发出了一种国际团结、反抗各种形式暴力的呼唤。这时的他再回头望着豪车里的同事时，陌生感油然而生，因为他这样的行为与山姆森公司（也就是美国）所贯彻的商业理念背道而驰。金融评估公司能看到维持或摧毁一家公司的因素，而巴特勒的理论则关注保护或毁灭生命的诸多原因。前者信奉系统的实用主义，"一切为了取得最大限度的回报"是他们反复强调的信条，从不会去关注所评估的公司破产之后雇员的可怜处境，这种玩世不恭、轻视生命的态度在幡然醒悟的昌盖兹眼里自然就是一种不真实的"演戏"了。

---

　　① 转引自［美］朱迪斯·巴特勒《脆弱不安的生命——哀悼与暴力的力量》，何磊磊、赵英男译，河南大学出版社2013年版，第117页。

三　拉合尔之行：抛离美式有色眼光

对金融评估公司与脆弱不安生命的矛盾关系的反思，在昌盖兹 2001 年的返乡之旅更加明显。彼时美军已开始轰炸阿富汗边界，而他的祖国也面临着印巴战争危机。在这种战争一触即发之时回到拉合尔的他，试图借着老宅的一景一物来重温对巴基斯坦的感情，却发现自己看东西的时候也带上了美国眼光，像山姆森公司冷漠的评估员一样分析家中家具的价值，并诧异于家居如此简陋，为自己的出身之地所透露的贫贱气息感到羞愧。可他重新适应了环境，周遭又变得熟悉以后，他开始反省自己的行为，生气地领悟到自己实际上是在用一种"自认为享有特权的、毫无同情心的美国人"① 的眼光来评估自己的家乡，就如之前在马尼拉在琐碎的工作中浑然忘我的那个同事一般，他未能将它作为维持家族生命延续的一个条件，而是嫌弃它市场价值低微，因此下定决心把附在身上的讨厌的外国眼光彻底祛除掉。这样做了以后，他重新见到了老宅因其历史而显得富有、典雅雍容的一面，开始欣赏它那经受了时光考验的高贵。

9 月 21 日布什总统宣布，美国人民已经不再悲伤，该用果敢的行动来取代悲伤了。昌盖兹阐释自己评估拉合尔前后的变化，"醉翁之意"在于暗示生活在弥漫着忧郁、恐惧、焦虑、愤怒氛围中的美国人民若一直"沉湎于制度化的统治妄想"，很容易"招致兵戎相见"②，也就阻碍了他们将巴基斯坦人民，乃至世界上所有的人民看作脆弱不安的、一样值得尊重的生命。此外，在这次回乡之旅中，昌盖兹和他的家人非常关注印巴之间的冲突。看着自己的国家前线的城镇在战争一触即发的危急时刻那种临危不惧、处变不惊的气

---

① ［美］莫欣·哈米德：《拉合尔茶馆的陌生人》，吴刚译，上海译文出版社 2009 年版，第 114 页。

② ［美］朱迪斯·巴特勒：《脆弱不安的生命——哀悼与暴力的力量》，何磊磊、赵英男译，河南大学出版社 2013 年版，第 23—24 页。

质，昌盖兹觉得有点慌，有一种无助的感觉，更感到自己在祖国面临着比它强大得多的东邻的战争威胁时的软弱和无能为力。战争、暴力与存在的关联一直是列维纳斯所关注的。他认为：

> 暴力与其说在于伤害和毁灭，不如说在于中断人格的连续，让他们扮演他们不再身处其中的角色，让他们不仅背叛其义务，而且背叛其本己的实体，让他们进行那些将摧毁任何行为之可能性的行为。就像现代战争一样，任何战争都已经运用了一些武器，它们将朝向那个持有这些武器的人。它确立了一种没有人能够保持距离的秩序。从此以后没有任何东西是外在的。战争没有显示外在性和作为他者的他者，它摧毁了同一的同一性。①

在列维纳斯看来，人们企图通过战争来征服对方，并借此维护自身的同一性，但战争所呈现的是暴力，它的影响深刻而全面，不管是被施暴者还是施暴者都无法免受伤害，其结果是同一的被摧毁，他者及其外在性根本无从说起。印度教与伊斯兰教的宗教差异引发的诸多巴印战争造成了大批的难民，原来统一的经济被割裂，从而造成两国经济发展的严重困难，暴露于暴力之下的两国人民均饱受苦难，生命脆弱不堪，所谓维护本民族的同一性根本无从谈起。哈米德跳出东方与西方文明冲突的固定仇恨思维，从东方与东方的极端冲突历史论证了巴特勒的观点，即"暴力绝对是最糟糕的状态，在暴力状态下，人类易受他人伤害的弱点以最极端的方式暴露无遗"②；试图通过暴力消灭焦虑与恐惧是无果的，暴力的循环只能产生更多的焦虑与恐惧，印巴冲突如此，美国在亚洲、印度、巴基斯坦的帝国殖民统治亦是如此，美国的

---

① 杨大春：《列维纳斯与现象学的实践转向》，《同济大学学报》（社会科学版）2010 年第 5 期。
② ［美］朱迪斯·巴特勒：《脆弱不安的生命——哀悼与暴力的力量》，何磊磊、赵英男译，河南大学出版社 2013 年版，第 29 页。

反恐战争也不例外。

基于昌盖兹在拉合尔的心路历程变化，我们有理由相信在"9·11"之后，从拉合尔回美国的他不听母亲劝告，坚持留着有象征意义的胡子的行为对他而言，"也许算得上是一种抗议的形式，一种身份的象征"，但更是一种提醒，竭力让自己不要忘记"抛在身后的现实"①，提醒自己不要再用"享受治外法权"高高在上的美国人眼光来审视、批判第三世界，而是与在诸多恐怖袭击之后被误解、仇视的无辜穆斯林同胞产生共鸣，与在《爱国者法案》权力棍棒下被监督的普通美国民众相惜相怜。正如巴特勒所倡导的，不同民族间的联盟并非依赖于自我身份的诉求，而是一致对抗将脆危生命置于危险之中的一切暴力。②

四　智利之行：打破民族主义藩篱

昌盖兹跳出民族主义藩篱，对脆危生命的认识、对美国认同他者的规范的领悟在最后的智利之行中又得到升华。他被委配了一个新任务，与同事到智利的瓦尔帕莱索去评估一家亏损的图书出版公司。公司老总胡安·巴蒂斯厌恶山姆森公司和昌盖兹的同事，却对他另眼相待，并鼓励在他眼里"好像有点迷茫"的昌盖兹尽量熟悉一下瓦尔帕莱索。这个曾是兵家必争之地的重要港口，现在却被边缘化了，这不禁让昌盖兹想到了拉合尔，他们语言里的一句老话也油然跃入他的脑际，"单从废墟也能看出建筑物的风采"。关于人类对废墟特殊的情结，阿兰·德波顿在《身份的焦虑》一书中这样描述道：

> 遗迹能够让我们放弃辛苦劳作，放弃我们自以为是的完美感和成就感。遗迹提醒我们，我们永远不可能抗拒时间，我们只是自然破坏力的

---

① 〔美〕莫欣·哈米德：《拉合尔茶馆的陌生人》，吴刚译，上海译文出版社2009年版，第119页。

② Judith Butler, *Frames of War: When is Life Grievable*, London: Verso, 2009, p.162.

玩物，而我们只能暂时压制自然破坏力，不能真正地克服它。我们可能会享受一时的成功，我们可能会在短短几年内赋予混乱以秩序，但任何事物都终将退回到以前原初的状态。这种想法能使我们心情宁静，那是因为我们的绝大部分焦虑来自我们过高地估计了自己的目标和关注的重要性。由于我们对自己所做的事情评价过高，我们便因此受到惩罚，进而接受理想的折磨。

　　基督教的伦理学家们长期以来都明白，要安抚焦虑者，最好的方式并不是像乐观的心态教我们的那样，告诉他一切事情都会好起来的——相反，我们应该告诉他一切事物最终会变得非常糟糕：屋顶将会塌陷，银行将会变成废墟，我们将会死去，每一个我们所爱的人都将去世，我们所有的成就，甚至连同我们的名字都将深埋于地下。如果这样的想法能够安抚我们，那是因为在内心深处，我们本能地知道我们的痛苦与抱负之庞大密切相关。如果从 1000 年的角度来看待我们那些渺小的身份焦虑，我们将会非常难得地认识到自己的微不足道、从而获得心情的宁静。①

　　就如同废墟是无限时间的代表一样，与无限的时间相比，我们虚弱的、短暂的生命与飞蛾或蜘蛛的生命一样微不足道、脆弱不堪。当这座依稀能看出昔日恢宏景象的、"拥有浓郁气氛""街道和山坡似乎都弥漫着一种凄清愁绪"的古老的城市让昌盖兹分心，无法正常工作，甚至开始憎恨那个全身心投入自己职业小天地的同事，丝毫无法对他生出敬意来。昌盖兹承认尽管自己也曾从公司那套要人一心扑在工作上的训诫中得到过安慰，但现在他发现他的公司根本不关心自己的工作会给智利的工人带来什么样的影响，"在这种

---

　　① ［英］阿兰·德波顿：《身份的焦虑》，陈广兴、南治国译，上海译文出版社 2009 年版，第 235—236 页。

对实现财政上的美好未来不断追求的过程中，没有人关心过影响一个人当下情感的重大个人或政治事件"。这样的发现使"遮挡（他）眼睛的东西正在渐渐掉落，（他）的视野骤然开阔"①。列维纳斯认为，"他人总是先于我而存在，主体永远形成于回应他者的需求中，被他人注视、对他人的面孔、对他人的脆弱负责，因此用于维系我与他人关系的纽带就是责任，这是一种纯粹的伦理关系，将决定主体如何思考和行动，显示我和谁认同"。然而，"9·11"之后，正如昌盖兹对着拉合尔茶馆里的那个美国客人所控诉的，

> 美国只是在虚张声势。作为一个社会，你们不愿意对痛苦进行反思，而这种共同的痛苦其实是把你们和那些袭击你们的人联系在一起的纽带。你们缩进自欺欺人的神话中，认为自己有多么与众不同，觉得自己是多么的高人一等。然后你们在这个世界的舞台上把这些想法表现出来，于是整个星球被你们的愤怒所激起的反响弄得不得安宁了，我的家庭便是其中之一，此刻，他们正在数千里之外面对着战争的威胁。必须要对这样一个张牙舞爪的美国加以制止，这不仅是为了地球上其他人的利益，对你们自己也有好处②。

西方，特别是美国推行的全球政治范式"是以国家安全的名义宣扬毁灭，'责任'已成为导致全球不负责任状态的工具"③。公司（Underwood Samson）一度被认为是美国（US）的象征，而昌盖兹的名字（Changez）则被认为是"改变"（Changes）。当昌盖兹抛弃了公司一切以经济利益为中心、不带任何感情色彩去评估、决定被评估者的命运时，他跳出了美国人的世界认同框架，即戴着有色眼镜去看世界、怀着统治的幻想（Fantasy of Mastery）去评估他

---

① ［美］莫欣·哈米德：《拉合尔茶馆的陌生人》，吴刚译，上海译文出版社 2009 年版，第 132 页。

② 同上书，第 152 页。

③ 都岚岚：《脆弱与承认：论巴特勒的非暴力伦理》，《外国文学》2015 年第 4 期。

者，而是带着全球想象去分析不同国家、社会所暴露的脆危特性及其背后成因，看到了正如巴特勒所说的"有些身体会比其他身体表现得更加脆弱不安，这主要取决于哪种身体，或形态被认为是值得保护、庇护、生存和哀悼的生命"①。

必须强调一点，昌盖兹醍醐灌顶的关键之所均在菲律宾和智利。令他幡然醒悟、视野骤然开阔的诱因并非祖国人民对敌人的英勇反抗，而是对美国在西方、南亚的所作所为的惊鸿一瞥。这种有利于"对世界版图正确认知"的"第三空间"② 场景设定更有助于理解被不同政治、经济、社会条件所束缚的脆危生命，小说也成功地将美国、巴基斯坦放置在更广阔的全球文化、经济视野中去考量彼此千丝万缕的关系。同时，"第三空间"也阐释了全球联盟建立的途径。虽然梦断美国的昌盖兹最终回到了巴基斯坦，并组织讲座、聚会、示威等活动抗议美国在西方和南亚的外交政策，这并非完全将民族主义举荐为抵御反恐战争的最佳途径。在分析了菲律宾、智利之行中昌盖兹的所思所想，我们有理由相信他所领导的这些抗议更多的是对所有给全世界带来伤害、将世界人民的生命置于脆危之境的恣意暴力。

五　结语

暴力并非仅指是武力冲突，隐晦的身份否定更为可怕。正如巴特勒所说，"倘若只是认同自己所熟悉的生命，不管是美国人的，还是巴基斯坦人的，都是把值得哀悼的生命局限于本国所认同框架下；这不是逃离暴力的方式，而是用一种自己赞同的暴力来取代另外一类"。③ 昌盖兹在菲律宾街头看到的陌生人的愤怒面孔并不以语言进行诉说，我们更需要努力去"倾听"。基于媒体

---

① Judith Butler, *Frames of War*: *When is Life Grievable*, London: Verso, 2009, p. 53.

② Leerom Medovoi, "'Terminal Crisis?' From the Worlding of American Literature to World – System Literature", *American Literary History*, No. 3, 2011.

③ Judith Butler, *Frames of War*: *When is Life Grievable*, London: Verso, 2009, p. 26.

的现状，尽管我们在新闻报道的有限范围内无法去理解所有的生命，但至少能努力越过民族主义视角下有关战争、生命的思想桎梏，"在我们可知、可见、可闻、可感领域的限制范围内，我们必须追问人类的出现与消失"，这也是人文社科研究者的伦理责任。

阿伦特曾深入探讨了与平庸之恶相关的政治与道德问题，如"极权统治下的个人责任""集体责任和个人责任之间的关系""思考与道德之间的关系"，等等。没有人比阿伦特更了解：20 世纪的道德大崩溃，不是由于人的无知或邪恶，未能辨别道德"真相"，而是由于道德"真相"不足以作为标准，评判人们当下可能做出的事情。在"9·11"之后反恐战争情绪高涨的时代，如何能够反抗道德崩溃时代平庸之恶的引诱，不放弃思考，不逃避判断，承担起应有的道德责任，巴特勒在解读列维纳斯的基础上提出了非暴力伦理，促使我们反思应如何在复杂的社会关系中回应他者，回应他者的苦难。然而，回应他者不可能发生在社会关系的框架之外，相反，必须洞悉苦难产生的社会、历史、政治、经济条件，这便是批评的任务。哈米德的《拉合尔茶馆的陌生人》无疑给读者提供了一个思考的范本。

第四部分

诗性救赎

第七章 《回声制造者》：X 一代的双重错觉

第一节 小说与评价

一 小说简介

美国当代作家理查德·鲍尔斯（Richard Powers，1957 - ），在电视和电脑时代出生的第一代人的代言人，是崛起于 20 世纪 80 年代末和 90 年代，继品钦和德里罗之后新兴"X 一代"的后现代小说家的领军人物之一，被誉为"美国最有前景的小说家"（凯文·贝尔热）、"后品钦时代的代言人""美国现存的最伟大的小说家"（汤姆·比塞尔）、"当今文坛最聪明的小说家"（阿尔伯特·莫比利奥）、"我们这个时代最有才华的作家"（《纽约客》杂志）。自第一部小说《三个农民去舞会》（*Three Farmers on Their Way to a Dance*，1985）问世以来，鲍尔斯陆续发表了 10 余部小说，并屡获殊荣，先后获得各种奖项达 20 余项。如将迪士尼乐园景象与核武器战争并置、表达对当下社会现状的关切的第二部小说《犯人的抉择》（*Prisoner's Dilemma*，1988）使他获得"麦克阿瑟学者"荣誉称号；在爱情和死亡主题中完美融合多声部音乐、基因工程、计算机技术等诸多课题的第三部作品《金甲壳虫的变异》（*The Gold Bug Variations*，1991）为他奠定了"美国最有创造力小说家"的声誉；1993 年出版的《迷失灵魂的手术》（*Operation Wandering Soul*）入选当年的国家图书奖最后名单；1998 年推出的控诉环境污染对人类生存威胁的《收获》（*Gain*）收割了莱南文学奖和詹姆斯·费尼莫尔·库柏文学奖，鲍尔斯也借此荣列《君子杂志》的"十大作家"榜单；于 2006 年出版的《回声制造者》（*The Echo Maker*）获得 2006 年美国国家图书奖。此外，鲍尔斯还曾获得普利策奖提名、林顿优秀文学奖、小推车奖、库柏历史小说奖、莱南文学奖、大使图书奖、史密斯文学奖等。他兴趣广泛，博览群书，涉猎考古学、海洋学、历史、社会学、政治学、美学、医学、音乐等领域，作为具有丰富科学人文主义思想的杰出作家，鲍尔斯于 1998 年以高票当选为美国艺术与科学院院士。

其中，荣获美国全国图书奖的《回声制造者》是公认的鲍尔斯代表作。它是一部集推理小说、神经科学案例研究和生态评论于一身的鸿篇巨制。在这部小说中，鲍尔斯以内布拉斯加州普拉特河沿岸的沙丘鹤迁徙和马克·施卢特的离奇车祸事件为两条叙事主线，采用对位手法将鸟类故事与人类故事并置，共中涉及神经科学、认知科学和生态学的专业知识，展现了一幅心智、身体和精神交融一体的画卷：在一个寒冷的冬夜，在内布拉斯加州的一条车少人稀的公路上，27 岁的马克·施卢特出了致命车祸，脑部严重创伤。相依为命的姐姐卡琳不得不回到让她不堪回首的小镇，照顾命悬一线的弟弟。马克从昏迷中醒来之后，行为变得怪诞异常，表现出各种各样的妄想症状，认为精心照顾他的卡琳是冒名顶替的特工，甚至认为他的狗、他生活的小镇都是被人复制过的，生活中的一切都是骗子和替代物而已，而自己只不过是政府和企业阴谋的牺牲品，他生活在可怕的某种监控之下。卡琳与著名认知神经学专家杰拉尔德·韦博取得联系。韦博来到内布拉斯加州小镇卡尼，确诊马克所患的是罕见的双重错觉综合征——该患者失去语言能力，情感记忆能力彻底丧失，似乎总是错认所钟爱的人，例如母亲、父亲、配偶等，整个认知世界也陷入一片混乱，原来看重的所有真实存在变得面目全非。

小说围绕车祸后在马克病房床头柜上神秘出现的字条展开，并将字条的内容"我微贱无名/今晚走在北线公路上/上帝引导我到你身边/这样，你能活着/然后挽救别人"作为标题将小说分为五大部分，围绕马克、卡琳、韦博、卡琳前男友卡什、现男友丹尼尔、马克的护工芭芭拉这几位主要角色展开。围绕着马克的故事，鲍尔斯设置了几个贯穿全书的悬疑：车祸那天夜里，究竟出现了什么情况？芭芭拉为何超越工作职责、全心照顾马克？马克是否能够找回真实的自我？因被弟弟误当作冒牌货而逐渐迷失自我的卡琳能否找回自己？表面事业成功、婚姻幸福的韦博能否治好马克？内布拉斯加州之行究竟能否帮他度过不断质疑自身事业、良心动机、伦理价值的自我认同危机？以卡什为代表的当地开发商是否会击败沙丘鹤区保护者丹尼尔？作者从生态学、神经学和身份的本质的千丝万缕中编织出一部引人入胜、给人启发又充满柔情的侦探小说。

二　小说评价

2006 年 10 月，该书一出版，美国文坛顿时掀起一股新的鲍尔斯书评热潮，引发一阵骚动，获得 2006 年度国家图书奖、2007 年美国普利策奖提名，被《华盛顿邮报》《波士顿环球报》评为最佳小说、被《芝加哥论坛报》《西雅图时报》评为最佳图书。其中《华盛顿邮报》将该小说比喻为"一场令人愉悦的盛宴"；《波士顿全球报》书评认为这是"一部精彩的作品"；《书讯》杂志称赞该书"是一部值得推荐的佳作，每位读者都会因阅读该书而改变，书的作者是我们最伟大的小说家之一"。众多评论主要集中于小说的主题与意义，如《纽约人》认为本小说探讨的问题是我们如何知道我们真的是谁；美国《图书馆学刊》指出这部小说写的并不只是马克那受损坏的大脑，它总体上聚焦于人类的心灵和人类想理清过去和现在的努力，这与美国《娱乐周刊》的"一曲关于人类脆弱性的疯狂的交响曲"的观点不谋而合；评论家 J. A. 马吉尔则更关注小说的宏大叙事，认为它致力于探索现代神经系统科学常常在思考的许多纯哲学的问题——意识的根源是什么？我们极其复杂的大脑是如何工作的？我们每一个人何以成为我们自己？

　　的确，鲍尔斯的创作主题与写作特色值得探究。在众多小说中，鲍尔斯秉承了老一辈后现代派作家如约翰·巴斯、唐纳德·巴塞尔姆、托马斯·品钦等的创作技法与叙述格调，同大卫·福斯特·华莱士、里克·穆迪、保罗·奥斯特、乔纳森·弗朗钦等新生代作家一道致力于先锋文学，掀起美国后现代主义小说的"第二波"，并坚守一贯的创作主题，即积极探索科学技术、社会文化、环境保护、家庭伦理等在现代生活中的地位与影响。主题宏大向来是鲍尔斯作品的一贯风格，"在信息技术和生物科学等众多背景下，鲍尔斯尤为关注科技发展和生态环境进化之间的关系"，叙述精巧更是他的拿手好戏，作为一名"百科全书式的作家，他用自己博大精深的综合性知识背景构建出了一个个文学迷宫"①，《回声制造者》也不例外。鲍尔斯曾说，这部作品的叙事要实现两个目的，其一是讲述一个关于现实世界的故事；其二是要"揭开表面，让人看到处于叙事下面的没有定型、临时改变、非常混乱、遍是裂缝、使人目瞪口呆的东西"。确实，作为一部关于人类"现实与未来"的作品，它所描绘的马克的故事阐释了"幸存的创伤"②，同时透过马克、卡琳、韦博三位主角的视角向读者呈现出了"双重虚幻的社会现实"，以及他们

---

① 范小莉：《理查德·鲍尔斯小说的生态和科技话语权之辩》，《湖北科技学院学报》2014 年第 10 期。

② Nicolas J. Potkalitsky, "Richard Powers's *The Echo Maker* and the Trauma of Survival", Doctoral Dissertation, Cleveland State University, 2010.

在"充满了一系列不确定性因素"① 的后现代社会的双重虚幻之中各自经历着双重错觉的身份认同危机，并告诫读者他们并"无法摆脱这样的困境：倘若他或她想要寻找连贯性，结局与马克一样"，因为在后现代社会"任何一种对有意义的整合与连贯性的诉求都无异于离经叛道的偏执、双重错觉综合征"②；"它不仅描绘了当代美国复杂多变的自然、社会、精神、文化生态状况，批判了现代性所引起的种种危机，还倡导人们重建'真实'，重建与'地球共同体'的联系"③。

正因为小说里呈现出来的身份危机体现出了后现代主义的不确定性原则，国内为数不多的研究多将这部小说视为"后现代"的代表作，但这只是表象。评论家约瑟夫·杜威认为，作为 X 一代作家，鲍尔斯的小说是后现代主义和现实主义结合的佳作，应被界定为这两大流派的"复合体"④。笔者认为，《回声制造者》也基本参照了作者的理论定位，兼具后现代主义的大胆试验和创作方法，如双情节、多重叙事、非线性时空概念等，和现实主义传统的双重特征，即直击社会现实问题，包括"后 9·11"创伤和生态保护问题，体现作者对现代人命运的终极关怀，集作家使命与艺术创新于一体，堪称后现代和现实主义两大阵营的完美结合与典范，是后现代现实主义（又译为新现实主义）视阈下的创作。

评论家玛格丽特·阿特伍德认为，《回声制造者》既是一部关于灵魂丧失的小说，也是一部关于灵魂救赎的小说⑤，可谓一语中的。鲍尔斯正是借用马

---

① 王阿芳：《〈回声制造者〉中双重虚幻之真实》，《天津外国语大学学报》2013 年第 4 期。

② Luc Herman, and Bart Vervaeck, Capturing Capgras: *The Echo Maker* by Richard Powers, *Style*, No. 3, 2009.

③ 刘丹：《重建"真实"——〈回声制造者〉的后现代生态思想解读》，《当代外国文学》2014 年第 2 期。

④ Joseph Dewey, *Understanding Richard Powers*, Columbia: University of South Carolina Press, 2002, p. 4.

⑤ Margaret Atwood, "'In the Heart of the Heartland.' Rev. of *The Echo Maker*, by Richard Powers", *The New York Review of Books*, 16 May 2008, http//www. Nybooks. com/articles/19712.

克"错觉综合征"这一"罕见"的医学病症旨在喻指"后9·11"时代美国社会乃至全人类中极其"普遍"的自我认知断裂、情感缺失、生存焦虑状态。正如卡琳所恐惧的，"人们依旧沉迷在妄想之中""整个人类都罹患了双重错觉综合征。"[①] 本章后两节将从后现代现实主义视角来审视这部佳作。

第二节　灵魂丧失的错觉综合征

比起现实主义和现代主义作品中的人物，后现代主义小说中的人物具有更多的虚幻性、变化性、破碎性和不确定性。《回声制造者》中的主人公们，即马克、卡琳和韦博，都生活在虚幻的、双重错觉的后现代现实之中。鲍尔斯采用了多角度平行叙事的表现手法塑造性格迥异的三个形象，借助他们的故事，将事实与虚构相结合，并通过不确定性的语言符号系统构建虚拟世界，以折射生活在后现代世界中的美国人民及整个人类被类象和虚假需要的极权社会所操控的零散、混乱、虚假的生活。

一　马克："无我""非我"

美国当代重要的马克思主义批评家弗·杰姆逊（Fredric Jameson）对后现代主义无我性特征做了深刻阐述：

"无我性"指的是后现代主义文学中主体的消失。主体作为现代哲学的元话语，标志着人的中心地位和为万物立法的特权。然而，在后现代主义中，主体丧失了中心地位，已经零散化，而没有一个自我的存在了。"我"这一概念也仅仅成为语言所构成的影像。（……）另一方面，后现

---

① ［美］理查德·鲍尔斯：《回声制造者》，严忠志、欧阳亚丽译，译林出版社2009年版，第403页。

代人在紧张的工作后，体力消耗得干干净净，人完全垮了，这是一种非我的"耗尽"（Burn out）状态。（……）在这种后现代主义的"耗尽"里，人体验的也不是完整的世界和自我，相反，体验的是一个变了形的外部世界和一个类似"吸毒"一般幻游的"非我"。（……）这样的人没有了自己的存在，无法感知自己与现实的切实联系，无法将此刻和历史乃至未来相依存，无法使自己统一起来。这是一个没有中心的自我，一个没有任何身份的自我。①

后现代主义的"无我性"和"非我性"在马克·施卢特身上被表现得淋漓尽致。车祸前的马克虽然认知清楚，但也是活在一个充斥着电子复制和后现代类象的虚幻世界里，生活毫无真实可言，是一个"被现代物质主义逻辑和消费文化异化的典型"②：童年中的他总在与自己幻想中的朋友瑟曼先生聊天，以避开宗教狂热的母亲与有极端暴力倾向的父亲；成年后的生活每天最喜欢的就是上网，痴迷于各种各样的卡车和赛车活动，"心里想的只有修理汽车和玩电子游戏。一种新游戏他可以连续玩二十四小时，甚至不起身上厕所"。③ 他从千里之外邮购组合式房屋"家庭之星"，消费着美女海报和摇滚音乐等大众文化产品，迷失在毒品和电子游戏制造的虚拟现实世界之中。一无所成，把自己所有的积蓄都花光，"这就是人们所称的逃避不稳定家境的行为"。④ 正如小镇上的人们所说，即使不是车祸，在那种缺乏爱的环境下成长的马克也会发生类似的祸事。

车祸后的马克患了"双重错觉综合征"，认为姐姐卡琳被一个长相举止酷

---

① 陈世丹：《美国后现代主义小说详解》，南开大学出版社 2010 年版，第 46 页。
② 刘丹：《重建"真实"——〈回声制造者〉的后现代生态思想解读》，《当代外国文学》2014 年第 2 期。
③ ［美］理查德·鲍尔斯：《回声制造者》，严忠志、欧阳亚丽译，译林出版社 2009 年版，第 158 页。
④ 同上书，第 163 页。

似她的机器人或冒名顶替的特工所取代，亲姐姐肯定是被这个冒名顶替者绑架甚至谋杀了。随着病情的恶化，他甚至相信不仅姐姐卡琳是假冒的，就连他的爱犬、房子、家乡小镇以及他的朋友们也是冒名顶替者，"内布拉斯加的卡尼在马克眼里就是一个巨大的复制品，一件实物大小的复制品"，他"肯定处于大范围监视之下"，只是他一直想不明白自己"为什么变得如此重要了"①。尽管卡琳努力帮他回忆只有姐弟俩才知的家庭往事，但失去自身"历史"记忆的他不论重新发现多少自己的青春岁月，始终无法将他的过去与现在融为一体。与身份认同相关的叙事通常建立在某种记忆之上，这是因为当个体对自己的身份认同有不安感时，很容易说，我是×××并且我从来都是×××，而用来支撑这一论点的证据，自然会是个体的记忆。然而，"双重错觉综合征"彻底割裂了他与过去的联系，过去的记忆对他而言是碎片式的、虚构的，他无法将零散的种种拼接成完整的自我，呈现出了后现代式的自我身心肢解式的零散化，成了一个没有身份的人，只能在不确定的自我身份中虚构周围世界，给自己营造一种虚幻的现实。

失去自我的马克终日处在焦虑与惶恐不安之中，当所有努力都无法奏效，在他看来"没办法让事情回到正确轨道上去"之后，他半夜给卡琳打了个疯狂的电话，无奈地宣布了自己已经死去，在手术台上就已死去，只是医生们都没有注意到。"未被认可的死亡：对与他人隔绝开来的感觉的唯一可能解释"②，衍化为极端形式的双重错觉综合征的马克"比觉得自己仍然活着时好一些"，没那么焦虑了。如果说他之前的诸多努力是为了与过去的自我建立连接的话，如今的他已经完全摈弃了过去的自己，旧的马克已不复存在，也不会再被找回。

---

① ［美］理查德·鲍尔斯：《回声制造者》，严忠志、欧阳亚丽译，译林出版社 2009 年版，第 230 页。

② 同上书，第 459 页。

戏剧性的是，当马克宣告自己已死之后，他却意外得知自己车祸的真相：他唯一信任的护工芭芭拉并不是他以为的来拯救他的天使，相反，他当晚是为了躲避试图自杀的她才出了车祸，他才是拯救他人的天使。后现代主体的身份从来没有确定的同一性，在同一时间一个人可以拥有不同的身份，身份也不是恒定不变的，由此引发的身份认同自然也就混乱无章了。马克从一个典型的年轻人到认知混乱、记忆丧失的双重错觉综合征患者，再到他人的拯救者之间身份的转换，说明了后现代社会一切都是不确定的，永远处于解构和重构的状态中。

二 卡琳：确定自我的丧失

如果说马克的身份认同是建立在自身对外界的感知基础上的话，卡琳的身份认同则主要来源于亲密关系，特别是弟弟马克对她的依赖与需要。所以，当处在妄想状态下难辨真伪的弟弟无法接受卡琳时，他的质疑也逐渐成为一面镜子，折射出她的自我怀疑与矛盾、对自我存在意义的不确定性。

马克出车祸前，卡琳就一直生活在对自己身份的困惑之中，就像鲍尔斯笔下的其他人物一样，挥之不去的孤独感和碎片感始终伴其左右。这主要和家庭环境有关：姐弟俩出身于社会最底层，有着非常不快乐的童年，父母都心绪狂乱——父亲酗酒、性格狭隘偏执、崇尚家庭暴力，将大学教育视为一种巫术，而母亲冷漠地执着于自己狂热的宗教信仰，姐弟俩缺少应有的家庭温情和关爱。卡琳就长姐如母般地一直呵护着弟弟长大，教他走路，陪他玩游戏，督促他参加各种兴趣活动，是马克度过青少年阶段的唯一希望。正如她不停教导他"人喜欢给自己（更多）安全感的人"[①] 的格言一般，她需要"被需要"，希望满足他人的期望。在马克眼里，她人生"只需要两样东西：

---

① ［美］理查德·鲍尔斯：《回声制造者》，严忠志、欧阳亚丽译，译林出版社2009年版，第29页。

爱好，并且说我干得不错"。①

当马克找到自己的兴趣所在，逃脱了对她的依附后，她发现自己没有什么可以帮他的了。实际上，她意识里对这样的家庭关系感到压抑和排斥，想逃离这个没有温情的原生家庭，试图摆脱旧的身份，寻找新的自我。几度辗转，多次更换工作，想要实现自己职业女性的梦想，但一直以来都生活在无所适从的无根状态中。终于"她的生活不再误导她了"②，她在苏兰德市拥有了一份能胜任的从事客户关系的工作，有了一套一居室的公寓，和一个似乎愉快的微妙关系随时可能得到进一步发展的对象——有夫之妇卡什。她希望按照别人的期望来生活，追逐着大城市中世俗眼光下的成功，引以为傲的似乎是成为后工业时代机器上的一个"零件"。"肉体可以战胜孤独，然而，还有心灵需要抚慰③"，她总觉得自己每天戴着一副面具生活在一个陌生的世界中，好像是在过着别人的生活，而不是她自己的——她一直是让弟弟失望的人，一直辜负他的期望，"流浪女，背叛者，守财奴，自命不凡、希望成为中产阶级的人，好高骛远的人"④。最重要的是，她感觉"苏兰德市没有谁需要她"。这种不被需要所带来的安全感缺失与受挫让她义无反顾地放下自己体面的都市生活，重回让她一度觉得耻辱的小镇，尽管她抱怨着"她曾经挣脱了这个世界的束缚，现在却躺在连绵不断、灰蒙蒙的薄雾之下"⑤，返回被束缚的弟弟的守护者状态，但"她内心深处有着某种愿望，她珍视这次能够重新照顾他的机会"⑥，坚信自己能让他康复起来，再带着他到其他地方去一起开始他们的生活。

---

① ［美］理查德·鲍尔斯：《回声制造者》，严忠志、欧阳亚丽译，译林出版社2009年版，第353页。

② 同上书，第15页。

③ 同上书，第30页。

④ 同上书，第396页。

⑤ 同上书，第392页。

⑥ 同上书，第24页。

出乎意料的是，醒来的马克完全不认识她，还把她当作冒名顶替者，当成隐身人和毫无价值的东西，仇视、辱骂她。马克的质疑击碎了卡琳守护者的旧身份，让她开始困惑"我到底是谁"，觉得"自己的人生弧线失去了方向"，"未来的岁月崩溃了"①。更令她感到焦虑的是马克的病情不仅没有好转，反而日益恶化；护士芭芭拉取代了她从前的位置，成为马克新的依赖对象。这种失去生活价值、不被需要的无助感让她不禁对男友丹尼尔怒吼自己快要崩溃了：

> 我为他做一件小事，都对他造成伤害。他看见我心情就变坏。他希望我消失掉。我心力交瘁，身无分文；而且在你看来，我行为轻率，我已经六个星期没有睡好觉了。他让我觉得，我是隐身人，是病毒，是毫无价值的东西。②

这种崩溃感让她开始觉得恐怖，弟弟的敌视甚至使她开始怀疑自己是否真的是个冒名顶替者，因为"如果她不再是马克眼里假冒的卡琳，她有可能是谁呢?"③

卡琳在孤独和焦灼中再次试图寻找新的自我，并把希望放在了男友丹尼尔身上。然而，除了投身于自然保护、与世无争、不看电视、没有电脑、过着苦行僧生活、"超越人类的圣徒丹尼尔"，虽然让她觉得是个非常完美、是她在今生今世可能遇到的最好的男人，却让她开始自惭形秽地恐惧："他充满失望和怀疑的一瞥，他那种不断追求更有价值、更光明的东西的做法，他具有牺牲精神、长期忍受痛苦的美德……这一切正在慢慢让她窒息。"④ 这种无

---

① ［美］理查德·鲍尔斯：《回声制造者》，严忠志、欧阳亚丽译，译林出版社2009年版，第282页。

② 同上书，第336页。

③ 同上书，第337页。

④ 同上书，第332页。

处安放的自我分裂状态，甚至让她丧失了区别自发情感与伪情感的能力，被变态的情感所支配，尽管她想起母亲去世前一天的警告："哪怕老鼠也不会两次跳入同一个陷阱"[①]，可她还是瞒着丹尼尔又开始与自私贪婪的成功商人卡什发生暧昧关系。对于这个具有"一半是传道者的语气，一半是色情电话员的语气"的声音的已婚功利男人，"她实际上并不需要他，需要的只是某种形式的证明——弟弟不会把他拖入脑部损伤的未知王国之中去"，心里明明清楚与卡什的"爱"是种交易，更多的是种性欲，10 年所积蓄的强烈感觉是"愤怒和渴望、内疚和愤恨、怀旧和疲惫"[②]，明知他是个不断计算着成本与收益的商人，却对他的伪情感难以自拔，误将他视为最懂她心思、唯一知道她致命弱点的人，一个可以让她回到真实自我的人。但正是这个男人嘲笑着那份逐渐驱逐掉她内心空虚的鹤类保护区工作的意义，坚持商业区扩建，在和她聊着正事时眼睛也在说："我们找个地方吧。找个房间。有二十分钟就行。"她开始了有种看透过去与未来的虚无感：

> 她有一种虚无的感觉，这种虚无感充满她的躯体，让她振奋。她一动不动地站着，无法让自己停止摇头。"为了你，我抹去了自我。"她弄不明白，她竟然这样做了；她弄不明白，她有可能还会这样做。她望着他，寻觅她的过去。"你觉得你过去了解我。你觉得你现在了解我！"多年之后，她可能在街上与她对面而过，连窥视一下的想法也没有。卡什也是如此，他会像个模仿性双重错觉综合征患者，不承认任何事情，站在那里咧开嘴巴笑着，仿佛他刚刚用一只烂苹果来贿赂了小学教师。[③]

可见卡什也仅仅是卡琳逃避内心孤独和恐惧的临时避风港，是为了找到

---

① ［美］理查德·鲍尔斯：《回声制造者》，严忠志、欧阳亚丽译，译林出版社 2009 年版，第 340 页。

② 同上书，第 51 页。

③ 同上书，第 486 页。

自我的一种依附，结果只是在病态的爱中异化自我，迷失自我，甚至背叛了丹尼尔他们的鹤类避难所，透露了他们对抗卡什商业扩展的计划。她终于明白了弟弟认不出她的原因了：

> 她已没有什么可以识别的特征了。她已被扭曲得面目全非了。一个小小的欺骗行为重叠在另一个欺骗行为之上，直到连她自己也无法说出她的状态，说她在为谁工作。她推诿、否认、谎言相对，她甚至对自己隐瞒事实。对所有的人隐瞒所有的事情。她同时兼做天然资源保护工作和房地产开发工作。

痛定思痛，"她微不足道，微贱无名"，她终于下定决心必须改变她的生活，"从她污秽的巢穴中挽救出什么东西——任何东西，最微不足道、单调、低级的东西，只要它是不妥协的、狂野的"①，虽然采取措施太晚，相信虽然她无法挽救弟弟，但是，她仍然可以挽救自己。此时的卡琳思想有了翻天覆地的转变，透过新的世界观认清了以卡什为代表的实利主义者的贪婪与疯狂，"从一个盲目顺从，没有灵魂的'物理躯壳'蜕变为一个有着道德自觉和理性怀疑能力的'人'"②，也终于在丹尼尔坚定无私的爱和奉献中感受到了灵魂的力量，开始听从内心真实情感的召唤，意欲重新构建自我身份。

三　韦博：如履薄冰的自我怀疑

应卡琳恳求前来医治马克的认知神经学专家韦博·杰拉尔德的生活状态，经历了从虚幻自满的巅峰到跌落至幻灭低谷的戏剧化的转变。他曾经一直非常满足于自己那着力于研究"大脑令人困惑的可塑性和神经学无休止的无知

---

①　［美］理查德·鲍尔斯：《回声制造者》，严忠志、欧阳亚丽译，译林出版社2009年版，第471页。

②　刘丹：《重建"真实"——〈回声制造者〉的后现代生态思想解读》，《当代外国文学》2014年第2期。

状态"的成功的事业和幸福的家庭生活，可这一切后来被证明只不过是虚幻的表象，只是世人给他强加的标签和符号而已：对马克的失败治疗，卡琳对他是否真的是那个履行他所号称的受过所有良好训练的医生、全国知名的脑科专家，抑或只是个沽名钓誉的冒牌货的怀疑，社会对他的专著、研究的抨击，让韦博陷入了自我怀疑的情绪之中。

前半生的韦博生活在自满的虚幻世界里。在公众视野中，他是全国知名的脑科专家，从事着自己喜欢的神经学科的研究工作，并以患者的症状和治疗方法为例出版了三部"作者讲话的口气就像某位具有大师气质的未来智者"①、"对人类大脑的充满想象的勘察之旅，哲人能力的巅峰之作"②的专著，撰写了大量关于知觉过程和认知集群的著名文章，两本面向大众的神经心理学著作被翻译为十几种语言，在众多的读者中颇负盛名，享受着"伟大的杰拉尔德"的社会声誉和名望；学校里他是有着30年教龄、挂牌名校的认知神经学教授，享受着学生和同事的尊敬和崇拜；生活中他与理解他、支持他的妻子西尔维享受着"具有坚实基础的伴侣之情"③，每天回家都迫不及待地互相分享对病例的评估意见，就算已婚30年依然有持续的肢体接触，每天的一个亲吻动作依旧可以传达丰富的意义；而在同样是优秀科学家的女儿眼中他是一位慈祥的父亲。

可是，一切只是表象。他总是觉得内心不安，无法忍受同性恋女儿，有时看着妻子脑子里却发出"这个女人是谁？"的疑问，生活中的满足感和幸福感似乎是虚无缥缈的。他开始夜不能寐，焦虑不安，不能不关注公众的评价，因为他心里清楚自己为了金钱和名誉，他的著作更信仰的不是占主导地位的医学知识，而是迎合大众讲述人们的亲身经历，甚至不惜放弃道德原则去拼

---

① ［美］理查德·鲍尔斯：《回声制造者》，严忠志、欧阳亚丽译，译林出版社2009年版，第109页。

② 同上书，第115页。

③ 同上书，第156页。

凑和杜撰病例，因此，这种有着侵犯病人隐私、主要建立在社会主流认同感上的自我身份认同也就摇摇欲坠，批评他研究方法陈旧、侵犯患者隐私、质疑他研究目的、用词严苛的书评犹如撕毁了他的面纱，让他直视一个虚假的自己。更可怕的是他感觉自己江郎才尽，"他正在经历痛苦，或许是达到职业巅峰产生的悲哀。在很长——超过了他应有的时间里，他对自己下一步将要撰写哪个方面的著述非常清楚。如今，看来一切题目都完全穷尽。"① 开始担心自己从巅峰走下坡路的韦博在这个关键时刻收到了卡琳的求救邮件。意料之中，马克在他眼中不是病人，只是特殊病例，是个能让他事业再攀高峰的机会；正如他自己所承认的，他决定去为马克治病的动机并不是出于同情或责任，而是功利的驱使，为了重整旗鼓，把他作为自己研究的新课题，然后写进他的新书里，填补他医学研究的空白以作为销售的亮点。

然而，马克病情的复杂度完全超出了他的意料。他无奈地对妻子坦白："看看他的行为，我就觉得自己了解的有关意识活动的全部知识顿时化为乌有。"② 他开始被自己的研究出现严重错误、毁坏了最近20年来的全部研究成果的梦魇缠绕，日益恐惧，试图"将夜里的荒诞梦魇从心灵中释放出去"，然而"他总是想到一连串模糊不清的谴责"，辗转反侧后终于弄清他的感觉是"羞耻"③。他开出的唯一处方——认知疗法——帮了倒忙，马克的双重错觉得综合征越发严重。后来他悲哀地意识到除了给马克化学药物外，再也无能为力。对马克症状的无能为力加深了韦博对自身"神经学方面的机会主义者；侵犯隐私、不务正业的剥削者"的质疑④，意识到"必须面对剥去所有包装的自己的灵魂"，而发现自己过去的身份和他创造的病例一样都是虚构的谎

---

① ［美］理查德·鲍尔斯：《回声制造者》，严忠志、欧阳亚丽译，译林出版社2009年版，第118页。

② 同上书，第172页。

③ 同上书，第192页。

④ 同上书，第317页。

言："是什么触发了这种长期欺骗行为中觉醒的感觉？（……）他从未像现在这样怀疑过自己（……）本以为我可以帮助她，这种想法完全是自恋（……）我还有什么能耐？（……）世界上的大脑科学对他有什么用处？骄傲自大（……）一种诈骗行为。"①

　　除了不断诘问自己的良心、职业道德和伦理价值，韦博慢慢发现现实生活中，妻子实际上根本不理解他，"他已经是西尔维无法辨认的人了"，他甚至不敢告诉她"所有现在确信的东西：他的著作中包含的根本不道德性（……）这六个字眼可能会让他们两人更快完蛋"。② 婚姻危机让他开始迷恋起神秘莫测、令他难以琢磨的芭芭拉。在过去漫长的岁月里，忠诚的杰拉尔德偶尔也会触及背叛的边缘但最后都及时保住了底线，可是对于芭芭拉，他却渴望着"以通常的调查表形式，研究让她崩溃的原因，了解他自己觉得她那么熟悉的原因"③，"希望解读她，看到她的内心世界，了解她的过去和人生阅历"。可他又无法准确重构芭芭拉的任何一个特点，他也不知道自己的妻子是谁，已分不清楚真实与非真实的界限——韦博自身也陷入了"双重错觉"的虚幻世界中来了：

　　　　他突然发现，他杜撰了内布拉斯加州。整个故事是以一种混合体裁——一种以新闻体面貌出现的道德剧——创作的访谈录。他没有对在那里遇到的任何事情的可靠记忆，他无法准备重构芭芭拉的任何一个特点，更别说她的相貌了，然而，他却无法停止总结和她有关的重新找到的记忆——它们非常具体详细，他有可能发誓说，它们是如实记录的数据。

────────────

　　① ［美］理查德·鲍尔斯：《回声制造者》，严忠志、欧阳亚丽译，译林出版社 2009 年版，第365—366 页。

　　② 同上书，第414 页。

　　③ 同上书，第425 页。

对他自己妻子的生活，他知道些什么呢？她不是他妻子时又是谁？①

韦博的状况可以用鲍德里亚"超真实"（Hyporeality）这个概念来解释："真实"只是人们杜撰出来聊以自慰的一个概念而已②。当这个"超真实"的美好虚像被打破后，"自从他不再相信他的工作以来，他第一次看清妻子，看得真真切切"，妻子不再是之前甜美可人的模样，他看见她两眼下出现的皱纹和失去活力的下唇，惊骇于"她是什么时候变老的？"在她"退缩的目光里，他看到了自己给她带来的恐惧"。他不得不承认"她无法理解他。她已经失去他了"。③他再也无法"自由地扮演自己，自由地冒名顶替，自由地即兴表演"，他花费很少时间做出了去回忆他的过去的决定——"这一切在数月之前就已经化为灰烬了，他现在甚至无法假装这个角色了，甚至连他妻子也不会再相信这种表演了。"感觉出"确定存在一种变得微贱无名的需要"，抱着某种破罐子破摔、直视现实的心态，"他愿意让自己走下坡路，堕落下去"④，他越过了雷区，与芭芭拉出轨，"他已经放弃了自己，这种愉悦无法言表。没有什么作家，什么研究者，什么讲演者，什么丈夫，什么父亲"。⑤他也不再掩饰自己，"只希望她看到他真实的一面——空洞的，难看的，失去了权威的。没有完全设防，与任何其他的人没有什么两样的。"⑥

然而，这样的"真实"释放也只是暂时的，释放后"他想要的只有空白：抹去他已经做的事情，抹去他正在做的事情"⑦，小说结尾时他迫不及待地想

①　[美]理查德·鲍尔斯：《回声制造者》，严忠志、欧阳亚丽译，译林出版社 2009 年版，第 426 页。

②　S. Best, *Postmodern Theory: Critical Interrogations*, Houndmills: Macmillan, 1991, p. 120.

③　[美]理查德·鲍尔斯：《回声制造者》，严忠志、欧阳亚丽译，译林出版社 2009 年版，第 470 页。

④　同上书，第 494 页。

⑤　同上书，第 496 页。

⑥　同上书，第 497 页。

⑦　同上书，第 502 页。

回家，尽管不抱希望，可还是需要妻子能在目的地等着他。

四 结语

《回声制造者》中的这三位主人公承受着自我修建—解体—重建—再解体的过程，其中的结局都是未知数：马克是否能完全康复、恢复记忆？卡琳能否从鹤类保护区的工作中找回自信与自我？韦博在婚外出轨后能否与妻子重归于好？在全面否决了自己几十年研究的价值之后他又如何重建自己的工作意义？他们自我身份的认同危机呈现出了后现代的不确定性。实际上，正如韦博曾深有洞见所指出的，"没有自我不自欺"①，不仅他们觉得自己生活在虚幻的非真实的世界中，整个后工业时代中的人类社会都是如此：商业上尔虞我诈，美国知名大企业安然公司、世界通讯公司被爆出高达万亿美元骗局的丑闻；美国政府试图隐瞒自己实为"国外石油战""信仰追逐资源"②的反恐战争，电视里却不停播放着小布什为伊拉克战争装腔作势地进行虚伪辩护的新闻；整个社会成了"单一向度"的极权社会，出于统治的目的，资本主义社会通过科技理性控制下的报纸、电视、电脑等宣传媒介控制人们的意识和思想、消费、制造并满足人们的虚假需要，使处于后工业时代的后现代社会的真实演变成"自欺"与"愚弄别人"的符号、类象和复制品。

韦博的妻子西维尔在工作了一辈子即将退休的时候才恍然大悟："她一辈子从事的神经科学研究证明，符号是真实的。除了符号之外，没有其他的生活场所。"③ 她一针见血地评价道，"我们生活在集体催眠时代"④，不确定性渗透到了后现代社会人们的所有行动和思维中，并构成人们实际面对的世界的最基本的境况。作为曾经的资深老道的记者，芭芭拉哽咽地对韦博说道：

① ［美］理查德·鲍尔斯：《回声制造者》，严忠志、欧阳亚丽译，译林出版社 2009 年版，第 358 页。
② 同上书，第 453—454 页。
③ 同上书，第 354 页。
④ 同上书，第 269 页。

"马克是对的。整个地方都是一个替代品。我的意思是，在这个国家，你能识别出来任何地方吗？"① 整个国家犹如后现代小说用语言游戏制造出来的虚幻文本，如何在这开放的、未完成的文本中"解读使这种符号组合获得了某种意义"（陈世丹，2010：5），挖掘真实性，实现丧失灵魂的救赎，这是后现代人类需要严肃思考的问题，也是下一小节的论述要点。

第三节　灵魂救赎

"9·11"事件所造成的巨大冲击迫使当代美国作家纷纷从沉迷于文字游戏的后现代主义转向了新现实主义的创作实践，从而宣布了后现代文学时代的终结。鲍尔斯无疑是后现代现实主义（新现实主义）的典范：他的作品把后现代主义和传统现实主义这两大阵营完美地结合起来，"其中既有品钦、加斯等人的跨学科写作、大胆文字创新、人物的自我反省等后现代特色，同时又具备厄普代克、契弗等传统现实主义作家的特色：主题宏大、人物众多、故事完整等"②。笔者认为，《回声制造者》也基本参照了作者的理论定位，兼具后现代主义的大胆试验和创作方法，如拼贴、双情节、多重叙事、非线性时空概念等，和现实主义传统的双重特征，即直击社会现实问题，包括"后9·11"创伤和生态保护问题，体现作者对现代人命运的终极关怀，集作家使命与艺术创新于一体。从后现代主义视角阐释"后9·11"时代美国人的灵魂迷失只是策略，直击灵魂的生态救赎途径才是归旨。

---

① ［美］理查德·鲍尔斯：《回声制造者》，严忠志、欧阳亚丽译，译林出版社2009年版，第432—433页。

② 段军霞：《理查德·鲍尔斯的后现代现实主义书写》，《甘肃社会科学》2013年第4期。

一 直击生态之殇

在对鲍尔斯的访谈录中，他强调了作家的社会使命感，生态破坏、环境污染就是他一直关注的部分问题。

《回声制造者》的小说结构彰显了作者的生态意识：小说每部分在讲述人物的故事之前，鲍尔斯都首先描写沙丘鹤的故事，包括它们的生活习性、迁徙规律、生殖繁衍、所面临的威胁、所遭遇的杀戮等等，甚至花大量篇幅总结古往今来世界各国文化中鹤的象征意义。小说五大部分的开端都引用了生态伦理学名著，与故事内容交相辉映，突出作品的生态主题。如在小说第一、三、五部分之开篇，鲍尔斯引用了劳伦·埃斯利（Loren Eiseley）的《无尽旅程》与《夜乡》。他是美国著名的散文家、哲学家、教育家和自然主义者、一系列生态学家的代言人。鲍尔斯不仅直接引用埃斯利的著作，还安排小说中的人物阅读这本生态名著，韦博就曾无意之中发现巴巴拉在他的《无尽旅程》；小说第二和第四部分，鲍尔斯引用了李奥帕德的《沙郡年记》。李奥帕德是位生态哲学家，被誉为"现代环境伦理学之父"，新环境保护主义运动的"先知"，"发展生态中心主义环境伦理学最有影响的大师"，他的《沙郡年记》主要讲述大地伦理学和深生态学，"在环境保护圈子里几乎被视为一本圣经"，是"现代环境主义运动的一本新圣经"[1]。此外，其他生态学名著如薇拉·凯瑟的《我的安东尼亚》也出现在小说中。这些生态名著也是人物之间相互沟通、交流思想的桥梁：有着深生态思想的环保人士丹尼尔不仅自己对《沙郡年记》爱不释手，把它视为环境保护事业的"圣经"，还把它介绍给车祸刚刚苏醒的马克，而马克又把它推荐给了芭芭拉；韦伯也跟随马克阅读了《我的安东尼亚》，对这部取材于内布拉斯加大草原的生态名著感慨万千，可见生态思想正在逐步影响更多的人。

---

① 雷毅：《生态伦理学》，陕西人民教育出版社 2000 年版，第 124、143 页。

　　鲍尔斯的生态意识与忧虑更多体现在故事情节之中：沙丘鹤的故事与人类的故事平行发展，沙丘鹤的命运与人类的命运紧密相连。在鲍尔斯看来，沙丘鹤像人类一样，是大自然中的一员，同样享有生存与发展的权利，所以"人类要与自然和谐相处，首先应该承认和尊重自然万物自身的存在价值和生存发展权利，应该像爱护和保护同类那样去爱护和保护自然万物"[①]。在作者眼里，沙丘鹤实乃人类的近亲："那些鸟儿翩翩起舞的动作就像人类的最近亲属，模样就像人类的最近亲属；它们呼叫，表达意愿，生儿育女，在飞行中确定方位，这一切都像人类的血亲。在它们的身体组成部分中，有一半仍然和人类的类似。"[②] 它们甚至比人类更高级。它们有着惊人的记忆能力：

　　　　这些鸟儿具有某种特殊的功能，在父母带领它们迁徙之前，就有能力找到数百年前确定的飞行路线。每一只鹤都记得未来的飞行路线。

　　　　它的身体是一张地图，记录着它曾经到过的地方——今生今世和出生之前到过的地方。沙丘鹤曾经来过这片浅滩，幼鹤知道怎样回来。下一年的这个季节，它会飞越千山万水，回到这里来配对，繁衍后代。后年它会重新来到这里，让它自己的幼鹤记住这张地图。于是，又多了一只鸟来回忆鸟儿们记住的东西。[③]

　　所以，正如《回声制造者》中的鹤见证了马克的车祸一般，它们也是人类历史的见证，"当我们听到鹤的鸣叫时，其实我们听到的不仅仅是鸟叫声，它是我们无法驾驭的过去的见证，也是那不可思议的漫漫岁月的象征，这些漫长的岁月又是生物和人类生存环境变迁的见证"。[④] 鸟类一直代表人类的灵

---

①　王诺：《欧美生态文学》，北京大学出版社2003年版，第240页。

②　［美］理查德·鲍尔斯：《回声制造者》，严忠志、欧阳亚丽译，译林出版社2009年版，第403页。

③　同上书，第1、513页。

④　［美］阿尔多·李奥帕德：《沙郡年记》，岑月译，上海三联书店2011年版，第82页。

魂："鹤是灵魂，这些灵魂曾经是人类，多年之后可能再次来到人间。或者说，人类是灵魂，这些灵魂曾经是鹤，将来重聚时可能再变为鹤。"① 而在大自然变迁的历史长河中，人类仅仅是匆匆过客："在人类将自己毁灭数百万年之后，猫头鹰的子孙将会把夜晚编成管弦乐曲。没有什么东西会记住我们人类。"②

然而，小说中的人们并没有意识到鸟类于人类的寓意与意义，"整个人类都罹患了双重错觉综合征"，认不出它们，"人类却将它们置之一旁：冒名顶替者，至多是人们无意识注视的一个奇特景观"。③ 这是卡琳在鹤类保护者与开发商辩论听证会上脑海里冒出的念头。以卡什为首的开发商们显然是"人类中心主义"的无耻信徒和践行者，为了眼前利益，挖空心思地与鹤群抢夺所剩无几的普拉特河水，剥夺鹤群最起码的生存需求，并有可能导致其丧失家园甚至灭绝，完全不顾鹤群和地方生态的安危。尽管以丹尼尔为首的自然保护主义者据理力争，苦口婆心地对人们诉说着破坏大自然就等于破坏人类自身的道理，但最终还是前者大获全胜，"保护自然的目的正是为了让人们欣赏"的谬论竟博得在场许多"生态短视"的听众的认同，支持他们打着开发生态旅游的幌子，"以有利于生态环境的方式将他们（游客）引入建筑物之内，使他们融入自然景观之中"，让他们"具有更多的保护野生动物的意识"来掩盖他们野心勃勃的兴建动物园和水上公园的商业开发计划。

李奥帕德的"大地伦理"认为："一件事情，当有助于保护生命共同体的和谐、稳定和美丽时，它就是正确的；反之，就是错误的。"④ 当人们无视已经濒临崩溃的生物社会，被开发商们论证所表现出来的"幽默感、风度、无

---

① ［美］理查德·鲍尔斯：《回声制造者》，严忠志、欧阳亚丽译，译林出版社 2009 年版，第212 页。

② 同上书，第 513 页。

③ 同上书，第 403 页。

④ ［美］阿尔多·李奥帕德：《沙郡年记》，岑月译，上海三联书店 2011 年版，第 265 页。

限量的预算经费、经验和见识、潜意识的诱惑性"所诱惑，而对丹尼尔他们揭露的"内疚和事实"采取掩耳盗铃的态度，默许他们的所作所为明显威胁到生态系统的整体利益，明显是错误的，也是鲍尔斯所谴责的。

二　呈现失控的"后9·11"国家与自我

鲍尔斯对人类记忆与自我的反思并非止于鹤类保护的视角，还把它与"9·11"之后的社会状态、民众心态联系起来。

在小说里，恐怖袭击和正在进行的所谓反恐战争如阴影般与几位主人公紧紧相随。马克车祸的罪魁祸首芭芭拉曾心神不定于"她所属的物种正在变得狂乱，现在的情况比以往任何时候都糟糕，人人自危"[①]，小说里也有多处这样的描述："9月来临，后来出现了多次袭击。"马克与他的"三人帮"朋友和世界上的其他人一样，"也经历了没完没了的、往往在电影中才能见到的慢动作疯狂场面。在居住在中部平原的人们眼里，纽约是飘浮在远处地平线上的一片黑色羽毛。军人加强了对金门大桥的警卫"，"到了冬天，美国动用武力，打击各处目标"[②]，马克嘟囔报纸上的阴谋越来越多，意识混沌的他在捉摸自己车祸起因时不禁幻想是有个恐怖分子搭上了他的车，在数月之后试图攻击某种真正具有美国特征的东西，所以在他挨家挨户询问关于纸条的字谜时，有人一直探头探脑地监视着他；而韦博和妻子抱怨乘坐飞机旅行"已经成为很麻烦的事情"，"在登上飞机之前，实际上得脱光衣服接受检查"[③]，一大早出来散步还要担心会不会有流浪嫌疑而被捕；当他邀请马克一起去纽约时马克满脸惊讶地质问："纽约？什么呀，你要我坐飞机掉下来？"在马克眼里，纽约"出现了炭疽病，弄得人心惶惶"，可是其他地方也不见得更安

---

① ［美］理查德·鲍尔斯：《回声制造者》，严忠志、欧阳亚丽译，译林出版社2009年版，第507页。
② 同上书，第247页。
③ 同上书，第122页。

全，"他们可以打击你，无论你在什么地方都防不胜防"。① 主流媒体不断地还原恐怖袭击原景、人心惶惶的场景跃然纸上。"后来，开始轰炸阿富汗。奥马哈的一名新闻主播宣称，现在是还债时期，国会中回响起冷酷无情、众口一词的赞同声"，总统发表了追杀恐怖主义分子的国情咨文②。《爱国法案》一出，群情激昂，车祸发生之前两周，马克也报名参加了国民警卫队，"他讲话的声音与往常判若两人，充满自豪，更加从容，仿佛他已经是士兵了"③。然而，车祸发生了，"他的爱国之旅随之结束"。在小说末尾，韦博再次发现周围"弥漫着浓重的战争气氛"，感叹"他所属物种的某种东西已经失去控制"，正如卡琳姐弟俩所说，整个政府都失去了控制。他觉得马克说得很对："与意识的这种不断消失的行为相比，双重错觉综合征更真实。"④ 小说借韦博课堂直言，"9·11"事件让某些美国人或执拗于受创的恐怖记忆不能自拔，或陷入自欺欺人的记忆不肯反省：

> 今天，我们讲了两种迥然不同的缺陷，两个截然不同的人的故事：一个人无法变为他下一个连续的自我；另一个陷入这样的自我却无法自拔。一个人被锁闭在新记忆之外；另一个人却过于容易地制造这样的记忆。我们认为，我们理解自己所处的状态，但神经学的种种知识告诉我们，我们并不理解。我们认为自己是统一的、具有独立自主地位的国家，神经学却提示说，我们是盲目的元首，被困在总统套房之内，听到的只有经过专门挑选的顾问们的意见，而整个国家却正在特定的动员行动中风雨飘摇……⑤

---

① ［美］理查德·鲍尔斯：《回声制造者》，严忠志、欧阳亚丽译，译林出版社 2009 年版，第 352 页。

② 同上书，第 247 页。

③ 同上书，第 248 页。

④ 同上书，第 519 页。

⑤ 同上书，第 422 页。

芭芭拉对韦博说，整个美国，"整个地方都是一个替代品"①，在这个国家，已经没有可以识别出来的地方。美国政府拒不承认美国宪法中"人被上帝创造时是平等的"，就入侵他国领土的行为提出了稀奇古怪、自圆其说的妄想式辩解，套用韦博的话来评价这种说法："没有自我不自欺"，"自我的整个目标是自我延续"，"撒谎、否认、压抑、虚谈：这些并不是病变，它们是意识试图保持完整的表现"②。

显然，在这个"群体催眠时代"，美国的"自我"出现了问题。鲍尔斯在谈到《回声制造者》的创作时曾说："这本书主要探讨旷日持久、无法避开、沦入昏乱状态的过程"，旨在"展示人们试图形成的关于世界和自我的实在、连续、稳定、完美的叙事的一个侧面。"所以有别于其他的部分后现代主义作家，鲍尔斯的小说在反映科技异化、生态破坏、自我迷失的同时，对于环境问题的消解和人性的复归仍然存有很大的希望，《回声制造者》里也阐释着灵魂救赎之路。

三　寻归自然与精神救赎之路

在晚年写作的自传性对话录中，卢梭明确地说到，他的作品围绕的核心原则是"自然使人幸福与善良，然而社会却使他堕落与悲惨"③，所以卢梭强调诉诸自然状态的积极标准意义，"善的生活就在于在人道的层次所可能达到的限度内最大限度地接近自然状态"④。以生态学圣经《沙郡年记》作为串联全文结构与情节的《回声制造者》，也就理所当然地将寻归自然作为主人公的精神救赎之路了。

---

① ［美］理查德·鲍尔斯：《回声制造者》，严忠志、欧阳亚丽译，译林出版社2009年版，第502页。

② 同上书，第442页。

③ 熊道宏：《堕落社会的自然救赎之路》，《云南大学学报》（社会科学版）2016年第2期。

④ ［德］列奥·施特劳斯：《自然权利与历史》，彭刚译，生活·读书·新知三联书店2003年版，第288—289页。

（一）警醒梦游者

卡琳和韦博的精神危机都是在与沙丘鹤的接触中得到缓解的。

卡琳慢慢地意识到自己微不足道、微贱无名的社会存在，认清了以卡什为代表的实利主义者的贪婪与疯狂，也终于被丹尼尔坚定无私的爱和奉献所打动，感受到灵魂的力量，开始听从内心真实情感的召唤，重新构建自我身份，将自己埋在为鹤类避难管理所跑腿的工作之中，研究那些小册子，"警醒梦游者，让他们换一种眼光观察世界"①：表格中的一些数字让她看到人们极度渴望物质的东西，这必然会杀戮任何超过他们的生物——任何更大或联系更广的生物，任何在凄凉的持续生存中更自由一点的生物。她只需睁开眼睛看一看，就会发现没有人能够容忍广阔的外部世界，即便在我们大量杀戮时也是如此。她不敢相信在总数大约 1200 万个物种中，剩下的不到十分之一了，在她有生之年，其中一半将会灭绝。"她被这些数据所震撼，但奇怪的是她依然充满活力"：空气中弥漫着薰衣草的气味，甚至冬季末单调的棕色也给人充满生气的感觉，超过了她 16 岁以来的任何时候。偶然一瞥数据显示下的人类所为，让她觉得"人类在很久以前就应该消失，就应该死于耻辱"，"她微不足道，和任何一个具有自我的人一样，满身是毒"，但她也意识到"这条河流需要她，它流动的心灵、它幸存下来的方式需要她"，"她能够做的只有工作，努力把被人们偷走的东西还给这条河流。此时此刻，一切他人和个人的事情都使她感到恐惧，只有这种制作小册子的工作使她得到解脱"，因为"只有水才是对抗一切有毒物质的溶剂，只有水才能稀释个性中的毒素"②。

现代工业文明及资本主义制度对科学技术的过分崇拜甚至是盲目崇拜，对人的能力的过分夸张，对计算理性和工具理性的过度使用，"都将使人与自

---

① ［美］理查德·鲍尔斯：《回声制造者》，严忠志、欧阳亚丽译，译林出版社 2009 年版，第470 页。

② 同上书，第 472 页。

然的关系走向分离"，突出人在自然中的主人地位，把人的价值置于一切生存物之上，这种不断膨胀的欲望让人类变得更加贪婪、迷失了自我、坠入了"罪恶"的深渊，"它必然使人孤立于自然界之外，人类的幸福将逐渐因孤独而减少"①。卡琳在鹤类避难管理所工作了一段时间后，弄明白了为何人通过学习想要得到的一切——人实际得到的一切——都会从人的手中溜走，那就是"没有什么是自己的"②，在文末叙述者也直言当地球表面被烤干、被毁掉，当生命被践踏，接近虚无时，在人类将自己毁灭数百万年之后，"没有什么东西会记住我们人类"，而自然界将在人类缺席的情况下继续谱写生命的交响曲——猫头鹰的子孙会将夜晚谱写成管弦乐曲，老鹰的后代将会在绿草蔓生的原野上空盘旋，燕鸥、千鸟、泽鹬将会在曼哈顿那数以千计的建筑物大梁所组成的岛屿上筑起巢穴，沙丘鹤和其他鸟儿将会重新追溯河流。在鲍尔斯眼中，自然界的物种看似脆弱但无比坚韧，自然拥有许多不为人知的秘密，生命有着超出我们想象的意义。这种"去人类中心主义"的发现让卡琳在梦见自己在普拉特的U形湾之上看到没有人类的、没有语言的声音的生命迹象后，醒来时神清气爽，充满信心。

原本只是在著作里"大量重复关于人的大脑的种种看法，对人的灵魂却毫不关心"③ 的韦博，当卡琳带着他近距离去观察沙丘鹤时，听着那传向四面八方、回溯到远古新世的沙丘鹤的鸣叫声，想念起了日渐生疏的妻子，心想她应该也来看一看这景象；又想起那个自己把名字都弄混的女儿杰西曾为飞鸟形成的城市感到震惊，也开始汗颜自己是否与这个孩子有过亲近，怀疑这个自己规划人生的姑娘是否应该有感情更丰富的父亲。"杰出的杰拉尔德"只关心着他的神经学事业，烦恼着他的功名利禄，不仅与同性恋的女儿相隔甚

---

① 李承宗：《和谐生态伦理学》，湖南大学出版社2008年版，第111页。
② ［美］理查德·鲍尔斯：《回声制造者》，严忠志、欧阳亚丽译，译林出版社2009年版，第484页。
③ 同上书，第238页。

远，在探望马克之前也不曾再回到过中西部的故乡，与自己的弟弟也从不见面，亲情冷漠。在卢梭看来，人类苦难的根源正是自身的可完善能力①，表面看来，这种可完善特性能够促使人类进步，事实上它使得人类不断演化改变而脱离了美好的自然状态，发展出智慧、谬误、邪恶与美德等一系列扰乱自身及自然的属性，导致人类文明虽不断发展，但是人的异化现象也与日俱增，人类渐渐地迷失了自己，唯利是图、尔虞我诈、亲情淡薄、邻里间老死不相往来等现象越来越普遍。正如弗洛姆所言，"在我们的社会里，情感是大受其挫的，不带情感去思想和生活已成为理想，而'有情感'已成为不健全、不正常的同义词"②，精神生态危机严重威胁着人类自身的生存。只有当人类与大自然相通、相融时，方能回到最美好的原初情感状态："他（韦博）在舞蹈着的沙丘鹤中看到了某些东西，也可以理解为某种线索。这时，在细微的心灵感应中，出现了某种甚至连科学也无法解释的东西"③，这种莫名的东西甚至能让曾经带着卡琳姐弟俩来同一个地方看沙丘鹤的有暴力偏执倾向、完全与世隔绝的癫狂的父亲令人吃惊地唠叨起血缘、家庭的重要性，甚至紧紧地抓住他们，要他们发誓无论发生任何事情，两个人都绝不抛弃对方。在带着芭芭拉又一次来观看沙丘鹤之后，韦博一改以往唯利是图的心绪，"他已经变得轻松、虚无，好像自己成了成千上万生命的监护人。"④

人类本身是否和睦，它将直接影响到人与自然的和解；而人物和解又为人类的生存发展与人人和谐创造了物质条件和保障条件。但仅有这方面是不够的，生态和谐才是归宿。

---

① R. D. Masters, and C. Kelly, *Collected Writings of Rousseau*, Lebanon：University Press of New England，1992，p. 26.

② ［英］埃里希·弗洛姆：《逃避自由》，刘海林译，国际文化出版社2002年版，第174页。

③ ［美］理查德·鲍尔斯：《回声制造者》，严忠志、欧阳亚丽译，译林出版社2009年版，第490页。

④ 同上书，第507页。

（二）榜样的力量

"生态和谐涵盖三方面内容：万物并育、'三爱'并举和心灵环保。"① 大自然坚定不移的保护者丹尼尔无疑是这样生态观的代言人。关于生态意识②，可分为两种：浅层生态意识与深层生态意识。前者为现代工业社会中的大多数人凭着经验与直觉而获得，已经意识到了保护地球和荒野的必要性，但却感到自己无能为力，把解决生态问题的希望寄托在专家和政府身上。这明显是不够的。生态意识的培养需要由浅入深的过程，即从自身对他人的认同开始，进而达到人与自然的认同。当一个人具有了深层生态意识，他便会自觉地改变自己的生活方式，放弃奢华的物质享受而追求生活的高质量，比如反对消费主义，努力使个人财产最小化；尽可能地选择有意义的生活，而不仅仅是谋生；谴责一切过分干涉自然的行为等；关注人的精神生活，强调人的价值是深层生态意识的核心。鲍尔斯所关注的无疑是后者，而在《回声制造者》中，将丹尼尔塑造为深层生态意识的化身。

丹尼尔将《沙郡年记》奉为圣经，而其中李奥帕德的"大地伦理"这一章节与"万物并育"思想异曲同工。李奥帕德的"大地伦理"主要表述了土地的生态功能，把土地看作一个共同体，由人与其他物质相互依赖组成，人是这个共同体中"平等的一员和公民"，但每个成员都有它继续存在的权利，以此激发人们对土地的热爱和尊敬，强化人们维护这个共同体健全的道德责任感；而"万物并育"则信奉在地球自然界的万事万物都能够和睦相处，互相依存，一方的存在以其他事物的存在为前提，互不伤害，并能协调发展，是达到生态和谐的基础，体现了《周易》"天人合一"的生态伦理理念。丹尼尔坚持鹤类是与人类平等的一员，甚至觉得应该以鸟为先，宛如自己也是

---

① 李承宗：《和谐生态伦理学》，湖南大学出版社 2008 年版，第 132 页。
② 雷毅：《生态伦理学》，陕西人民教育出版社 2000 年版，第 288—297 页。

"备受焦虑困扰的鸟儿"，谈起它们的情况比曼哈顿还糟的疾病、压力、狭小生活空间时，"说话的语气中某种东西超过了那些沙丘鹤的呻吟"，极力反对开发商为了经济利益去争夺鸟儿在漫长迁徙过程中这个中转站所需的为数不多的水资源，迫使它们拥挤在一起，形成一种不断变化的漂亮景观，以建立一个巨大的观鹤旅游产业；"他需要人们行动起来，积极参与，像神那样，旨在了解和保护自身的一次尝试。"① 为了更高效地保护这批生物，他甚至辞去了工作稳定的鹤类保护区工作，而转身投入鹤类避难所，因为前者仅属于正面宣传工作，采用调和、妥协的办法的时候太多，"如果你保护的是在此存在数百万年之久的动物，你不可能遇事都采取不温不火的态度"。他这种为了大自然奋然忘我的品质让卡琳觉得相形见绌，感慨"她轻视了这个男人，她的做法真是太卑鄙了。他在坚定的品质中体现了儒雅，这是十个她和卡什加起来都无法达到的"②。

丹尼尔还体现出了"三爱"并举的品质——"人类热爱自然的三种基于物有不同而实施的梯级升华的爱，即仁者爱人、智者爱生、贤才博爱。"③ 其中贤才博爱是人类之爱的最高境界，这份博爱也是基于"万物并育"的原则，相信自然界的万事万物均有各自生存和发展的理由，人类不能剥夺他物的生存和发展，而应对它们施以爱的情怀，且人类的爱不仅是对人类本身施行的爱，相反地，应当是对所有在地球上有生存理由的一切自然物施行。丹尼尔"只是希望人们应该尽可能无私，对许多维系自己生命的联系抱感恩态度，对他人慷慨大方，就像大自然对自己一样"④。所以，尽管卡琳曾经排斥他，抛弃了他，在她和弟弟窘迫得无路可走时，他还是毫不犹豫地帮助她，为她雪

① ［美］理查德·鲍尔斯：《回声制造者》，严忠志、欧阳亚丽译，译林出版社 2009 年版，第66 页。
② 同上书，第54 页。
③ 李承宗：《和谐生态伦理学》，湖南大学出版社 2008 年版，第 135 页。
④ ［美］理查德·鲍尔斯：《回声制造者》，严忠志、欧阳亚丽译，译林出版社 2009 年版，第62 页。

中送炭，犹如大自然的循环法则一般，重新给了她一份关系，"还原，重用，再生，追溯，救赎"，让她最终有了正确处理事情、修复过去已被两人弄糟的机会：当她为了照顾弟弟辞了原来的工作，在小镇又无家可归之时，丹尼尔收留了她，让她无餐宿之忧；当她担忧弟弟的病情时，他从各地——甚至从遥远的林肯市图书馆给她借来论述大脑损害的书籍，并将这些书籍细心挑选，目的是为了提升她对病情康复的希望；他挑选神经学研究的最新论文，并帮她解读，还常打来电话询问进展，给她建议应该向治疗师提出什么样的问题；当卡琳因自己帮不了弟弟，也迷失了自我、怀疑自己的存在价值崩溃大哭时，丹尼尔总是不断鼓励、肯定她。这种不计前嫌的关怀让卡琳重新有了生活的感受。当她疑惑地问他这么善良是为了什么，他直言"我不在乎什么利益"，"他像那些沙丘鹤，一旦上了路，他就会一直回飞，只要仍然还有地方落脚，总是朝着家的方向飞行"。①

　　"如果说生态和谐的规范实现目标是万物并育和'三爱'并举，那么实现这些伦理目标的手段只能是心灵环保。"② 随着生态失衡的加剧，该问题愈受关注，各国也在采取各种各样的生态环境保护措施，但受利益左右，大多数举措都在经济利益面前纷纷"中弹"。如《回声制造者》中卡琳在参加开发委员会的听证会上的感悟一般，就算将来只有三三两两经过大量杀戮幸存下来的物种留在这里，"人们依旧沉迷在自己的妄想之中"，"就生活质量的降低进行争论，炮制出新的大型开发计划的细节"③；只要人们心中的贪婪和恶欲还存在，人们在现实生活中对能源的过度开发就不会停止，对生态环境的肆意破坏也不会停止，对后人生存条件的毁坏和对生活资料掠夺的罪行，也不

---

　　① ［美］理查德·鲍尔斯：《回声制造者》，严忠志、欧阳亚丽译，译林出版社 2009 年版，第224 页。

　　② 李承宗：《和谐生态伦理学》，湖南大学出版社 2008 年版，第 138 页。

　　③ ［美］理查德·鲍尔斯：《回声制造者》，严忠志、欧阳亚丽译，译林出版社 2009 年版，第403 页。

会自动消除。所以，主张生态和谐，必须从心灵深处克制自己的伦理规范，净化心灵，消除心中的贪、恶之欲，成就美好心灵，这既是佛教心灵环保工程的逻辑前提，也是生态和谐规范的本质要求。

　　如何实现心灵环保？鲍尔斯也通过丹尼尔的生活习惯重塑了几个观念。首先，是改变幸福观。人们总在贪婪地掠夺自然资源并希望将它们转化为自己的财富，丹尼尔却有不同的见解。当他带卡琳看鸟时，借惠特曼的名句和她说，"你征服商界，叱咤政界，扬名社交界，诸如此类，不胜枚举；你发现世上没有什么东西能够最终使你觉得满足，人间的一切都不会长久存在；这时留下的有什么？只有大自然"。① 只有当在大自然里听着歌唱的小鸟把歌声融入万物的交谈之中，才能感受到"一种近乎巨大幸福的释放"②。其次，要实践心灵环保，祛除自己的贪念，必须从改变生活方式的点滴做起，必须回归到"自然"的生活方式。丹尼尔就是这种极简主义生活方式的榜样。身为生活在"汽车轮子上的国家"的美国人中的一员，在这个充斥着各种类象，人们被眼花缭乱的高科技所绑架的后现代，令人难以置信的是丹尼尔竟然没有汽车，更不可思议的是，他不仅没有电脑，甚至也没有电视，洗澡时也不使用热水。实际上，丹尼尔所有的财物加起来只有两只手提箱，卡琳调侃他是"北美唯一还用手绢擦鼻子的男人"。在外人看来，几乎没有什么财产的丹尼尔过着典型的苦行僧生活，然而丹尼尔的精神生活是丰富而充实的。"这个男人像隐士一样生活，每天打坐四次。他牺牲了自己的生活，旨在保护一条存在了数千年之久的古老河流。他崇拜大自然"③，与那些沙丘鹤同甘共苦，同喜共忧，在保护自然的事业中，他与大自然完全融合在了一起，当有问题出现时，他就选择打坐，"这是他思考计划的方式。无论何时，只要他将双腿

---

　　① ［美］理查德·鲍尔斯：《回声制造者》，严忠志、欧阳亚丽译，译林出版社 2009 年版，第 87—88 页。

　　② 同上书，第 65 页。

　　③ 同上书，第 82—83 页。

盘成莲花座，她都得离开他的公寓。她并不是害怕打扰他，一旦他调整好呼吸，他就会进入忘我的状态。看到他如此宁静，如此超脱，她总是觉得震撼。她觉得被遗弃了，似乎她搁在心里的关于马克的一切问题都阻碍了丹尼尔进入超然境界"①。

如前文所述，当一个人具备了深层生态意识，他不仅会自觉改变自我生活方式，放弃奢华、反对消费主义，崇尚最接近自然化的极简主义；选择精神高尚、无私而有意义的生活，而非仅是谋求自我利益的谋生，并以身作则力求带动他人亦致力于生态和谐。在丹尼尔的启发帮助下，卡琳、马克、芭芭拉等小说中的人物最终也具有了生态保护意识，走向生态保护。小说结尾，刚刚从双重错觉综合征中清醒过来的马克也在潜心阅读丹尼尔送给他的《沙郡年记》，变成了一个热心的自然主义者。他积极支持姐姐的决定，让她继续留在鹤类避难所工作，办完河水的事情，觉得"这很有意思"，"丹尼尔离开之后，总得有人取代他"②。他甚至不计前嫌，劝说姐姐让导致自己车祸的肇事者芭芭拉也留在鹤类保护区工作，不再让她认为自己毫无价值。与鹤类保护事业相比，他觉得"自己的损失不算什么"。

四　结语

鲍尔斯在《回声制造者》中的理论定位符合艾尔伯特·鲍尔格曼在《跨越后现代的分界线》一书中的定义，即接受"后现代批评的教训，将后现代产生的模糊放置于温和的热情中，从而获得普遍认可的一个共同秩序"③。他并不沉迷于先锋实验文体，而是直面现实，以坦诚的姿态逼近生活的本真和灵魂深处，揭示和探索"后9·11"人人自危、宛如惊弓之鸟的美国社会现状、

①　[美] 理查德·鲍尔斯：《回声制造者》，严忠志、欧阳亚丽译，译林出版社 2009 年版，第 84—85 页。
②　同上书，第 516 页。
③　[美] 艾尔伯特·鲍尔格曼：《跨越后现代的分界线》，孟庆时译，商务印书馆 2003 年版，第 16 页。

人的物质和精神生存境遇等现实问题，引发读者的深思。

《回声制造者》五个部分开端的叙述声音均不同于三个主人公之语，"它是无所不知的作者的声音，但越听越像会说话的鸟儿之音，或是一位先知的声音，勘察着这脆弱不安的自然世界"，不管是夜幕里马克的车祸，还是混乱的"后9·11"世界，不仅展现了"古老的鸟儿们的记忆主题"，更提示了"全能作者的想象"①：与失去记忆的美国人相比，"这些鸟儿具有某种特殊功能，在父母带领它们迁徙之前，就有能力找到数百年前确定的飞行路线"，不仅铭记过去，"每一只鹤都记得未来的飞行路线"②，但美国人——正如芭芭拉对韦博哭诉的——却迷失在一个自己已经识别不出的国家里，因为"在动物和人类共用相同语言时，鹤鸣精确地表达了它们的意思，而我们生活在含混不清的回声中。斑鸠、燕子和沙丘鹤准时到来——犹太先知耶利米如是说——只有人们没有记住上帝的旨意"。③鲍尔斯"用乐诗般的笔调称颂着自然世界而不伤怀"，他"探索了鹤类本能中旷世持久的记忆能力，和大脑惊人的记忆能力"，向读者"展现已有6000余万年历史的鹤类、我们大部分的大脑都可能慢慢地或是突然被毁灭"，让我们"学会欣赏我们的同胞物种和我们自己内心世界的耐力与脆弱"④。

《诺顿自然书写文选》中有云："所有的文学作品，通过启发所有人类存在的自然本性，提出唯一的问题是：我们应当如何生活？在我们这个时代，这个问题最迫切的体现都与自然环境有关。"⑤我们应当如何生活？当梭罗在

---

① Ellen Y. Siegelman, "Echoes of Memory, Echoes of Music", *Jung Journal*：*Culture & Psyche*, No. 3, 2007.

② ［美］理查德·鲍尔斯：《回声制造者》，严忠志、欧阳亚丽译，译林出版社2009年版，第4页。

③ 同上书，第212页。

④ Ellen Y. Siegelman, "Echoes of Memory, Echoes of Music", *Jung Journal*：*Culture & Psyche*, No. 3, 2007.

⑤ G. A. Love, *Practical Ecocriticism Literature*, *Biology and the Environment*, Virginia：University of Virginia Press, 2003, p. 66.

瓦尔登湖开始反思人类欲望与实际所需的关系，以及人类如何在自然中的生存找到自我这样的问题时，人类整体的命运已经开始发生变化。而鲍尔斯在《回声制造者》给出了他的答案——寻归自然的救赎之路。小说里的主人公们在接近自然、保护自然的过程中，重新找回了自然本我和生活的本真，开放式的结局虽有不少不确定性，但仍让读者感受到强大的生活信心，正如小说开篇所引用的艾斯利在《无尽旅程》之《裂缝》的语句："我们可能都是一块块化石，体内依然携带着以生命形式遗留下来的自然积淀，携带着那个世界的种种标记；在那里，生物像云朵一样变化无穷，年复一年，生生不息。"

第八章 《路》：寓言与救赎

第一节 小说与评价

一 小说简介

科马克·麦卡锡（Cormac McCarthy，1933 - ）是美国炙手可热的杰出小说家、剧作家，也是近年来美国国内呼声最高的角逐诺贝尔文学奖的实力派作家之一。自 1965 年出版第一部长篇小说《看果园的人》（*The Orchard Keeper*）以来，麦卡锡迄今已创作了多部被认为是可与中世纪以来的文坛巨匠但丁、爱伦·坡、麦尔维尔、马克·吐温、福克纳、斯坦贝克等的杰作相媲美的当代经典，2007 年的美国文坛更被称为"麦卡锡年"。他曾囊括多个重要文学奖项——普利策小说奖、鹅毛笔奖、美国国家书评人奖以及英国的布莱克纪念奖，比如其创作于 1992 年"边境三部曲"之一的《骏马》（*All the Pretty Horses*）荣膺美国国家图书奖和国家书评奖；因其同名小说改编的电影《老无所依》（2007）夺得奥斯卡最佳影片等 4 项大奖而为中国读者所熟悉；

他的第五部小说《血色子午线》（*Blood Meridian*，1985）因被看作"美国真正的末世预言小说"，更是被誉为 20 世纪最出色的 100 部英文小说之一，在 2006 年《纽约时报书评》评选出的"过去 25 年美国出版的最佳小说"中，位列第三。美国评论界巨擘哈罗德·布鲁姆将其与托马斯·品钦、唐·德里罗和菲利普·罗斯一并列为美国当代小说界的"四大天王"，赞誉他是"梅尔维尔和福克纳杰出的继承者"[1]，而 2009 年麦卡锡荣膺美国笔会（PEN）颁发的索尔·贝娄文学终身成就奖，足见评论界对他多年文学创作成就的颂扬与肯定。麦卡锡虽不算一位多产的作家，但是其创作题材十分丰富，自 1965 年以来已创作 10 部小说，其作品可分为南方哥特小说、西部小说以及后启示录小说 3 类，创作道路分为前后两个时期：60 年代至 70 年代；80 年代至今。各类小说主要聚焦于善与恶、生与死等问题，深入探索人性的奥秘，揭露人性的阴暗，寄寓了对人类命运的极大关注和关怀。60 年代至 70 年代末他发表了四部南方题材小说《看果园的人》（*The Orchard Keeper*，1965）、《外部黑暗》（*Outer Dark*，1968）、《上帝之子》（*Child of God*，1973）和《沙特里》（*Suttree*，1979）。因这些小说传承了南方哥特小说写作传统，麦卡锡一度被拿来与福克纳相比。80 年代以后，麦卡锡将视野转向西南部及边疆题材，主要有西部小说《血色子午线》（*Blood Meridian*，1985）、《骏马》（*All the Pretty Horses*，1992）、《穿越》（*The Crossing*，1994）、《平原上的城市》（*Cities of the Plain*，1998）和《老无所依》（*No Country for Old Men*，2005）。他常常将作品场景设置于荒无人烟的野外或是远离文明世界的边疆，在流血、暴力、谋杀和折磨当中揭露人性丑恶，拷问人类道德极限。后期还有后启示录小说《路》（*The Road*，2006）。麦卡锡的作品"既有福克纳南方小说的风格、哈特（Bret Harter）西部小说的影子，又有巴塞尔姆（Donald Barthelme）和梅勒

---

① H. Bloom, *Cormac McCathy*, New York：Infobase Publishing, 2009, p. 1.

（Norman Mailer）后现代派小说的印记";他的小说世界"既有文本表面的清晰感,也有历史的厚重感,描写真实细腻,同时又充满了暗示,让人震撼不已"①。他的语言"有厚度,也有启示录特质"②,叙述中充满互文性、拼贴等非线性手法,形成了独特的文学风格。

而在 2006 年出版的后启示录小说《路》（*The Road*）则紧随自"二战"结束以来美国以末世为背景的后启示录小说的主流——这个阶段每个年代都有大量描写"因瘟疫、核战、能源危机、气候灾难、恐怖袭击以及金融危机等因素导致世界末日的小说涌现"③,以一个有着社会担当责任感的人文主义作家的姿态,"和他生活其中的现实保持警醒的距离,站在人生的高处,冷峻地俯视人间万象,开启艰涩的人文之旅,以深邃的末世之思,回望人类生命的来路"④。这部小说主要讲述一场空前的大灾难毁灭了所有的现代文明,到处是废墟、火焰、阴沉的天空、污染的空气;破败的加油站边,废弃的超市里,和烧焦的树林间,到处流浪着没有食物充饥而开始人吃人的人们。一对幸存的无名父子在惨淡的世界末日中行走于寒冷的城市废墟和荒无人烟的乡野里,克服重重苦难寻求生机,向着南方大海艰难前行的"奥德赛之旅"。一路上他们遭遇了寒冷、饥饿,还有灭绝人性的猎食者。被死神笼罩着的父亲一路保护着儿子,鼓励儿子前行,守护希望的火种,直到自己的生命消逝。其过程凸显了人性的光明与阴暗的一面,展现了人性的光辉与丑恶的终极较量,同时也显示了作者对战争、人性、信念及人类生存环境的思考,被认为是一部灼热的"后启示录小说"。

小说中没有名字的父子形象具有普世的意义,是"9·11"后人类的焦虑与

① 方凡:《绝望与希望:麦卡锡小说〈路〉中的末日世界》,《外国文学》2012 年第 2 期。
② Vereen Bell, *The Achievement of Cormac McCarthy*, Baton Rouge: Lousiana State UP, 2006, p. 2.
③ 陈爱华:《当代美国后启示录小说创作与研究评析》,《当代外语研究》2015 年第 10 期。
④ 王维倩、孔繁霞:《生命来路的回望——科马克·麦卡锡〈路〉的科学人文主义思想探析》,《当代外国文学》,2016 年第 4 期。

希望的体现，"父亲对儿子未来的极度担忧以及末日世界中弥漫的恐惧感和无尽的伤感迎合了'9·11'事件后蔓延整个西方世界的焦虑和恐惧感"①。尽管《路》并未像后者那样直接涉及"9·11"事件本身，小说的背景也是没有具体地点的末日世界，但它却是一部最能体现美国民众在经历了"9·11"事件后的恐惧心理和对未来的忧患意识的小说，因此，在世界最大的在线读书俱乐部Goodreads推荐的30部最受读者欢迎的"后9·11"小说中，《路》榜上有名，与德里罗的"后9·11"名作《坠落的人》、厄普代克的《恐怖分子》齐名。

二　小说评价

《路》自2006年出版以来，大受好评，被认为是最具问鼎诺贝尔文学奖的力作之一。不仅被美国《华盛顿邮报》《洛杉矶时报》《时代》杂志等推荐为年度好书，在《纽约时报》畅销书排行榜上数周独占鳌头，还获得布莱克纪念奖、普利策奖、鹅毛笔奖和美国独立书商协会Book Sense年度图书奖，同时，还特别受到了美国家喻户晓的"奥普拉读书会"的推荐，被称为"最好的父亲节礼物"。在美国《娱乐周刊》推出的一份1983至2008年25年间出品的"新经典"榜单上，《路》名列百部最佳图书之首，还被法国《读书》杂志选为2008年最佳图书20种中的最佳外国作品。这部小说之所以受欢迎，是因为它再现了现代科学技术发展特别是核武器给人类世界带来的巨大灾难与杀伤力，唤醒了人们对于末日危机的忧思，表达了麦卡锡对整个人类生存状态和社会发展的人文关怀。它的成就正如《时代》杂志所言："揭开了隐藏在悲伤和恐惧之下的黑色河床，灾难从未如此真实过，麦卡锡仿佛是这个即将消失于世界的最后幸存者，延续着海明威和福克纳的文学风格，他把未来

---

① 陈爱华：《科马克·麦卡锡小说讽喻性的灾难叙事》，《求索》2013年第3期。

发生的那个时刻提早展现给我们看。"① 在这过程中麦卡锡虽固守自己所认为的"死亡是这个世界的主要问题"的坚持，延续了一贯的聚焦暴力、堕落和邪恶的主题，但摆脱了倍受抨击的专门揭露人性丑恶的癖好，不再是仅展现人生的残酷，更多的是让读者直面人性的堕落与贪婪是本性、暴力仍是世界存在的一种特定现实，告诉人们"如果世界真的有希望的话，就必须直面最严酷的现实和最黑暗的人类环境之后才有可能找到"②，试图在这个充满死亡与恐惧的黑白世界中展现人类的尊严、信念，挖掘出亲情的暖色与温馨，并给予虽然微弱但尚存的希望，告诉读者"路的尽头，还有希望"。作者以科幻小说的形式虚构了一个让人质疑和思考各种与宗教、哲学相关的焦点问题的末日世界，其目的并不只是要描述未来的情景，更重要的是让读者对当下现实世界进行反思。

国内外学界或着重伦理道德，探索该作品之人性主题，挖掘小说如何沿着"生存"③ 这条伦理线，男人与男孩所面临的种种伦理困境和伦理选择，和其中所渗透的对人类生存境况的思考、对人性道德的持续拷问来揭示后现代社会中的伦理混乱和道德败坏，反映现代人的伦理困境，探讨麦卡锡如何履行了"文学的任务就是描写伦理秩序的变化及其变化所引发的道德问题和导致的结果，为人类的文明进步提供经验和教诲"④，给以深刻的精神启发，借小说中父亲教导儿子之口为人类的文明发展指出了方向，即无论在何种举步维艰的境遇中，人都要坚持内心的"火种"，不断以实际行动追求更高尚的伦理道德，而爱是拯救人类社会的最终力量——这也契合了萨特后期"存在主义"哲学的"希望存在于行动的性质本身之中"的思考；或基于小说主题，

---

① ［美］科马克·麦卡锡：《路》，杨博译，重庆出版社 2009 年版，第 11 页。

② Steven Frye, *Understanding Cormac McCarthy*, Columbia：U of South Carolina P，2009，p5.

③ 冯溢、刘卓：《后现代伦理道德的寓言—〈路〉的文学伦理学解读》，《东北大学学报》2014 年第 9 期。

④ 聂珍钊：《文学伦理学批评：基本理论与术语》，《外国文学研究》2010 年第 1 期。

透过小说科学主义最终引发的灾难景象的描写，例如摧毁了人类赖以生存的生态环境，造成了末日般的荒原景象，使幸存的人类堕入无底的深渊，使人性全面异化到同类相食的野蛮状态，来反思科学主义与人文主义的相互关系，探索科幻小说的科学人文主义思想，剖析麦卡锡关注"后9·11"时代人类生活现实及人类未来命运的"科学人文主义情怀"[1]；或立足生态批评，考察麦卡锡将人类放置到灾难后的末世景象，用描述人类处于绝望的天启式书写来展现人类曾经拥有的、正在拥有和即将失去和获得的一切，在小说大量启示录式的世界末日景象中间或穿插若干次灾难前的"阿卡迪亚"[2] 般的世界景象，描述如给整部作品所带来的一丝由于过于绚烂而造成强烈对比之后的落差感与张力，从生态意识的角度审视人类对于地球正在进行的、可能导致毁灭的贪婪吞噬，也因此印证了海德格尔的"人类拯救地球靠的不是统治和征服它，只需从无度的掠夺向后退一步"，进而迈向"最根本的四位一体——大地与天空、神性与道德结合成一体"[3] 的论断，因而将《路》看作"可能是迄今为止最重要的一部关于环境的小说。书中构想的世界没有生物圈的存在。它揭示了我们所看重的东西与生态系统息息相关"[4]；或从宗教后启示录视角切入，探讨麦卡锡如何以"圣杯"[5] 作为母题，将之作为一个探寻生命意义的隐喻，借以表达"后9·11"时代人类自我毁灭的绝望与悲观情绪，揭示末日后的满目疮痍景象乃圣杯丢失的结果，而且试图通过父子在荒原旅途上的

---

① 王维倩、孔繁霞：《生命来路的回望——科马克·麦卡锡〈路〉的科学人文主义思想探析》，《当代外国文学》，2016 年第 4 期。

② 董小希：《从阿卡迪亚到启示录——小说〈路〉的生态主义解读》，《西安外国语大学学报》2011 年第 2 期。

③ 田俊武、姜德成：《论福克纳作品中的"四位一体"生态思想》，《解放军外国语学院学报》2010 年第 1 期。

④ Paul Crosthwaite, *Criticism, Crisis, and Contemporary Narrative: Textual Horizon in an Age of Global Risk*, Abingdon: Taylor & Francis, 2010, p. 202.

⑤ 王维倩：《圣杯何在——科马克·麦卡锡小说〈路〉的圣杯母题解读》，《当代外国文学》2014 年第 3 期。

所闻所见、所做所惑和所问所答提出人类如何超越灾难与毁灭，重拾救赎的深刻命题，告诫读者男孩既被隐喻为圣杯，其爱与善、其携带的"火种"均带给人类救赎的希望。而麦卡锡也借此将圣杯母题上升至具有形而上的意义，他对圣杯母题所蕴含的人类学意义、个体生命意义和时代意义进行了高度概括，并将这种普遍意义折射到个体人物身上，从而揭示出它在"后9·11"时代对人类社会的启示录般的价值；或采用女性主义视角，探讨女性之显隐缺席的实质是作为女性所代表的善良与美丽在恶魔疯狂、末日来临时是脆弱的，她们无法像但丁在《神曲》中所写下的诗句那样，"永恒的女性，引导着人类的飞升"，也显露了对女性是能拯救人类堕落的力量的不信任，相反，在他看来，只有经受了包括没有女性关爱的生命锤炼，"人才能真正分辨出善恶美丑，男孩才能成长为男人"[1]；或将视角集中在小说所展现的后现代"不确定性"[2] 因素上，包括多方面主题、模糊暧昧的人物形象、扑朔迷离的情节以及碎片化的语言来审查人们正经历着的一个处于"在混沌的边缘"[3]、完全不可知的世界。小说结尾的一段简短描述把过去与现在并置，再现了前天启世界里美丽安宁的田园风光，更突出了人类存在的不确定性，这也正是麦卡锡对人类和人类生存状况的关注和思考：尽管前路还很漫长，充满了不确定性，我们人类依然不能放弃，只有坚守爱、希望和勇气等人类的品质，才有望在生命的循环往复中继续向前；或将视角集中于小说中"乌托邦"（Utopia）与"地狱般的环境"（Dystopia）的并置，聚焦小说文本中的毒物描写，从主人公父亲逃亡途中所见之风景、所闻之声景、所悟之心景三个维度，对描绘的后末世环境进行由表及里、从感观到心理的全景式多维阐释，指出小说中的整

---

① ［美］科马克·麦卡锡：《路》，杨博译，重庆出版社2009年版，第5页。
② 胡蝶：《麦卡锡〈路〉中的不确定性研究》，《重庆工商大学学报》2014年第10期。
③ 张小平：《在混沌的边缘——论麦卡锡小说〈路〉中的不确定性》，《河北师范大学学报》2015年第5期。

个世界已沦为"背叛了的伊甸园"①，整个人类陷入炼狱般后末世环境的生存困境中，揭露"人类遭受前所未有的严峻考验，生存环境极度惨淡"，但是"父亲与儿子仍证实人类确实有能力抵御腐化与道德沦丧，他们也值得拥有'山巅之城'"②。

相较而言，国内对《路》的研究更呈现正能量倾向，对小说结局所预示的人类未来表现出更多的踌躇满志，但国外研究更聚焦于麦卡锡在小说里透过"乌托邦"（Utopia）与"地狱般的环境"（Dystopia）所表现出的对"基督教"与"无神论"间孰轻孰重的矛盾纠葛，"它实际上是在叩问：什么——如果有的话——使人的生命有价值？这部小说提供了答案，但答案是矛盾的。读者可以在信心和绝望的有力论据之间做出选择"，但"这部小说清楚地表明，信仰并非轻而易举的选择"，它"呈现了基督教与无神论所遭受的挑战，但也不反对二者任何一方"③。对于一些关于小说结局的乐观性评论，有学者也提出质疑，

> 对许多人来说，麦卡锡结论的含义是不惜一切代价支持人类或人类社会的复兴。但它实际上也是当我们考虑《路》的"救赎"时所感兴趣的问题：在这样一个脆弱和破坏的景观中，有什么东西方能被认为是人类的，或是共同的。抵抗的情绪与哀悼是一种承载重量的行为，不仅仅是因为它有能力使人们在当前时刻采取行动，以避免对未来的破坏。它也暗示了挑战——什么样的生活是可以肯定的？④

---

① 李玲、米彬彬：《"背叛了的伊甸园"：〈路〉中的后末世多维图景》，《外语与翻译》2015 年第 3 期。

② Inger – Anne Softing, "Between Dystopia and Utopia: The Post Apocalyptic Discourse of Cormac McCarthy's *The Road*", *English Studies*, No. 6, 2013.

③ Eric Pudney, "Christianity and Cormac McCarthy's *The Road*", *English Studies*, No. 3, 2015.

④ Stefan Skrimshire, "'There is no God and we are his prophets': Deconstructing Redemption in Cormac McCarthy's *The Road*", *Journal for Cultural Research*, No. 1, 2011.

在这个后启示录的世界中，死亡并不是最可怕的事情。对于仍在世界中存活的人来说，人类如何继续生存才是最重要的问题。而"人类生存是麦卡锡的所有小说中都关注的主要问题"①。《路》没有结局，更多的是"深化其神秘：像生命，那被吟诵、旷久的过去记忆永远一去不复返，但也绝不消失"，所以"生活就像一场血汗交加的修行"②，而正如麦卡锡本人所认为的，只有"直面生死"的作家才能算伟大的作家。

第二节　尘世的失落与寓言的救赎

《路》是"一部带有科幻色彩的后启示录小说"，即"描写大灾难后的世界、幸存者心理的折磨，以及被遗忘或神化的灾难前文明世界的小说，是科幻与反乌托邦的结合体"③。它虚构了一个地球文明的末日世界，意在将"9·11"事件后蔓延整个西方世界的焦虑、迷茫和恐惧感用寓言的形式呈现给读者，让读者对西方现实世界进行更多的反思。在微弱的希望曙光之下文本处处流露着一种绝望的悲剧色彩，富有寓言性，具有极强的隐喻力量。本节将运用本雅明的寓言式批评理论并结合尼采的哲学思想解读《路》，分析它如何映照了"9·11"事件后人类自身的处境，展现了寓言的救赎功能，并昭示着麦卡锡深切的人文关怀。

一　本雅明寓言式批评

本雅明出身于一个富有的犹太人家庭，从小耳濡目染于犹太教，所以虽曾接受马克思主义，犹太教的神秘主义思想对他影响至深，带有神学色彩的

---

① P. Willard Greenwood, *Reading Cormac McCarthy*, California：ABC – CLIO, 2009, p. 124.

② Eric Hage, *Cormac McCarthy：A Literary Companion*, North Carolina：McFarland, 2010, p. 4.

③ 方凡：《绝望与希望：麦卡锡小说〈路〉中的末日世界》，《外国文学》2012 年第 2 期。

思维方式贯穿了他的一生。因此，法兰克福学派的第三代理论家哈贝马斯定论说本雅明的文艺批评中"意识形态批评"较少而"赎救论的批评"较多。而"寓言式批评"理论是本雅明文艺美学中一个非常有独创性的思想。该理论最初在《德意志悲剧的起源》中提出和实践，30年代在波德莱尔作品研究中趋于成熟，并贯彻始终。发表于1928年的《德意志悲剧的起源》表面上来看是本雅明对17世纪德国巴洛克时期的悲悼剧进行的评述，实则为一部用现代意识观照戏剧的历史的美学著作，体现了他对现代资本主义的"寓言"式批判。德国悲悼剧与古希腊悲剧不同。后者以神话为基础，表现英雄牺牲的仪式，人物的牺牲起着类似于向神"献祭"的作用，悲剧的效果不是悲痛与悲悼，"适用的是'诗学'的评判标准"①；而巴洛克悲悼剧与1618年到1648年欧洲大陆所经历的"三十年战争"时期尘世灾难的严肃历史有关，展示包括德国在内的欧洲诸国国土分裂、国家破碎、遍地尸体废墟之中的世俗人的悲剧境遇，要唤起观众的悲悼之情，甚至不惜牺牲情节来强调悲悼之情，它是现代样式的悲剧：

> 悲悼剧产生于"三十年战争"所带来的巨大社会灾难之中。剧作家从现实的、残破的、废墟般的世界中看不到规范、和谐与意义，于是通过灾难性、零段性、片断性、破碎性、不连贯性的艺术意象来加以表现，如借舞台上呈现的废墟、死亡、尸体等形象高度风格化地暗示尘世的一切是悲惨、世俗、破碎和无意义的，从而"寓言"式地展现从废墟和死亡中升起生命的赎救②。

巴洛克时期的剧作家们在当时的断壁残垣、哀鸿遍野中看不到秩序与意

---

① 于闽梅：《灵韵与救赎：本雅明思想研究》，文化艺术出版社2008年版，第146页。

② 朱立元：《"寓言式批评"理论的创立与成熟：本雅明文艺美学思想探讨之一》，《外国文学研究》1996年第1期。

义，于是借创作的契机，用舞台呈现废墟般的世界，暗示尘世的凄惨和人的生存困境。"巴洛克悲悼剧是现代主义的萌芽，其价值在于寓言。"① 而本雅明所生活的时代经历了世界大战，战争涂炭生灵，致使整个世界满目疮痍，加上反犹主义所造成的创伤让他疲惫不堪，所以本雅明在 20 世纪 20 年代研究 17 世纪的巴洛克悲悼剧就别有一番寓意：17 世纪"三十年战争"与 20 世纪第一次世界大战争后的废墟与破碎、灾难与痛苦具有相似性，即"衰微与破碎"。显然，本雅明对德国悲悼剧的寓言式的考察，"旨在阐释一种被遗忘和被误解的艺术形式的哲学内容，即寓言"，② 实际上是对 20 世纪资本主义造成的战争灾难、废墟世界、零散破碎和衰微死亡的细微感受与深刻批判，"是一种与艾略特的《荒原》、卡夫卡的《城堡》对现代资本主义异化现实相同的感受和揭露"。③

巴洛克悲悼剧的寓言式救赎仅是本雅明艺术救赎思想的一个视角、一个方面，它所要救赎的，是被历史废墟所淹埋、扭曲、被现代人贬低轻视甚至遗忘的"代表真理内容的寓言"。这种救赎与人类的自由福祉密切相关，体现了本雅明对人类的一种诗性关怀。哈贝马斯将称其为"拯救性批判"，即"拯救是最终目的，批判是拯救的途径和手段，是通过批判实现的艺术拯救、真理拯救、大众拯救，是在其特定的历史语境中对未来犹太弥赛亚的救赎陷入绝望，又不甘心放弃希望，而走出的一条艺术救赎的精神之路"。④ 本雅明寓言式批评的特点归纳起来有三点。其一，"忧郁性"，这既是一种气质，更是一种精神氛围。一切的颓废、迷茫以及废墟状态给主人公带来的只能是忧郁。其二，"复义性"。这也是寓言最本质的特征，一般表现为字面意义和字面外

① 于闽梅：《灵韵与救赎：本雅明思想研究》，文化艺术出版社 2008 年版，第 152 页。

② Richard Wolin, *Walter Benjamin: An Aesthetic of Redemption*, Berkeley, CA: U of California P, 1994, p. 63.

③ 朱立元：《"寓言式批评"理论的创立与成熟：本雅明文艺美学思想探讨之一》，《外国文学研究》1996 年第 1 期。

④ 吕瑞新：《论〈德国悲剧的起源〉中的艺术救赎思想》，《文学界》2011 年第 9 期。

的深层意义的关联与差异。第三，"具有救赎的功能"①，旨在发掘文学作品中包含的救赎力量。

《路》所描写的核爆后的末日荒原景象充斥着血腥与暴力，人与自然、人与社会、人与人、人与自身的和谐均被破坏到无以复加的地步。对应寓言式批评的三大特征，本节将从风格、复义与主题来考察《路》的寓言式书写，挖掘麦卡锡如何通过父子在荒原旅途上的所见所闻、所做所惑和所问所答提出人类如何超越灾难与毁灭，重拾救赎的深刻命题，展现他作为一个作家对现代性的思考与人文关怀。

二　寓言性基调：文明坍塌的恐惧与忧郁

麦卡锡的《骏马》和《穿越》两部作品具有一种歌咏自然的田园诗韵致，山峦、草场、荒漠犹如山水画卷，无不充满诗情画意，这里的大自然风光旖旎，宛如哺育幼儿的慈母那般安和温丽令人眷恋，没有丝毫的狰狞与暴戾。然而，在《路》中却是另一番恐怖绝望的灾难后景象。在小说中，人类社会和自然均在核爆中毁于一旦，自然的痕迹在这样一个如炼狱般的浩劫后世界中已荡然无存，曾经在《骏马》和《穿越》中如田园诗般的美洲风景已沦为但丁《神曲》中的炼狱，整个世界退回了混沌的本初状态，"万物都失去了支撑。在灰蒙蒙的空气里无所依托。仅靠一口气熬着，一口颤抖的、短暂的气"②。夜晚冰冷不堪，可白日比"那些逝去的日子更加灰暗"③，更可怕；铺天盖地的灰尘弥漫在城市、乡村、海滨和内陆的上空，城市几乎完全被烧毁，建筑物的钢筋被软化，窗玻璃熔化流淌后凝固，像蛋糕上的冰激凌；自然界中的树木花草也在劫难逃，没了往日生机盎然的景象——举目四望，到

---

① 徐舒仪、朱新福：《失落与救赎：科马克·麦卡锡"边境三部曲"的寓言性叙事解读》，《解放军外国语学院学报》2016 年第 5 期。

② ［美］科马克·麦卡锡：《路》，杨博译，重庆出版社 2009 年版，第 7 页。

③ 同上书，第 1 页。

处是光秃秃并烧焦的树干和幽暗的森林、干黑的灌木、枯黑的常青藤、残根纠结的紫丁香、枯死的芦苇、灰蒙蒙的荒草地、黑矮的树桩丛、枯死的葛草丛、泡在水里的芦苇，即便是父子俩希望之地的南方大海中的水草也是枯死而随波逐流。小说中也有提到动物，如鱼、海鸟、乌鸦和猎鹰，但这些动物只剩下尸骨残骸，它们仅仅活在父亲的记忆之中。当父子俩来到一个湖边时，孩子问："湖里面有鱼吗？"父亲答曰："湖里什么都没有。"① 甚至在父亲回忆儿时田园生活时，却想起清澈湖面上漂浮着一条翻着肚皮死去的鲈鱼。当他们历尽千辛万苦到达南方海岸时，却发现这儿只有"海鸟的残骸。浪潮漫过之处，交织着大片的水草和鱼群的残骨，数之不尽，一望无际地在海岸上延伸，就像死亡之等斜线，海之盗墓。无知无觉"。②

　　自然曾经富裕的资源已被完全洗劫、摧毁，荡然无存。荒凉、邪恶的大地处处都散发着破旧不堪、沉闷压抑的衰颓死亡气息。但更令人毛骨悚然的是小说中所描述的同类相食后的死人场景，"这一切残酷地展现给人类一个完全崩溃的生存环境，令人畏惧和恐慌，弥漫着死亡的气息"③：遍地都是木乃伊般的死尸，肌肤和骨骼分得一清二楚，韧带缩得又干又细，恰如绳索。死人干枯萎缩得如同现代版的沼泽林干尸，脸皮像煮过的床单；一排牙如同泛黄的栅栏。类似的惨状描写信手拈来：

> 折断的枯草上有干结的血块，卷作一团的灰色肠子摊在那里，正是被害者给当场宰割的地方，之后又被拖扯到别处。离得远的那面墙上挂了一排脑袋，看上去都长得差不多，嘴角绷紧，嘴唇下陷，眼球收缩，干皮一张。（……）尚未被打得稀烂的脑袋，被剥了皮，留下光洁的颅骨

---

① ［美］科马克·麦卡锡：《路》，杨博译，重庆出版社2009年版，第14页。
② 同上书，第183页。
③ 余依婷：《科马克·麦卡锡小说〈路〉中乌托邦的颠覆与重构》，《西南科技大学学报》2014年第2期。

一颗。①

　　显然，让人毛骨悚然不仅是灾难导致的自然死亡，更是人性泯灭的食人族惨绝人寰的捕杀："所有食物储备都已枯竭，大地上到处都是谋杀。这世界忽地兴起一大帮眼睁睁当着你面就能吃掉你儿子、女儿的人。而各城中，结队而行的劫匪穿梭于各处废墟，踩踏在磨白的牙齿、炭色而模糊的眼珠上。"②这些人宛如残暴地杀子食子的克洛诺斯（Cronus），在伦理选择上，他们"人性因子与兽性因子的灵肉背离"让他们恣意吞食弱者，双手沾满了同胞们的鲜血，他们甚至连小婴儿都不放过，"烤焦的无头婴孩的身体，肠肚都掏空了，黑糊糊的粘在叉子上"。父子在寻找食物时偶闯食人窟，更是看到令人发指的一幕：那些作为食物储备的男女被锁在一间地窖里，"床垫上躺着的是个男人，两条腿从屁股下面齐齐被截了去，剩下的腿根子黑糊糊的，烧焦了，发出一股恶臭"③。

　　文明坍塌，人类的道德秩序也溃之千里，人性严重扭曲，毫无伦理禁忌可言，人的兽性暴露无遗。草根般卑贱的生命在这种惨无人道的弱肉强食、嗜血成性的世界里更是轻如鸿毛。本雅明的寓言式批评，就是以这种"忧郁的精神氛围为核心"④ 展开的文学活动。但是，如果说本雅明理论中的忧郁仅仅是一个抽象的概念，那么其小说中的具体表现则为人物的迷茫、失落、对生的焦虑与恐惧。比如小说中只能停留在父子俩记忆中的那位母亲，无法面对在同类相食的野蛮世界一家人将遇到的恐怖命运，崩溃地求丈夫让她自杀："我们迟早都会被他们（食人族）抓住，然后被杀死。他们还会强奸我。还会强奸他。他们会强奸我们母子俩，然后杀掉，然后吃掉，而你不敢面对这个

---

① 　[美] 科马克·麦卡锡：《路》，杨博译，重庆出版社 2009 年版，第 71 页。
② 　同上书，第 149 页。
③ 　同上书，第 88 页。
④ 　朱立元：《"寓言式批评"理论的创立与成熟：本雅明文艺美学思想探讨之一》，《外国文学研究》1996 年第 1 期。

事实。你宁愿等着看这一天真的来临。但我做不到。我做不到。"① 在恐惧绝
望的末日里，要保存尊严和纯净，只能选择自杀。混乱、恐怖的世界就像叶
芝在《基督重临》这首诗中描述的一样："在向外扩张的旋体上旋转呀旋转/
猎鹰再也听不见主人的呼唤/一切都四散了，再也保不住中心/世界上到处弥
漫着一片混乱，血色迷糊的潮流奔腾汹涌/到处把纯真的礼仪淹没其中；优秀
的人们信心尽失；坏蛋们则充满了炽烈的狂热。"

三　寓言性本质："上帝死了"的复义性

复义性②是指小说作者通过寓言来构造人物、情节，有时还包括场景的描
写，构成完整的"字面"意义，即第一层意义，同时又表现另一层相关的意
义。而"麦卡锡擅长通过描写表面情节的来龙去脉暗示相关的第二层含
义"③，利用表层意义和深层意义之间的张力促成构建完整的寓言叙事。从表
面上来看，《路》是讲述一对父子在末日世界的逃亡、求生之旅，他们的经历
险象环生，引人入胜，淋漓尽致地展现了人与人之间的伦理关系、人性的光
辉与丑恶的终极较量，而末日世界弥漫的恐惧感、抑郁感以及父亲对儿子未
来的无尽担忧又映射了"9·11"事件后蔓延整个西方世界的焦虑、恐惧感，显
示了麦卡锡对人类生存的忧思。这表层与深层意义的平行架构使《路》符合
寓言形式"一是有好看的故事，有大众缘；二是有寓意的故事，在故事内外
有充分的解释空间"④ 的两大基本要素。

如果说小说中同类相食的惨状所烘托的抑郁气氛寓意着文明的坍塌与后
现代社会道德的陨落，小说中人物对上帝是否存在的怀疑映射了现代人信仰
的缺失。基督教作为西方文化的代表，关乎上帝、人和世界三者间的信仰关

---

① ［美］科马克·麦卡锡：《路》，杨博译，重庆出版社 2009 年版，第 43 页。
② M. H. Abrams, *A Glossary of Literary Terms*, Foreign Language Teaching and Research Press, 2004.
③ 徐舒仪、朱新福：《失落与救赎：科马克·麦卡锡"边境三部曲"的寓言性叙事解读》，《解放军外国语学院学报》2016 年第 5 期。
④ 李小江：《后寓言：〈狼图腾〉深度阐释》，长江文艺出版社 2010 年版，第 17 页。

系。对于基督教徒而言，上帝既是万物的创造者、生命的给予者，也是人类得失成败、生死祸福的主宰者，更是善恶行为的审判者、人类苦难的救赎者。简而言之，上帝是人类个体存在意义的精神支柱，无论一个人的处境多么困窘都可以在上帝面前寻求庇护。然而，伴随着西方现代社会的迅猛发展与高科技的突飞猛进，自然环境被污染、破坏，气候开始极端恶劣化，加之战争频繁爆发，现代人常常笼罩在世界末日般的炼狱想象中，使得人们对一贯尊崇的社会道德标准、价值观和宗教信仰产生了质疑。尼采更是借着一个疯子之口大喝一声，"上帝死了！"①，而谋杀上帝的人正是人类：

> 狂人。——你听过狂人的故事吗？他在明亮的早上点了灯笼跑到市场上并不停地喊："我在寻找上帝！""我在寻找上帝！"——许多不信上帝的人正站在那里，他招来了一片嘲笑。你丢失了上帝吗？一个人说。上帝像小孩一样迷路了吗？另一个人说。或者他正藏起来了？他害怕我们？还是他已经去航海了？或者流离了？——他们就这样叫着笑着。狂人跳到他们中间以他的目光透射他们。"上帝到哪里去了？"他喊道，"我来告诉你们。我们已经杀了他——你们和我。我们都是他的谋杀者。（……）我们没有闻到上帝腐朽的气息吗？——上帝也在腐朽。上帝死了。上帝永远死了。我们已经杀死他了。我们，所有谋杀者中的谋杀者，怎么能安慰我们自己？世界上所有拥有权能者中最神圣最有权能者，已经在我们的刀下流血死去了——谁来擦去我们身上的血迹？用什么水可以把我们洗净？"

《路》中的父亲是麦卡锡作品中反复出现的苦苦寻找心灵的慰藉，却总是看不到光明而内心彷徨的男人形象。他所代表的正是当代西方社会失去了宗

---

① ［德］弗里德里希·尼采：《上帝死了——尼采文选》，戚仁译，上海三联书店1989年版，第266—267页。

教信仰、道德标准和价值观的焦灼不安的人群，他们对现实充满了失望，却又不知何去何从。虽然父亲拒绝像妻子那样用自杀来逃避现实，选择与孩子一起走向南方，寻求一线生机，沿途中也不断地说"他们"是"好人"来激励儿子——言下之意是好人终会受到上帝的庇佑——但"在这条路上，没有上帝派来的传讯人"，"他们带着这个世界一起离去"，他于是忍不住叩问，"不会存在与未曾存在过，该如何区别？"① 上帝的救赎到底在哪里？整个世界都凝结成一团粗糙的、容易分崩离析的实体，人们原本确信存在的事物名称也缓缓伴随着实体被人遗忘，"神圣的格言已失去了所指及现实性"②。泯灭人性的猎人者更让他无数个晚上无法不妒忌死去的人。所有这一切一次次动摇了他对上帝的信心："你在吗？我最后能见到你吗？你有心吗？你这该被永世诅咒的，有灵魂吗？"但"上帝之灵在干枯"③，迷茫、焦虑、不知所措的父亲试图把对神的希望寄托在年幼的儿子身上，"儿子若不是上帝传下的旨意，那么上帝肯定未曾说过话"。但残酷的现实一再打破他的希望，那个他们救下的、自称"伊里"的历经沧桑的老人让他回到了严酷的现实世界："老早以前就看透了。人类无法生存的地方，神也好不到哪里去。"④ 绝望的父亲最后和儿子坦承，"从来没有什么先知，他们也不会知道今天这里发生的一切，不论你说什么，你都是正确的。"⑤ 这种对上帝的信仰从迷茫、质疑到绝望放弃的过程正如哲学家海德格尔所说的"新时代的本质是由非神化、由上帝和神灵从世上消逝所决定，地球变成了一颗迷失的星球，而人类则从大地被连根拔起，丢失了自己的精神家园"⑥，寓意了"后9·11"西方社会的信仰困惑

① ［美］科马克·麦卡锡：《路》，杨博译，重庆出版社2009年版，第23页。
② 同上书，第70页。
③ 同上书，第216页。
④ 同上书，第141页。
⑤ 同上书，第228页。
⑥ 董小希：《从阿卡迪亚到启示录——小说〈路〉的生态主义解读》，《西安外国语大学学报》2011年第2期。

所带来的生存危机。

而对人类谋杀上帝的动因，尼采在《扎拉图斯特拉如是说》中也做过相应的分析：在该书第四卷第 67 节中，尼采写到，扎拉图斯特拉在经过死蛇之谷时遇到了"最丑陋的人"。这个最丑陋的人非但不否认自己的谋杀行为，而且振振有词地为自己申辩："上帝洞察一切，也洞察人类：这个上帝必须死去！人类是无法忍受这样一个见证人的。"① 换言之，正是人类一手引发了灾难，又在灾难中丧失了信仰，继而又萌生生存的困惑危机。在《路》中，时钟指针永远停在一点十七分。"先是一长束细长的光，紧接着是一阵轻微震动"，"窗玻璃上映出暗玫瑰的光"②，尔后城市被焚，烧焦的尸体遍横，万物干枯。这与《圣经·启示录》中末日降临的情景十分相似："天上落火，草木皆焚，船只毁坏，海洋生命灭绝，太阳和月亮完全遮蔽，到处是瘟疫和地震，城里布满了尸体。世界陷入了前所未有的灾难中。"麦卡锡虽未明言，但从小说灾难的这些描述可推断，这一定是核爆炸的遗迹。人类发明核武器的初衷源于保护自我、对抗他者，以此作为自身强大的后盾与撒手锏，孰料却自掘坟墓。核爆所造成的毁灭性灾难，盲目发展科学技术必然导致对自然与生态的毁灭性破坏，继而毁人类文明于一旦，给人类带来末日危机和一种尼采式的"虚无主义"感。其实，危机或毁灭是否由核爆炸或核战争引发并不重要，"重要的是小说对末日灾难的描述既是一种寓言，更是一种警示"③，其中所警示的是正是尼采的"最大怀疑论"，即最大的怀疑论并非上帝是否依旧存在，因为"佛灭度了，几百年后人们在一个山洞里还指出了佛的阴影——一个巨大的、可怕的影子。上帝死了，人仍旧存在。也许数千年后，人们还会

---

① 俞吾金：《究竟如何理解尼采的话"上帝死了"》，《哲学研究》2006 年第 9 期。

② ［美］科马克·麦卡锡：《路》，杨博译，重庆出版社 2009 年版，第 40 页。

③ 王维倩，孔繁霞：《生命来路的回望——科马克·麦卡锡〈路〉的科学人文主义思想探析》，《当代外国文学》，2016 年第 4 期。

在许多洞里指出上帝的阴影"①，但"人类的真理终究是什么呢？——是人类无可辩驳的错误。"②

四　寓言性主题：积极虚无主义式救赎

麦卡锡在叙述父子的逃生旅程中不断传达着一个信息，在后现代社会中上帝似乎真的不在了。那么，在宗教和道德所虚构的、最高的、终极的真实和价值"露馅"，"上帝死了"之后人能做什么呢？人类如何救赎本身、未来走向又是什么呢？尼采给出的答案就是人类历史将迎来彻底的虚无主义：

> 我们的快乐意味着什么。——近来发生的最伟大的事件——"上帝死了"，对基督教上帝的信仰崩溃了——这已开始在欧洲撒下了最初的阴影。（……）既然信仰已被摧毁，那么以这种信仰为基础并赖以生存和发展的那些东西也要随之坍塌：例如，全部欧洲人的道德。这引起了巨大的、连锁性的崩溃、毁灭和颠覆，推倒了我们面前所矗立的一切③。

当这种超感性世界和感性世界双重废除后，所遗留的就只能是我们的生命存在了。尼采的思路是克服虚无主义的药方必须建立在人的生命这一唯一的存在基础之上来重估一切的价值，而生命存在正是强力意志的显现：

> 确实，我们可能受这一事件的直接影响太大了——这些直接的后果，它对我们的影响也许与人们所预料的完全相反，不是令人悲哀和晦暗的，而是仿佛感到了一种新的、难以描述的光明、幸福、舒畅、鼓舞、黎明……我们，哲学家和"自由的精灵"事实上已感受到"上帝死了"，眼前仿佛展现了一片新的黎明。我们的心充溢着感激、惊异、预感和期

---

① ［德］弗里德里希·尼采：《上帝死了——尼采文选》，戚仁译，上海三联书店1989年版，第272页。

② 同上书，第268页。

③ 同上书，第275页。

待——终于，地平线在我们眼前又重新拓展了，即使尚未明晰，但我们的船终于能再次起航，无论有什么样的危险，知识的探险又再次成为可能。海，我们的海又重新展开；也许从未有过这样"广阔的海洋"。①

正如海德格尔所言，以如此这般被理解的重估为目标的虚无主义将去寻求最有生命力的东西，"虚无主义本身就成了最充沛的生命的理想"②。在《路》中，在末日世界中人性在与兽性的不断抗争中只能走向衰微，死亡亦是避无可避，坚守人性似乎是无用之举，但父亲与儿子始终以"我们是好人"的信念来支撑自己不与恶人同流合污，在非人的绝望世界里彰显人性的伟大。人类未来的希望就存在于这善良的"好人"的"明知善难为而为之"的道德抉择之中。所以，在《路》中，末日世界下浓浓的虚无主义感虽跃然纸上，但读者会发现人性的真善美篇章远远超过了关于人性邪恶的篇章，这光华闪烁的人性之美才是作品的主体，是作者意欲展现给读者的对人生的美好愿望。

德国生命哲学思潮代表人物鲁道夫·奥伊肯在其《生活的意义与价值》一书中曾指出："人是自然与精神的会合点，人的义务和特权便是以积极的态度不断追求精神生活（……）人应以行动追求绝对的真善美。"③尽管重建人类文明的希望是那么渺茫，《路》中的父子仍然奋力坚持不断向善、求圣的伦理道德追求。孩子是父亲求生的信仰、终末的盼望，"作为弥赛亚和新亚当，男孩身上凝聚着人类对于末世的希望"④。他相信儿子就是上帝传下的旨意，"他会抬起泪光闪闪的眼睛，看着男孩儿站在路上，从某个他想象不了的未来

---

① ［德］弗里德里希·尼采：《上帝死了——尼采文选》，戚仁译，上海三联书店1989年版，第276页。
② 闫听：《从"上帝死了"到"虚无主义"——海德格尔对尼采"虚无主义"的批判》，《河北北方学院学报》2010年第4期。
③ ［德］鲁道夫·奥伊肯：《生活的意义与价值》，万以译，译文出版社1997年版，第3页。
④ 王维倩：《圣杯何在——科马克·麦卡锡小说〈路〉的圣杯母题解读》，《当代外国文学》2014年第3期。

回头望着他，在废墟中闪闪发光如神龛"。① 在浩劫之后残忍的成人世界中，儿子身上仍体现了最温柔的神性，阳光般单纯，没有狡诈和欺骗，只有诚实和简单，处处表现出一种主动给予的、不是为了人家感谢他才提供给予帮助的"单向度的"友爱之情。相比起父亲为保护他不得不自私、冷漠与睚眦必报，儿子有着"基督般的仁慈"，甚至让父亲觉得"他就是上帝"。他常常为了是否对可怜无助的路人伸出援手和父亲发生争执，因为他笃信这个世界还有好人。他同情被雷劈伤的男人；央求父亲饶了那条狗，不要吃它；担心跟他差不多年纪的小男孩没有爸爸，没人照顾，哭着请求父亲带上那个男孩，愿将自己的饭分一半给他；他可怜那位半瞎的陌生老人伊里，拉着他的手，要父亲分食物给他，允许他和他们围着许久不见的火堆共度一夜；甚至还恳求父亲不要伤害偷取他们物品的贼，为父亲因报仇而扒光小偷的衣服、让他赤裸裸地站在寒风里而抽泣，因为他想帮帮他。当父亲安慰他"你不是那个要为所有事情操心的人"时，他坚定地告诉父亲"是的，我就是那个人"②。孩子这句稚嫩的宣言也许隐含了作者对末日世界出路的一线希望：或许只有他这样的"爱"，才可以拯救濒临绝境的人类。

在儿子的感化下，父亲逐渐坚定了对善与爱的信仰，开始尝试不求回报地付出。他最终心软地听从了儿子的恳求，向半瞎老人伊里伸出了友爱之手，不仅将他们的食物分给了老人，甚至还和老人待了一晚上，开展了一段与除儿子之外的人唯一的对话交流；面对偷窃了他们所有物资的盗贼，在儿子的哀求下，尽管十分需要御寒的衣物，父亲还是决定原谅盗贼并将他的衣物归还。他和儿子沿着来路往回走，大声地呼喊。尽管盗贼并没有出现，他还是把盗贼的衣服和鞋子堆在路上，上面压了块石头，然后领着儿子离开。在亡

---

① [美] 科马克·麦卡锡：《路》，杨博译，重庆出版社 2009 年版，第 226 页。
② 同上书，第 214 页。

命天涯的旅途中，他一遍一遍地向儿子确证"我们永远都是好人"①，所以不会去吃人；"我们是好人，所以我们不会死"。当他最后受伤了，意识到自己即将死去、即将违背永远不离开儿子的誓言时，父亲鼓励儿子要坚守对生命的热情，擎着希望执着向前：

> 你得接过火种
>
> 我不知道怎么做。
>
> 不，你知道。
>
> 真的有吗？那个火种？
>
> 有，真的。
>
> 在哪儿？我不知道在哪儿呀。
>
> 不。你知道的。就在你心里面。火种一直都在你身上。我能看见。
>
> （……）
>
> 我的心永远和你在一起，你是最好的人，永远是。我不在的时候，你还可以和我说话。只要你和我说话，我就会和你说。
>
> （……）
>
> 我真的很害怕，爸爸。
>
> 我知道。但你不会有事的。你会很幸运的。我知道的。②

父亲了解儿子的至爱和至善，"男孩在整部小说中所表现出来的精神已超然于毁灭，代表的是一种救赎的力量"③。在生命之灯即将熄灭的时候，父亲让儿子接过火种传承人类的圣火，可见他已经不似之前那么绝望了，而是相信人与人之间的爱与信任是救赎方式的一种，也是最后的救赎希望；人类的

---

① ［美］科马克·麦卡锡：《路》，杨博译，重庆出版社2009年版，第60页。

② 同上书，第229—230页。

③ 余依婷：《科马克·麦卡锡小说〈路〉中乌托邦的颠覆与重构》，《西南科技大学学报》2014年第2期。

火种不管经历怎样的黑暗和冷酷都不会燃尽，善良会继续传递、衍生，最终创造奇迹。因此，《路》虽着重营造了末日世界自然衰亡的忧郁、恐怖的精神氛围，刻画了文明坍塌后人性的泯灭与道德的败落，展现了信仰式微导致人物的迷茫与失落，但是单纯描写破碎惨淡的末日世界或者记录人在这样一个废墟世界中是如何被现实摧毁的并非作家写作的本意。本雅明认为，寓言性文本的一个潜在功能是救赎。巴洛克悲悼剧借舞台上呈现的废墟、死亡、尸体等形象，高度风格化地暗示尘世的一切是悲惨、世俗、破碎和无意义的，从而"寓言"式地展现从废墟和死亡中升起生命的赎救，而麦卡锡也借着《路》这本后启示录小说向读者展示主人公在绝望的虚无主义中艰辛的救赎路程。

五 结语

然而，主人公在绝望的虚无主义中的救赎可以实现吗？万一不能实现，又如何体现文学艺术的救赎功能？

尽管在父亲去世后，小男孩确实幸运地遇到了一家善良的人——不仅有父亲、一位男孩、一个女孩，还有在小说中缺席的母亲，从而组成了一个完整的家庭，但是，小说又设定了一个开放式结局，不管是来自上帝的救赎，爱与善的救赎，还是无法得到的救赎，作者并没有给出确定的答案。这难免让读者为他们前方的路感到担忧，因为本雅明曾在 1936 年的《讲故事的人》中看到了现代性的根本问题，认定我们无法得到拯救，唯一的出路也许只能是拖延而已。而这一家人似乎也仅是在拖延着必定死亡的命运。但正因为寓言文本的复义性，所以救赎的方式不能也不会是唯一的，留给读者的阐释也是迥然有异的：以学者埃利斯为代表的乐观主义者认为，小说结尾让读者从中看到了一个有爱的家庭，而这种爱超越了曾经单纯的父子之爱，从而为儿子与他的新家庭播下了希望；也有学者怀疑这一线希望的可信度，因为"从小说的叙事轨迹，我们无从发现，他们接下来的旅程会比文本中其他地方表现得容易"。实际上，这些围绕着不确定性进行的争论反映了麦卡锡小说中一直贯穿的一个关键因素——"随机"。他认为"'或然率'会把所有的人平等地放在幸运或不幸运的人生轨迹上，就如拉斯维加斯的纸牌玩家或者股市的分析师们所碰到的一样"，让生活充满了可能的不可能性。小说末尾的不确定性也正是麦卡锡对人类和人类生存状况的关注和思考：儿子的未来也就是人类的未来，尽管前方的路充满了不确定性，犹如小说结尾富有象征意义的斑点鲑背上迂回的、"地图和迷宫"般的图案，尽管所面临的可能是"一件不能挽回的事情，一件不能重新重好的事情"①，我们人类依然不能放弃。路还有很长，爱、希望和勇气等珍贵品质的坚守能帮助人类在不断的循环往复中继续向前，也许这才是人类的发展法则。

这种在虚无主义废墟上积极探寻的乐观的悲观主义态度正体现了尼采的"最充沛的生命的理想"。正是这种"最充沛的生命的理想"最后又使尼采找到了"艺术"或说"审美"，"我们有了艺术，依靠它我们就不致毁于真理"②。同时体现着人的"权力意志"和"永恒轮回"的生命体本身通过艺术和审美解救我们的存在，告诉我们一切生命的生成与创造都是一个永无休止的自我生成和毁灭的过程。犹如小说结尾那出现在山间小溪里的斑点鲑，"光滑，强健，有力"，"在它们生活的幽深的峡谷里，一切东西都比人类古老。包括它们神秘的呢喃。"③

---

① ［美］科马克·麦卡锡：《路》，杨博译，重庆出版社 2009 年版，第 236 页。
② ［德］弗里德里希·尼采：《悲剧的诞生——尼采美学文选》，周国平译，生活·读书·新知三联书店 1986 年版。
③ ［美］科马克·麦卡锡：《路》，杨博译，重庆出版社 2009 年版，第 236 页。

第九章 《星期六》: 文学与生命

第一节 小说与评价

一 小说简介

伊恩·麦克尤恩（Ian McEwan，1948 - ）是英国当代文坛最优秀、最具影响力的作家之一，驰骋英伦小说界达 30 多年，笔耕不辍，获奖良多：及至 2011 年，麦克尤恩一共获得 13 项文学大奖，其中包括 1976 年凭第一部短篇小说集获得的毛姆奖，1998 年因长篇小说《阿姆斯特丹》而获的布克奖，以及 2011 年的耶路撒冷奖；2000 年他被授予英帝国二等勋位爵士荣誉；其娴熟的叙事技巧、深邃独特的伦理洞见使他被英国评论界誉为"国民小说家"，甚至有评论家赞誉他是"英伦三岛上在世的最伟大小说家"，堪比贝娄和罗斯。其卓越地位的一个重要来源在于"他对于小说的功能以及小说家角色的严肃忧虑"①。他是公认的语言大师，擅长以无所顾忌和蓄意的简洁相融合的文风，以细腻、犀利的文笔勾勒现代人内心的种种恐惧与不安，其间充斥着暴力与困惑，混乱与挣扎，揭露了人们自身和社会的弱点，积极探讨暴力、死亡、爱欲、善恶等诸多问题，故事富有吸引力，叙述颇具张力，主题宏大。

在其事业早期，因为他的小说曾经总是和"阴暗人性、伦理禁忌和敏感题材"② 相联系，多聚焦性暴力、乱伦、谋杀、行为倒退等伦理禁忌主题而备受争议，麦克尤恩被冠上了"阴森的麦克尤恩""恐怖伊恩"的绰号。然而，《时间中的孩子》（The Child in Time，1987）标志着他中后期创作主旨的转折，将其关注重心从"私人顾虑、个人幻想和心理错乱等问题"演变成更加具有社会意识的"公众问题和政治问题"③，更多地转向家庭生活、伦理道德、历史认识和信仰冲突等"严肃话题"，并开始积极关注国际、国内形势，撰文表达自己对"9·11"等事件的看法，并以自己的小说创作展现国际危机。这种从阴暗而乖戾到严肃而大气的转变使麦克尤恩入木三分地描绘现代世界中城市的堕落、人性的迷失和政府腐败状态下的混乱和骚动，《星期六》（Saturday，2005）达到了该转向的高峰。

作为麦克尤恩小说中政治指涉最为明确的一部，《星期六》是其众多以伦敦都市为写作素材的小说中第一部以"9·11"恐怖分子袭击事件和伊拉克战争等政治事件为背景的长篇小说。作者着眼当下恐怖主义危机，以主人公事业有成的神经外科医生亨利·贝罗安在"9·11"事件两年后的2003年2月15日这一天里的经历为线索，讲述了主人公贝罗安星期六凌晨醒来到周日凌晨入睡的24小时里所经历的一系列事情，其中贯穿了一主一辅两条线——贝罗安与巴克斯特的汽车在反伊拉克战争示威游行的大街上发生刮擦，继而发生冲

---

① Dominic Head, *Ian McEwan*, Manchester and New York：Manchester University Press，2007，p. 7.

② ［英］伊恩·麦克尤恩：《在切瑟尔海滩上》，黄煜宁译，上海译文出版社2008年版，第193页。

③ Dominic Head, *Ian McEwan*, Manchester and New York：Manchester University Press，2007，p. 8.

突惹怒巴克斯特，导致他及其同伙尾随至其家中绑架了他的妻子罗莎琳，并意图侮辱他刚从法国归来的女儿为主线；贝罗安周六的既定行程（与朋友打壁球和去养老院看望老年痴呆的母亲）及家人团聚相辅而行：贝罗安在"后9·11"时代的某个星期六的凌晨醒来，在窗口无意间目击了伦敦西斯罗机场方向一架着了火的飞机划过夜空，而使其担心是否又是恐怖袭击而浮想联翩。上午贝罗安决定和他并不信任的麻醉师斯特劳斯一起打壁球，却在驾着奔驰车去球场的路上，碰上伦敦百万人反对入侵伊拉克的大游行，拐入小道后偶然和街头混混巴克斯特——一个患有亨廷顿舞蹈综合征的无良青年——发生了车辆剐蹭事件，为了在显示自己的身份与权威中赢得和解，他直言不讳地指出巴克斯特的疾患。然而，巴克斯特为此感到颜面尽失，其同伴也放弃继续敲诈的念头。贝罗安在混乱中驾车离开去比赛，接着购物，准备晚上的家庭聚会——酷爱诗歌的女儿与岳父将回来团聚。下午贝罗安按惯例探望了住在养老院里患有阿尔茨海默病的母亲，匆忙地观看了喜爱蓝调音乐的儿子的排演，然后动手做晚饭。正当儿子、女儿、岳父还有妻子陆续回到家，一场恐怖的入室施暴的灾难不期而至：巴克斯特难忍羞辱，纠集了原来的同伙，尾随贝罗安到他家，将其岳父的鼻梁打歪，用刀子挟持妻子，威逼女儿脱得一丝不挂，险遭强暴。危急时刻，是女儿朗读马修·阿多诺的《多佛海滩》让巴克斯特内心平静下来，放弃了犯罪的企图。贝罗安趁机与儿子将沉迷于美好诗歌中的巴克斯特推下二楼致其脑部受伤。经过内心挣扎，后来贝罗安赶到医院成功地给巴克斯特实施了手术。最后，再次回到家里，和前一天早晨一样，疲惫地站在窗台前看着楼下的广场，思考着人生，结束了他普通又特别的一天。

其中，麦克尤恩用乔伊斯式的心理描写刻画了西方自由世界在恐怖主义阴霾下，当代都市成功人士的生活、思想、心灵、精神和情感，以折射出"9·11"事件对英国中产阶级家庭的生活、心理、道德伦理等造成的影响，以及由此事件引发的对生命价值的切身体会，对文学与移情救赎价值的肯定，对自由和民主权力的珍视，以及对以暴制暴悖论的深度思考。该小说以其独特的叙事风格、对政治事件的关注、对人性的深度思考而获得 2005 年曼布克奖提名。

二　小说评价

对于麦克尤恩的主要作品，国内外学界一般习惯从"实验和创新、互文性、伦理困境、心理分析和隐喻，以及焦虑和叙事欲望等角度对其作品中的情爱色欲、家庭伦理、战争创伤、文化焦虑和历史影响等主题"进行了多维度的分析，但若是系统地审视英国战后信仰式微的社会现实和麦克尤恩小说的主旨意向，我们可发现"危机"是解读麦克尤恩小说的关键词，包括伦理道德、历史认识、自我与自由、宗教信仰等危机[①]。他站在当代哲学、历史和政治的高度，娴熟地运用现代和后现代叙事技巧对这些危机进行了深刻的展示、剖析、批判和反思，以艺术形式赋予它们不同的意义，探究人类关系的自我救赎能力[②]。《星期六》也不例外。作为"新世纪当之无愧最重要的政治小说之一"[③]，它置身于"后 9·11"恐怖袭击语境中，利用贝罗安伦敦街头偶然的暴力冲突和随后的入室暴力侵犯事件，通过贝罗安的心理活动把政治和个人生活紧密地联系起来，刻画了"后 9·11"时代这场内外夹击的危机对普通公民的影响，体现了作者在新世纪恐怖主义阴云下对西方自由世界的自由和民主的深度思考。

《星期六》在国内和国际出版界因其艺术性，特别是从专业脑外科视角对

---

① 胡慧勇：《历史与当下危机中的伊恩·麦克尤恩小说》，博士学位论文，上海外国语大学，2013 年。

② Colleen M. Hennessey，"A sacred site：Family in the novels of Ian Mc Ewan"，Doctoral Dissertation，Drew University，2004.

③ Andrew Foley，*The Imagination of Freedom – Critical Texts and Times in Contemporary Liberalism*，Johannesburg：Wits University Press，2009，p. 240.

当代伦敦人一天的生活进行私密和仔细的描写，而获得许多赞誉①，认为其中所展现的医患冲突背后所揭示的是"个体与社会之间的深刻失调"，是"当代英国社会时代危机与内在冲突的缩影"，是"一篇关于病态社会的病态心灵的记录"②。主人公的焦虑情绪体现了麦克尤恩过去 20 年间小说创作所关注的中心，即"利用死亡行为在信仰和怀疑，理性和知觉等人类思维的两级制造紧张，从而触发小说主题的哲学思辨"③。隐藏在这种焦虑情绪之下的是大英帝国日暮西山、荣光不再的"后殖民主义忧郁症"所引致的震惊与焦虑④。在贝罗安和他的家人，以及他的同辈人看来，舒适在《星球六》中即预示着危险，"小说中的当代都市人在'星期六'表现出的扭曲的欣快症，厘清了都市文化的乌托邦姿态的本质，并梳理出当代都市文化中的胜者必败逻辑，阐释了使得成功本身成为一个逻辑悖论的当代文化内核"，清晰呈现了"光鲜的物质成功背后的灾难感"，并深刻揭示"扭曲的当代文化逻辑所引发的精神荒芜和文化困境"⑤。他所揭示的西方现代生活的真实体验，包括优越、幸福、世俗和对恐怖、惊悚场景的冷漠，这种电视画面中常见的冷漠却又离他们如此之近，并挥之不去⑥。它传达的是以家庭生活为主要形式的政治主题，延续了其作品中反复出现的人性、伦理、政治、科学、文化等主题，赞叹小说剖析人的政治和病态心理，并利用可怕的政治化效果解释日常琐事⑦，突出了他对

① Elizabeth Kowaleski. Wallace, "Postcolonial Melancholia in Ian Mc Ewan's *Saturday*", *Studies in the Novel*, No. 4, 2007.

② 李菊花:《论〈星期六〉中的医学隐喻》,《名作欣赏》2013 年第 11 期。

③ Graham Hillard, "The Limits of Rationalism in Ian Mc Ewan's *Saturday*", *The Explicator*, No. 2, 2010.

④ Elizabeth Kowaleski. Wallace, "Postcolonial Melancholia in Ian Mc Ewan's *Saturday*", *Studies in the Novel*, No. 4, 2007.

⑤ 刘春芳:《〈星期六〉中的当代都市文化逻辑》,《外国文学》2016 年第 6 期。

⑥ Graham Hillard, "The Limits of Rationalism in Ian Mc Ewan's *Saturday*", *The Explicator*, No. 2, 2010.

⑦ Richard. Brown, "Politics, the Domestic and the Uncanny Effects of the Everyday in Ian Mc Ewan's *Saturday*", *Critical Review*, No. 1, 2008.

19 世纪以来科学与人文"两种文化"之争的关注以及他对小说功能和文学地位的思考，反映了小说作为"文化话语""伦理范式""预言方式"和"主观模式"① 等方面的功能。在迎接 21 世纪的曙光中，人们、特别是西方世界的人们，希望自启蒙运动以来的理性主义可以无所不能，西方文明取得的成功本身就是对恐怖战争的回应，尽管麦克尤恩并没有对科技发展、社会政局不稳及战乱等问题做过多的直接批评，但却通过对异化、疏离的人际关系、迷宫般的街道和混乱无序的广场描述揭示了社会问题的根源所在，充分利用了"城市哥特小说"② 这种文类的潜在政治功能表达了对当前世界政治风云变幻的看法：正是当代世界政局不稳导致了英国市民精神忧虑，平民的生活直观反映了"9·11"事件后英国国民精神焦虑和生存的危机感。

那么如何来拯救？如何来缓解这种生存危机感？麦克尤恩也给出了他的参考答案。利用哈贝马斯的交往行为理论，可分析出"越来越工具化的、缺乏理性的现代交往模式存在着潜在的暴力"③，小说主人公贝罗安与巴克斯特之间充满着欺骗、恐吓和表演的人际交往是导致他们相互冲突的主要原因，而要避免这种人与人之间你死我活的紧张关系，语言交流是最重要的解决手段，人类只有相互承认，相互理解，即利用内在理性进行交流，才能到达真正的和平。对于小说结尾的阿诺德诗歌拯救，研究者们也给予了广泛关注。莫莉·希拉德从互文性角度分析了《星期六》，认为麦克尤恩创作这部作品的原因在于构筑当代的新维多利亚风尚，关于《多佛海滩》的解读正是对阿诺德诗歌的自我重读④；她的观点与德琳·琼斯类似，后者基于马修·阿诺德和理查兹的科学观和诗歌观来探究麦克尤恩是如何在小说中通过对几个人物的

---

① 宋艳芳：《小说何为？——从麦克尤恩的〈星期六〉看小说的功能》，《国外文学》2013 年第 3 期。
② 耿潇：《〈星期六〉的哥特文类属性研究》，《当代外国文学》2014 年第 3 期。
③ 李菊花：《论麦克尤恩〈星期六〉中的交往思想》，《当代外国文学》2013 年第 1 期。
④ 耿潇：《〈星期六〉的哥特文类属性研究》，《当代外国文学》2014 年第 3 期。

描述、聚焦和概念隐喻，凸显他们的心理活动和意识思维的复杂性，借以引导读者反思科学和艺术之间的互补作用①。

在伦敦目睹了规模空前的反战游行之后，麦克尤恩下定决心要用小说形式来阐明作为西方文明世界的一员在"后9·11"时代的感受和对当下政治问题的矛盾心理，所以在《星期六》中他"通过精心安排的富有层次的空间结构，细致入微地描述了一位当代伦敦人一天的家庭、娱乐和职业生活，而且通过对这位普通当代人多重生活空间的多维叙述，（……）成功地向读者展示了21世纪西方社会生活的常态以及心理精神的困惑"②。尽管这本小说没有《水泥花园》（*The Cement Garden*）中的惊悚背景，亦没有《赎罪》（*Atonement*）中跌宕起伏的情节，但表面平稳温和的描述中充斥着令人心慌意乱的深刻情绪，读者可以深刻体会到围绕着都市化和现代化进程，众多现代主义者在作品中不断表达的"孤独感、隔绝感、片段感和异化感"主题。麦克尤恩以"9·11"事件和伊拉克战争为背景，通过聚焦于意识层面的神经生物学，在叙事过程中植入一个用以表达情感的特定元素来展现人们的冲突，为读者进一步缩小人性与精神科学间的差距提供了思考③。可以说，《星期六》提供了一个如何将个人的"幸福"与国家、国际的命运共同体捆绑在一起，以个体叙事展现了21世纪人类面临的共同困境的范本。

第二节　"后9·11"时代西方的"紧急状态"

在他的诸多著作中，本雅明不断描述西方所进入的前所未有的历史格

---

① Susan Green, "Consciousness and Ian McEwan's *Saturday*: 'What Henry Knows'", *English Studies*, No. 1, 2010.

② 林莉：《论〈星期六〉的空间叙事策略》，《当代外国文学》2013 年第 1 期。

③ Jane F. Thrailkill, "Ian McEwan's Neurological Novel", *Poetics Today*, No. 1, 2011.

局——非宗教时代与神学衰微："到了现代，人类——扼要说来，已经进入历史中的一个非宗教时代。""众所周知，今天神学正在衰微，已经不得不靠边站。"① 在他看来，随着现代性的全面展开，人类进入了一个荷尔德林所说的"神的缺席"的时代，这是现代性的潜在进化观所决定的。面对着无限扩散的资本主义社会、急速的现代化进程、逐渐消失的传统、愈演愈烈的反犹主义、法西斯主义与犹太复国主义等等，本雅明提出了西方进入"紧急状态"（State of Emergency）的言论。在广义上，"紧急状态"是一种"常规"，而非例外，它可以用来形容现代性的一系列危机，特别是第一次世界大战以来价值体系的全面颠覆，它使所有公共领域和私人领域处于普遍失范状态。在"紧急状态"中，个人、组织的行为几乎完全失去了可预测性。具体而言，它包括影响与反应在内的两种状态：

> 一是外部世界的紧急状态，这是由现代性全面生成和普通扩散过程中产生的大量问题造成的，这些问题的爆发导致了无法避免的物质与精神上的双重危机；二是身处其中的人认识并感知到这种紧张而产生了一种内在的精神紧张状态，这是对外部紧张的一种回应，更是一种强化。

美国"9·11"恐怖事件发生后，对全世界的政治、经济、文化等领域影响甚重而且越来越大，给美国乃至国际社会带来极大震撼，恐怖主义让西方进入了"紧急状态"——焦虑、不安、恐慌可以说是"后9·11"时期整个西方国家人们普遍心态的关键词。

一　人人自危的恐怖话语

"后9·11"时期整个西方国家人们的焦灼于《星期六》小说的开端跃然纸上。在伊拉克战争爆发前夕，家住伦敦的贝罗安突然从睡梦中醒来，但家

---

① Walter Benjamin, "Theses on Philosophy of History", *Illuminations*, Trans. by Harry Zohn, London: Fontana, 1992, p. 255.

道殷实、儿女双全、事业顺遂的他并非为普通人的生活柴米而烦忧，甚至"一切都是那么惬意""近乎滑稽的轻松"，让他"神清气爽，心无杂念，有一种莫名的愉悦"①。打开窗，俯视着广场，深感伦敦"这座城市是一项伟大的成就、辉煌的创造、自然的杰作"，而自己所安居的这一方乐土就是这辉煌的缩影，这常常会让他感受到犹如彼时的"持续而扭曲的欣快症"②，但他也不得不承认这般的城市已经滋生了众多的失眠患者，因为"过度的主观，想要依照你的需要来规划世界的秩序，同时又无法认清自己的微不足道"③。在他看来，这无异于他精神病学同事们所谓的病态或者意念的征兆。当他临窗看到一架燃烧的飞机带着犹如女妖般的、令人窒息的越来越强的声嘶力竭的发动机声音，沿着泰晤士河的南岸飞行，接着消失在邮政大楼后面的一幕时，他大吃一惊，不假思索地想到这是否又是一场类似于"9·11"的恐怖活动，因为：

> 就在差不多十八个月前，大半个地球的人们都不断地从电视上目睹了那些素不相识的受害者飞向死亡的一幕，从此每当大家看到任何一架喷气式飞机都会产生不祥的联想。如今人人都有同感，飞机已不再是往日的形象，而是成为潜在的、在劫难逃的武器。

在贝罗安看来，眼前景象仿佛是从前幻觉的重现，在安全的距离之外观察着灾难的发生，"这是另外一种熟悉的感觉——因为那看不见的情景而恐惧。"④ 所以每当除了搭乘飞机他别无选择，穿越大西洋上空之时，他往往一边手里捏着塑料叉子，一边感叹飞机和股市一样都有可能垂直下跌，幻想着倘若机上有炸弹或劫机者，意外发生时的可能景象。事后新闻报道这只是一

---

① ［英］伊恩·麦克尤恩：《星期六》，夏欣苗译，作家出版社 2008 年版，第 1 页。
② 同上书，第 3 页。
③ 同上书，第 13 页。
④ 同上书，第 12 页。

架俄罗斯货机因发动机起火请求着陆，并在指引下飞向希思罗机场并安全降落，但贝罗安整整一天都在怀疑飞机着火没有那么简单。当后续报道又传出两名飞行人员还是头上蒙着衣服戴着手铐被警察带走，并被分开审讯，官方认为这起事故多半是以圣战的名义在自己的飞机上点火，目的是要呼应当天的反伊拉克战争游行，"他们想要传达一个信息。就是如果有人敢对任何一个阿拉伯国家发动战争，类似的袭击就会发生"，而网上也谣传飞机上有《可兰经》，两名飞行人员都是激进的伊斯兰教徒时，贝罗安觉得这才是应了他最坏的猜测，宁可信其有。他也道出了电视新闻能像重力一般吸引着他这样的市民的缘由：

> 这是当今世界的状况让他养成的习惯，总是不可抑制地想要知道外面的世界正在发生的事情，想要和其他人一道关注变化，与天下同忧。这个习惯在近两年变得更加强烈；有资格被载入新闻的时事尺度不断攀升，以至于如今所听所见的无一不是骇人听闻的惊天大事。每一天都分享一个共通之处，那就是每天都有可能重现 9·11 这样的惨剧。政府的预警——针对欧美某个城市的恐怖主义袭击是不可避免的——这绝不是为了推卸责任，而是严肃的预言。人人都在恐慌不安，但其实内心深处还有一个共同的更加黑暗的渴望，那就是对自我惩罚的厌倦和亵渎神明的好奇。例如医院已经制订了急救计划，媒体也做好了紧急报道的准备，观众更是翘首以待。下次恐怖袭击的规模肯定更大、破坏力也会更强，上帝保佑不要让它发生。但如果一定要发生的话，可千万别让我错过观看。最好还是现场直播，全景拍摄，让我在第一时间就能了解情况。①

因受这种"黑暗渴望"的左右，当最终看到两名飞行员被无罪释放时，

---

① ［英］伊恩·麦克尤恩：《星期六》，夏欣苗译，作家出版社 2008 年版，第 146 页。

贝罗安却没有感到特别高兴，甚至没有如释重负的感觉。他坦言，为了屈从于内心的恐惧，他刻意地忽视了多个细节：飞机当时并没有冲向建筑物，降落的方式是有条不紊的，其飞行路线是频繁通行的——所有这些都不符合恐怖活动通常的征兆。他也早该意识到这不过是一场简单的事故，而绝非对自己所处的社会群体的攻击，但他内心却早已断定恐怖袭击阴谋的可能。究其原因，他批判起了新闻媒体对民众的影响甚至愚弄，"怀疑自己变成了一个易受欺骗的傻瓜，自愿而又盲目地追随着当局施舍给公众的任何一点点新闻素材、观点和推论"，而他是个"趋炎附势的顺民，眼看着恶龙逐渐变得强大无比，便躲在它的翅翼下乞求庇护"，误以为自己也是当事人之一，"乐得让这一事件和新闻媒体的一举一动左右他的情绪"，每日关注新闻动态，每周日下午躺在沙发上读更多空穴来风的评论专栏，更时常研读长篇累牍的时事追踪，聆听他人对事态的预测，"幼稚地以为凭借着这样的热衷就等于自己在参与事件"。① 贝罗安的自我反思折射出了人们"顺从"的鸵鸟心态——他们容易被反恐话语充分利用，对于媒体的反恐话语从不质疑。然而，所谓的"恐怖分子"，只存在于报纸、电视和政治家的访谈中，只是一种媒体制造的"话语"，是打着国家安全旗号下的显性的霸权而肆意夸大的危言耸听，使用拼接、暗示、筛选、渲染的"艺术"手法，利用"事实"来编造"故事"，利用"真相"来制造各种恐怖分子"谎言"，只是一旦深入民众想象，"话语"则成为比谎言更真实的现实。各种新闻报道，营造出杂乱而又单调的压抑氛围，凸显媒体话语的强势和个体的无助，制造了一种人人自危的恐慌气氛，"相信在世界的某个角落，有些人在有意识、有秩序地组织起来，企图杀掉像贝罗安这样的人，以及他的家人和朋友，来证明自己的某种信念"②，导致民众受国际反恐话语影响而形成的先入之见，在紧张焦虑时互相怀疑、敌视穆斯林和

---

① ［英］伊恩·麦克尤恩：《星期六》，夏欣苗译，作家出版社 2008 年版，第 149—150 页。
② 同上书，第 66 页。

其他种族、移民，甚至欺凌弱小。可见，"反恐话语"虽然由当权者制造，普通民众并非完全无辜，"他们一方面是话语的接受者，另一方面又因为'顺从'而成为参与者，兼具受害者和迫害者双重身份"①。

二　一触即发的反恐战争

贝罗安买过一本中东和国际关系专家弗雷德·哈利迪的书，书的开头读起来既像是结论也像是诅咒："纽约的袭击预示着全球危机的爆发。"② 包括伦敦在内的西方所面临的"紧急状态"还有被别有用心的政客所渲染的似乎迫在眉睫的反恐战争。伦敦发生了大规模的反伊拉克战争游行示威，但被煽动的激奋群情也使战争不可避免。"9·11"发生以后，以美国为首的西方国家政府将"伊斯兰原教宗旨主义"与"国际恐怖主义"认定为对文明国家安全构成的头号威胁，作为政府"喉舌"的新闻媒体也将伊斯兰世界作为报道的焦点，其中包含诸多对伊斯兰文化、穆斯林形象的误读与妖魔化的臆想。正如萨义德指出的，那些由"专家"所写的关于阿拉伯世界的书籍往往充斥着陈词滥调，"伊斯兰与恐怖主义、伊斯兰本质剖析、阿拉伯的威胁以及穆斯林的恐吓"等类似书名足以耸人听闻，让读者相信"热爱自由的、民主的以色列和邪恶、专制、恐怖主义的阿拉伯之间简单的二元对立"③。贝罗安对此也曾深信不疑：

> 当前的世界已经今非昔比了，极端的伊斯兰分子不是虚无主义者——他们要的是完美无瑕的世界，换而言之就是伊斯兰世界。他们的理论在贝罗安看来是一种黑暗的思想——为了实现一个乌托邦，而不择

---

① 周小进：《批判反恐话语——〈未知的恐怖分子〉对"后9·11"时代媒体角色的反思》，《当代外国文学》2015年第1期。

② ［英］伊恩·麦克尤恩：《星期六》，夏欣茁译，作家出版社2008年版，第26页。

③ ［美］爱德华·萨义德：《东方学》，王宇根译，生活·读书·新知三联书店1999年版，第35页。

手段，在革命的大旗下无所不用其极——只因为他们相信，如果最终能让所有人都过上天堂般的生活的话，以一两百万人的生命作为代价又算得了什么呢？[①]

贝罗安对伊斯兰世界的定论源自他结识的病人特勒伯教授所讲述的故事，后者曾因莫须有的罪名在"无休止的刑讯、大批量的处决、种族清洗和不时发生的大屠杀"[②]的伊拉克被捕、惨遭酷刑。在和特勒伯教授谈话后的几个月里，贝罗安忍不住查阅了有关伊拉克政权的资料，并阅读了伊拉克有争议的作家马克亚的作品，从中他还"了解"到了发人深省的斯大林的故事，以及萨达姆如何依靠家族纽带和民族忠诚来维系政权，并把宫殿像礼物一样作为奖励。贝罗安也熟知了发生在伊拉克南部和北部的那种令人发指的种族灭绝、人种大清洗，庞大的告密组织，匪夷所思的酷刑，还有萨达姆喜欢事事亲为的嗜好，以及各种奇怪的惩罚方式被载入法律——例如在人身上打烙印和切断肢体。贝罗安据此得出一个结论，即"在那个国家里罪恶得到了前所未有的扩张，变得更加系统化，更加富有创造性"，他觉得特勒伯教授说得没错，"那真的是一个恐怖之地"，邪恶而又偏执的"萨达姆政策的核心是恐怖主义"[③]。所以，在和支持反战的女儿黛西的争辩中，贝罗安——实际上，他代表了诸多宣战盟友的观点——辩驳伊拉克，还有叙利亚、伊朗、沙特阿拉伯都是个混乱的国家，那些激进的伊斯兰教徒仇恨西方人的自由，是恐怖分子的天然盟友，注定有一天会给人类带来危机，所以，与其让人类陷入可以预见的"百年危机"，不如趁早铲除，让那些暗无天日的人们享受一下什么叫作自由和不被酷刑折磨的安定生活。

所以，在以首相为首的主战分子的媒体宣扬之下，反恐战争一触即发。

---

① ［英］伊恩·麦克尤恩：《星期六》，夏欣苗译，作家出版社2008年版，第28页。
② 同上书，第56页。
③ 同上书，第59页。

尽管反战示威游行据说非常庞大，但小说中所加入的一闪而过的一幕让人不禁质疑反战分子的真诚与坚韧：一个被采访的兴奋的游行者居然是个知名的女演员，为了压倒身边的歌声和欢呼声她提高嗓门说"在英国的历史上这样规模巨大的集会是史无前例的"，主持人也注意到女演员的话是"引用莎士比亚作品中的《圣·克里斯平节演讲》的对白，原话是亨利五世在阿金库尔战役之前说的"，贝罗安批判"为什么一个呼吁和平的示威者会引用一个崇尚武力的国王的话？"并据此认为儿子不会为错过游行而遗憾。女演员为赢得周围群众关注以及自我炫耀的行为显然是带有表演性的，管窥一斑，我们也就无法确定，在这场所谓"规模巨大"的游行中，究竟有几人是发自内心的反战，又有几人如同女演员不过是这场盛大演出的表演者，"但可以肯定的是众多人的参与已将一场本应单纯的反战示威游行演变成一场声势浩大的社会表演活动"。①

而这场即将发生的战争，尽管到了关键时刻，以贝罗安这样的主战者竟也开始经历一种进退维谷的困境，开始困惑发动战争是否真的就可以让他们更加安全，也在怀疑萨达姆是否真的拥有威力巨大的恐怖的武器，甚至也看清了主战的首相其实"可能处于一次巨大错误的边缘"②，他们还是决定赌一把，因为他们"不用对选民、报纸、朋友和历史负任何责任"，"当一个人不用为结果负责时，犯错了就权当是一种娱乐的分歧"。所以，除了政客们别有所图的战争阴谋，西方这种无所谓的"看戏"态度致使战争不可避免。此外，麦克尤恩将贝罗安的活动置于"9·11"后和反伊拉克游行这个历史背景下，详细地描述了贝罗安在星期六这天与街头混混巴克斯特发生冲突，之后被尾随至家中，家人被持刀威胁、女儿甚至险遭强暴的恐怖主义活动及家人齐心协力挫败暴徒的经历，也旨在说明在"9·11"事件阴影的笼罩下，世界各地的人

---

① 耿潇：《〈星期六〉的哥特文类属性研究》，《当代外国文学》2014年第3期。
② ［英］伊恩·麦克尤恩：《星期六》，夏欣苗译，作家出版社2008年版，第117页。

们在日常生活中都面临暴力犯罪的威胁，各类武装冲突难以避免，"重点凸显了弥漫在'9·11'后的西方世界人们的精神恐慌与焦虑和当今西方世界个人乃至整个家庭在面对纷繁复杂的世界时所生的脆弱感。"①

三　伦敦"大众"的冷漠与异化的生活

在小说的序中，麦克尤恩从索尔·贝娄的《赫索格》中选取了一段话：

> 那么让我们举个例子，比如说，人是什么？在某个城市中。在某个世纪里。在蜕变之中。在群体之中。被科学地改造。被有组织的力量统治。被滴水不漏地控制。生存在后机械化的环境里。极端的希望一个一个破灭。在一个没有集体意识而同时又贬低个人价值的社会里，多如牛毛的大众已使得个性变得毫无价值。

现代社会正是由新的"人群"（the Crowd）——"大众"（the Masses）构成的。"后9·11"时代越发人人自危、恐慌焦虑的伦敦"大众"更是体现出了现代城市没有个性、人与人普遍的一种冷漠关系。恩格斯对此曾发表过一番愤怒且同情的言论：

> 伦敦人为了创造充满他们的城市的一切文明奇迹，不得不牺牲他们的人类的优良品质：……在这种街道的拥护中已经包含着某种丑陋的违反人性的东西。难道这些群集在街头的、代表着各阶级和各个等级的成千上万的人，不都是具有同样的属性和能力，同样渴求幸福的人吗？……可是他们彼此从身旁匆匆走过，好像他们之间没有任何共同的地方。好像他们彼此毫不相干，只在一点上建立了一种默契，就是行人

---

① 郭先进：《丰赡的文本，斑驳的"史诗"——小说〈星期六〉的空间化叙事研究》，《当代外语研究》2013年第9期。

必须在人行道上靠右边走，以免阻碍迎面走来的人①。

在恩格斯看来，"大众"——面孔千篇一律、行色匆匆。对他人的存在漫不经心，全都是单子似的孤僻的个人。而伦敦在小说中所呈现的不仅是一个"少数幸运的群体享有超级市场的丰盛、潮水般唾手可得的资讯、薄如蝉翼的服装、不断延长的寿命、妙不可言的机器"、街道错落、绚丽多彩的物理空间，它亦是滋生道德腐败、邪恶丛生之所，异化而冷漠的人际关系充斥着整个城市。生活富足的贝罗安心安理得地享受着拥有奔驰豪车的"温柔的幸福感"，坦然地接受着贫富不均和两极分化，自我理性地解释"在刚刚过去的一个世纪里，人类历经了多少次毁灭性的打击，目睹过多少种卑鄙的行径，牺牲了多少人的性命，最终还是不得不用一个脆弱的不可知论来解释正义的扭曲和贫富的不均"②，所以人们也就大多地对现实抱有一种存在主义的心态——一个人如果迫不得已要靠扫大街维持生计的话，那只能说明他运气太差，毕竟总得有人来做这样的事。像贝罗安这样富足的上层阶级持着这般理所当然的心态，自然对他人的苦难缺乏同情、怜悯之心。他们觉得没有必要让人道同情范围扩大化，这会让现代生活变得越来越复杂。贝罗安这类人相信：

> 人类成功主宰世界的秘诀是，要学会有选择地发善心。即使你知道你有那么多生命要你同情，但只有摆在你眼前的才真正会困扰到你。所谓眼不见则心不烦。这就是为什么从平静的玛丽莱博街上看世界是一片祥和。③

---

① Walter Benjamin, and Charles Baudelair, *A Lyric Poet in the Era of High Capitalism*, Trans. Harry Zohn, London: Verso, 1992, p. 121.

② ［英］伊恩·麦克尤恩：《星期六》，夏欣茁译，作家出版社2008年版，第60页。

③ 同上书，第104页。

　　贝罗安成了一位成功的神经外科医生，尽管他当初是因为同情、移情而爱上了自己的妻子，但后来不计其数的手术已经让他做到了不对患者动恻隐之心，经验丰富的他已经不会再被目睹的各种伤痛所困扰，不会再为患者的遭遇而感到同情，用他所在医院里的人的话来说，他是一个"不动声色的极端范例"①，多年的临床经验早就让他麻木了。于他而言，所进行的每一场手术如同歌剧，他所关注的永远不是患者的病情恶化到了什么程度，而是手术室里响彻的是哪种类型的音乐，手术台上的患者不过是这出戏的配角而已。在做不同的手术时他会选择不同的音乐，常放的是巴赫的《哥德堡的变奏曲》《平均律钢琴曲集》，或是曲调隆重的格兰·勾德，又或是灵巧流畅的安吉拉·休伊特曲。他的"毫无典型的硬汉做派"让人感觉不到他对手术台上的病人有一丝一毫的情感，手术甚至成为一种音乐伴奏下的表演，主角正是贝罗安医生。手术室里医生和患者的关系是城市生活异化性的表征之一。

　　这种异化性也延伸到了两性关系、亲人关系。小说中虽然极力渲染了贝罗安与妻子轻松愉悦的惺惺相惜、对她一如初心的爱恋与忠诚，甚至不惜笔墨地描述他们的亲吻与性爱，但却又"大煞风景"、一针见血地指出，"这种对婚姻的忠实看似高尚甚至顽固，但其实两者都不是，他从来不需要真正做什么抉择"，"他的人生有三样东西不可或缺：占有、从属和重复"。② 与其说他对她一见钟情，不如说"他爱上的是一种生活方式"，在她身上手术成功让他"开始对未来充满憧憬，迫不及待地想要取得一切的技能"③。而对于自己住在养老院、患有老年痴呆症的母亲，虽然每周六例行去探望，对见面的程序烂熟于心，他甚至一时间会想不起她的相貌来，记忆中只有她40年前的全郡游泳冠军形象。每次去探望，都有一种内心的排斥感；每当离开时，他都

---

①　[英] 伊恩·麦克尤恩：《星期六》，夏欣苗译，作家出版社2008年版，第17页。

②　同上书，第33页。

③　同上书，第37页。

会有一种"背叛母亲的感觉，丢下她一个人在萎缩的生命中，而他则偷偷溜回到他自我的天地里去过他的富足生活"的"罪恶感"，但"不可否认的是，当他转身离开母亲的时候，在从口袋里掏出车钥匙奔向自由的一刻，他的心情是多么释放，他的脚步是多么的轻快！"①

贝罗安所信奉的有选择性的善心理论甚至也影响到了下一代。贝罗安的儿子西奥就总结出了一句所谓的至理名言为"眼界越远，失望越多"，并给自己定下了"将是做井底之蛙"②的座右铭。年轻人的阐释是每当我们关注那些天下大事，例如，政治局势、温室效应、贫困人口等问题，情况看起来都糟糕透顶，毫无进展，前途一片灰暗，但是如果我们只看眼前，只关心自己的境遇会觉得生活还真不赖。所以，就算有200多万在参加反伊拉克战争游行，贝罗安仍带着"为这个时代的成功而庆祝的兴致勃勃"踏实地逛街购物，而儿子则和朋友们一如既往地玩弄着他的蓝调音乐。大众甚至沉醉在这一异化中，丧失自我。在资本主义化的过程中，商品代替原先的个体意义上的人而成为"不知名的主体"，从而占据着生活的中心位置。紧接着，作为主体的商品先是引导成为客体的"大众"向商品移情，商品带来了"对瞬间的、感官的、'奇形怪状'的身体快感的喜好"，使大众沉浸在"潮水般涌向商品的陶醉中"。③接着它又向知识分子"招手"，使其加入商品化的过程。伦敦到处弥漫着商业气息，似乎买卖才是城市的灵魂，而沦为"大众"的人则"生来缺乏想象的天赋"，沦为"现实主义者"④，根本无法真的在冷酷的钢铁机械看到伟大，甚至无法摆脱烦躁，因为"当下则意味着物质主义和商业法则、

---

① ［英］伊恩·麦克尤恩：《星期六》，夏欣茁译，作家出版社2008年版，第127页。
② 同上书，第28—29页。
③ ［英］迈克·费瑟斯通：《消费文化与后现代主义》，刘精明译，译林出版社2000年版，第105页。
④ ［英］伊恩·麦克尤恩：《星期六》，夏欣茁译，作家出版社2008年版，第141页。

切断与过去的联系，也意味着被淘汰的焦虑感和不安全感。"①

四　结语

马克斯·韦伯（Max Weber，1864－1920）认为，现代性的两大特征是解魅与启蒙，理性化的趋势已经成为启蒙之后西方的意识形态了。然而，"一战"后，西方不但未出现启蒙理性预想的乐观景面，反而出现了理性桎梏、物欲膨胀、道德沦丧、发展过度等各种问题，使得人与社会、人与自然、人与自我、人与人等基本关系都发生了严重的扭曲和异化，换句话来说，"启蒙带来了巨大的不幸和恐怖，人类发现自己陷入了'恐怖与文明不可臾离'的状态"②，即"紧急状态"。于本雅明而言，"紧急状态"绝不仅是狭义的社会历史表述，而是指"整个西方现代文明的全面危机及其应对"，而"这个危机的核心问题是：作为人之外的价值判断与生活依据彻底退隐之后，在一个无'神'的世界里，人能否凭借自身独立地担负起人类及整个尘世的价值，在堕落的世界里得到救赎？"③ 面对风起云涌的国际恐怖主义，西方所面临的"紧急状态"更甚，麦克尤恩在《星期六》中阐释了包括英国在内的西方的"紧急状态"。

第三节　文学艺术的伦理救赎

马修·阿诺德在《文化与无政府状态》中讨论了英国在向现代社会转型时期所充斥的对人性的漠视和暴力问题，并表明科技的进步并不意味着人民

---

① 周小进：《批判反恐话语——〈未知的恐怖分子〉对"后9·11"时代媒体角色的反思》，《当代外国文学》2015年第1期。

② 于闽梅：《灵韵与救赎：本雅明思想研究》，文化艺术出版社2008年版，第8页。

③ 同上书，第16页。

大众的幸福，只有"文化"（文学、艺术等精神生活层面）才能转变人的内心。在《星期六》中，麦克尤恩不仅对当今社会所充斥的对人性的漠视和暴力做了全方位的描述，"对阿诺德《文化无政府状态》中文化的功用也做了探讨与回应"。

一 文学的缺失

沦陷于"后9·11"时代"紧急状态"下被理性、科技、媒体、消费文化而异化的贝罗安，在爱好文学的女儿黛茜眼里，就是这样一位既不信上帝、没有信仰，又"太缺乏想象力"的"冥顽不化的物质主义者"①、麻木得像狄更斯《艰难时世》里的葛莱恩，被批评已经无知到"惊世骇俗的地步"，急需"纠正他的低俗品位和麻木不仁"；甚至在下层的街头混混巴克斯特看来，贝罗安也不过是一个治病的工具，如同"一群盲目自大的傻子靠着拙劣的设备就妄图医治宇宙中最复杂的器官"②。

外在的成功使贝罗安早已将文学与诗歌驱逐出了自己的生命，后者在他看来就是"一时兴起而做""却为某些人赢得利益和自我的膨胀"③ 的东西。他自负地认为作为一名医生，他所目睹过的死亡、恐惧、勇气和苦难已足以充实多部文学作品，所以不想成为书中人物生活的旁观者，尤其是那些虚构的生活，"他对再创伤的世界形态不感兴趣，他想要得到的是对现实世界的解释。换句话说，他是以极势利的眼光看待文学，（……）他是英国实用主义者的代表，对带有乌托邦味道的任何叙述都不信任，他认为自己是一个活生生的证明——证明人能够生活在没有故事的世界中"④。他不确定自己是不是真的见识过什么伟大的著作，甚至怀疑它们的存在，也就似乎对从头到尾读完

---

① ［英］伊恩·麦克尤恩：《星期六》，夏欣茁译，作家出版社2008年版，第110页。

② 同上书，第71页。

③ 同上书，第163页。

④ Arthur Bradley, and Andrew Tate, *The New Atheist Novel: Fiction, Philosophy and Polemic after 9/11*, London: Continuum, 2010, p. 28.

一本书缺乏耐心，对莎士比亚之类作家的厌烦"已经到了忍无可忍的地步"。虽然"指望着黛茜能够让他恢复对文学的知觉"，在女儿的指挥下，他完整地读了《安娜·卡列尼娜》和《包法利夫人》，但依旧认为"为了消化那些错综复杂的故事所付出的代价就是思维变得迟钝，而且还浪费了他无数个小时的宝贵时间"①。女儿推荐的阅读书目，已经让他得出了这样一个结论，"小说里充斥了人为的弊病、太多的杂乱无章和牵强附会，既没有展现出人类伟大的想象力也没有激起读者对自然无与伦比的创造力的感叹"②。

莎士比亚和托尔斯泰这些文学泰斗的世界于他而言毫无价值，书籍与经典不再传达意义，只有代表着理性与科学的牛顿与霍金的思辨才是他所能理解并认同的文化逻辑，他的时间和精力都投入了按部就班的工作之中。阅读让他疲倦，但能令他获得物质成功的手术却从不会让他感到疲倦，相反，"一旦他沉浸在医院、手术室和井然有序的手术程序所组成的封闭世界里，（……）他便会迸发出超人的能力，更像是一种渴望，对工作的极度渴望"③，反而是每周五的案头工作令他疲惫、停滞不前。专业术语已经成为"他的第二本能"，他的语言组织能力却是跌跌撞撞。他不相信梦想的力量，对各种艺术的幻想更是毫无兴趣，儿子的音乐潜力、女儿的文学天赋都是岳父发现并引导的。对他而言，激发情感和梦想的任何努力都一无是处，唯有通过修理大脑来拯救思维器官的故障才是值得尊重的，而他认为他通过理性力量所拥有的"一技之长"，"他在医学领域里的地位足以让他在任何一位诗人面前挺胸抬头"④。

二　移情的匮乏

也正是文学与诗歌的缺失使贝罗安缺乏基本的感悟与同情。他习惯性地

---

① ［英］伊恩·麦克尤恩：《星期六》，夏欣茁译，作家出版社2008年版，第53页。

② 同上书，第55页。

③ 同上书，第8页。

④ 同上书，第163页。

带着一种"轻微的占有欲监督着"他家窗外广场上的人来人往与各种戏剧性的画面。在他眼里，"城市的广场就等于是沙漠的缩影"，一个"有围观的舞台"，"广场的公开为个人的隐私提供了舞台"①，而他就是一个事不关己的看客，甚至让他联想到这一马平川的地形正好可以让一个战略家纵横驰骋，沙漠作战是一个军事家的梦想，所以这可能也是导致伊拉克战争的根源。这种看戏般的观察给贝罗安一种居高临下却又冷漠疏离的优越感，换言之，"当'观察者'细察人群时，阳台就显示了他相对于人群的'优越'"；但这里单向流动的"看"，与"被看"之间并没有互动，"一个人可以凝视但不会被接触到，可以介入但却远离群体"。② 正是这种远离，让贝罗安事后发现自己一直隐隐内疚的根源在于他仅仅是观望着失事的飞机却采取事不关己的不作为，并没有联系相关部门以采取措施。也正是这份高高在上的远离，让他在街头处理自己的奔驰豪车与巴克斯特的车剐擦冲突时，表现出一种明显的、冷漠的上层阶级和下层阶级之间的权力等级秩序，试图始终是控制话语权的一方。首先是傲慢地拒绝了巴克斯特递烟示好的举动，而后当他发现巴克斯特患有"亨廷顿舞蹈症"时，他并没有真正地表示关切与同情，而是以一个神经学科专家的自信口吻，谈论医学知识来剥夺巴克斯特的话语权，甚至一再让自己医生的权威"无耻的威胁起了作用"以躲过一顿痛揍，他"内心深处一刻都没有停止计算还有多久自己才能脱离眼前的危机"③。

正是这份傲慢的冷漠给他和家人带来了无妄之灾，巴克斯特无法忍受在同伴面前被揭露病情的耻辱，结伙尾随了他，在当晚以刀相挟，威胁其妻子罗莎琳并试图侮辱其女儿黛茜。

---

① ［英］伊恩·麦克尤恩：《星期六》，夏欣茁译，作家出版社 2008 年版，第 48 页。

② K. Robins, *Into the Image：Culture and Politics in the Field of Vision*, London：Routledge, 1996, p. 20.

③ ［英］伊恩·麦克尤恩：《星期六》，夏欣茁译，作家出版社 2008 年版，第 79 页。

三　诗歌的魔咒

危急时刻，贝罗安的医学知识的故伎重演并没有平复巴克斯特的愤怒，却让他更加激动，双臂快速地摆动着，差点一刀抹了妻子的脖子，还逼迫黛茜脱光衣服，意欲施暴。暴力事件一触即发之际，黛茜所朗读的一首马修·阿诺德的诗歌《多佛海滩》竟出乎意料地让巴克斯特开始慢慢恢复平静。聆听着黛茜以迷人的语调、像给孩子讲故事似的抑扬顿挫地朗读着"今晚的海面是平静无波的。潮汐涨到了极致。一轮明月挂在海峡的上空——法国海岸的灯火时隐时现……"的诗句时，事情出现了戏剧性的转机：巴克斯特握刀的手开始放松，他的姿势，他脊背弯曲的角度，都显示出诗歌降服了他暴躁的情绪和可能的撤退意图。阿诺德这位 19 世纪的诗人和他象征着自然的诗歌、这份自然的力量、人类情感与生命的源泉打动了巴克斯特的心灵，让他回想起了自己长大的地方，重新唤起了他内心最深处对生命的渴望和对未来的憧憬。而黛茜所孕育着的小生命是自然的另一种象征。正是这首诗歌和这个突然而又自然的小生命在关键时刻竟令处于思维与情绪均混乱状态中的"巴克斯特从一个蛮横的恐怖主义分子瞬间变成一个惊喜的崇拜者，或者说一个兴奋的孩子"，"舔着嘴唇，他的微笑是湿润而幸福的，眼睛是明亮的，声音是柔和的，语调中流露着激动"[1]，表现出对贝罗安医疗建议的信任、愿意接受实验性治疗、好好生存的强烈愿望，最终原本充满愤恨、狂躁、恐怖的危险局势得以缓和。

贝罗安原本嗤之以鼻的诗歌不仅柔化了暴徒巴克斯特，黛茜声情并茂的朗读也感染了不好文学的贝罗安：

> 起初，尚在惊恐之中的贝罗安无心体会字里行间的韵味，但随着黛茜的声音逐渐提高并开始形成了一种平静的韵律，他也觉得自己慢慢融

---

[1]　［英］伊恩·麦克尤恩：《星期六》，夏欣茁译，作家出版社 2008 年版，第 188—189 页。

入了诗文中所描绘的那种境界。他仿佛看到了黛茜在露台上俯瞰着夏日月光下的海滩；涨潮过后的海面平稳如镜，空气中弥漫着一缕芳香，落日的余晖散发着最后的光芒。黛茜回头呼唤她的爱人，当然是那个有一天要做孩子父亲的男人，过来欣赏这美景，更确切地说来聆听这天籁之音。贝罗安仿佛看到一个皮肤光滑的男人，赤裸着上身站在黛茜旁边。他们一起倾听着海浪冲撞碎石的低鸣，那声音仿佛在倾诉着自古以来的悲鸣。她相信亘古之前曾有那么一个时代，地球尚且年轻，海洋刚刚形成，人类和上帝上间还没有隔阂。（……）再一次的，他通过巴克斯特的耳朵听到海洋"忧郁的、绵绵不绝的怒吼，渐渐远去，退到无尽的夜风中去，直至世界的锋利幽暗的边缘"。这诗句就像悦耳的魔咒。①

《多佛海滩》这首诗使暴躁的暴徒瞬间变得平静、满足，甚至幸福，使不谙诗歌鉴赏的贝罗安能够转换视角，"从别人的视角来看这个世界"，来反思"信仰的海洋"和远古时代的失乐园，和为何对彼此忠诚的祈求在这无喜、无爱、无光、无太平"更无以至伤痛的慰藉"的夜里显得那么的苍白。眼看着伊拉克战争的发动日期已经确定下来，曾一度持有武力解决危机思想的他在经过这一夜之后，只感觉到恐惧，意识到自己是多么的脆弱与无知，"被一个伊拉克教授的故事蒙蔽了双眼"，也转变了对女儿黛茜的态度，相信"一个怀孕中的女人自有一种权威"。他也放下了以暴制暴的念头，说服了自己当夜为摔下楼去的巴克斯特实施抢救，并计划一定要说服家人和警察一起放弃对巴克斯特的起诉。

麦克尤恩在《卫报》一篇题为《唯有爱与赦免》中曾写道："一旦想到自己是一名受害者，要做出残忍的事情是很难想象的。想一想人性中最本质

---

① ［英］伊恩·麦克尤恩：《星期六》，夏欣茁译，作家出版社 2008 年版，第 186—187 页。

的东西是什么？是怜悯，同情是人性的本质，它是道德的开始。"① 从中可见麦克尤恩从人性的角度回答了导致"9·11"这类恐怖事件发生一个重要原因及解决的策略，贝罗安最终宽恕巴克斯特的行为也让读者窥见了作家的心声。

四 结语

在《文化与无政府状态》中，阿诺德阐述了这样的观点：文化主要有培养健全理智、完善自我和克服无政府状态的功效②，麦克尤恩在《星期六》中做出了包括文学在内的文化的功用的回应与阐释。首先，他通过对发生在贝罗安家恐怖袭击的暴力活动、巴克斯特听到诗歌《多佛海滩》之后停止恶行，和贝罗安放弃前嫌、全力抢救巴克斯特的宽恕行为的描写，对文化复苏人性、完善自我的作用给予了肯定。其次，作者对文化能否消除像伊拉克等地区专横政府统治下的社会混乱状况提出了质疑。经过一夜的暴恐事件，他对世界动荡的局势更是焦虑不安，开始忧虑眼看着那些可怕的追求理想社会秩序的乌托邦主义者"正在暗中积蓄力量，饱含愤怒和嗜血的饥饿，迫不及待地要发起又一轮的血腥屠杀，人类是否将面临一百年之久的灾难?"③ 可见麦克尤恩对"后9·11"时代中人性的陨落、局势的混乱的忧思是深刻而复杂的。和阿诺德一样，他认为"在英国和一些极权国家出现无政府状态是因为政府的领导者没有摆脱陈旧的观念，没有利用文化教育国民信仰健全理智，没有做到使政府成为'最优秀自我的集中体现'"④。这些观点对世界各个国家有一定的警示作用，《星期六》无疑是21世纪最重要的政治小说之一。

---

① Ian McEwan, "Only Love and the Oblivion", *The Guardian*, 15 September 2001.
② M. Arnold, *Culture and Anarchy*, Oxford: Oxford University Press, 2006, pp. 32 – 156.
③ ［英］伊恩·麦克尤恩：《星期六》，夏欣茁译，作家出版社2008年版，第232页。
④ 郭先进：《丰赡的文本，斑驳的"史诗"——小说〈星期六〉的空间化叙事研究》，《当代外语研究》2013年第9期。

结　语

　　亘古至今，灾难一直是文学的重要主题：从古代希伯来人的洪水神话，到 20 世纪的反战文学、大屠杀文学，灾难书写以文学形式超越真实警醒世人；"9·11"则将人类灾难推向顶峰，并引发历史与现实交融的"后 9·11"文学。灾难文学作家往往通过灾难书写，包括灾难性事件及其对人类身心的影响，体现他们的灾难意识，"后 9·11"作品也正是对"9·11"事件的深刻铭记与多角度重写，也是一种反思与启示。

　　毋庸置疑，"9·11"事件所带来的个体创伤、替代性创伤、集体创伤与文化创伤都是刻骨铭心的。这个"死了的九月"所引发的巨大的创伤也应了阿多诺（Theodor Adorno）的那句名言："在奥斯威辛之后，写诗是一种野蛮"，即再好的诗歌也无法抚慰巨创所留下的阴影。和哲学家德里达一样，诺贝尔奖获得者托尼·莫里森也道出这一事件"我什么也说不出"的创伤难以逾越的本质特征。然而，这个创伤事件的影响远远超越了灾难亲历者，在更广阔的、更庞大的"替代性创伤者"人群中弥漫开来，因为，正如卡普兰在《创伤文化》一书中所言，"创伤主体不仅包括施暴者和直接遭受创伤的受害者，而且包括旁观者、救援人员、受害者的亲朋、媒体消费者、后代等在时空上与灾难分离却又承受其间接影响的人，这些受害者共同构成由时空分割的创伤主体异质场域"。"后9·11"小说中也依此塑造了直接、间接的创伤主体。他们彷徨、焦虑，不得不重新审视自己的身份、位置及与他人的关系，例如《坠落的人》中从世贸中心废墟中侥幸偷生的"行尸走肉"基思、努力想拯救他、助他康复却徒劳无功的妻子丽昂，《特别响，非常近》中9岁就饱受丧父之痛的男孩奥斯卡，在弥漫着恐慌、焦虑的"后9·11"时代、处于西方"紧急状态"中陷于生活危机、自我困惑的可怜之人——《星期六》中的伦敦人亨利和《回声制造者》中患有双重错觉综合征的马克，更有在强调"爱国主义正确"的美国官方话语中"我们"与"他们"的简单二元对立的恐怖主义话语下的"他者"受害者——《恐怖分子》中的青少年艾哈迈德和《拉合尔茶馆的陌生人》中"美国梦"幻灭的昌盖兹。

虽然多数"后9·11"作品都是关于创伤的书写，但更多地贯穿了关于族裔差异的再现和从普世主义角度，从世界文学出发，来反思当代个人身份价值、和谐社会和国际社区的建构。换言之，"后9·11"小说并非单一的"创伤"主题，而是呈现出丰富的内涵和多重意蕴。其特征可概括如下：在首要的"再现创伤"方面，"后9·11"小说以"归零地"为核心意象，从直接受害者与间接受害者两类人出发，探索创伤的表征所再现的重大历史事件对普通民众的影响。在"客观展现族裔差异""理性批判西方话语"方面，"后9·11"小说则从后殖民主义视角出发，以跨文化、跨种族的方式，给予受迫于东方主义言语囹圄之中的族裔"他者"话语权，表达当代作家对实为"美国化"的美国"多元文化主义"的警惕，和对"后9·11"时代美国极右主义者的新麦肯锡主义的担忧。在"个人价值""国际社区和谐建构"的反思方面，"后9·11"小说则更深刻地着眼于展现这类文学所具备的伦理价值，即将个人当代生活阐释与"启示录"般的寓言劝诫相结合，从身份困境与身份重构出发，在人物的伦理困境与伦理选择的故事描述中反思人类生存境况、持续拷问人性道德，并提出爱是拯救人类社会的最终救赎力量的号召，这无疑履行了"描写伦理秩序的变化及其变化所引发的道德问题和导致的结果，为人类的文明进步提供经验和教诲"① 的文学任务。

"后9·11"小说虽主题多样，但是其本质内涵却很鲜明。欧美与各族裔"后9·11"小说家们始终坚持以本土性的悼歌和全球性的批判为横轴和纵轴，来构建对21世纪恐怖袭击的叙事场域。正如齐泽克所言，对于"9·11"，美国媒体的"爱国主义叙事"过于单边化，而那种"美国罪有应得"的左派分子腔调又过于冷漠无情，因为正如巴特勒所言，每个生命，不管是东方，还是西方，均是享有"绝对且无法比拟"的尊严的"赤裸生命"。而"后9·11"小说中的"9·11"叙事，既能在文学想象中构建"悼歌"的主体性，书写以纽约为背景的都市悼歌，展现重大历史事件给普通人带来的巨创，并描写他们将创伤记忆转化为叙事记忆、从创伤展演到创伤应对所做的努力，以人道主义的方式关注"归零地"，又能从后殖民的视角对"9·11"进行深刻的文化反思，在批判性思维中超越非此即彼的二元对立与冷战思维，参与对恐怖主义的历史、政治、社会反思，对全球化时代的暴力、恐怖与仇恨进行批判，因而具备了政治话语无法比拟的人性深度和新闻媒体所无法实现的批判视角。

正是由于结合了这两个叙事维度，"后9·11"小说形成了自己独特的"反叙事"力量，不仅克服了保守主义者"后9·11"话语的单义性和语境缺失，不再将恐怖主义视为单向度的他者，同时也纠正了左翼反美批评所未能实现的人文关怀，更关注恐怖题旨对于后现代社会的话语建构。正是在这个意义上，在"后9·11"小说文本中，双子塔之间的钢丝行走、纽约街头的坠人表演，以及世贸中心的悲剧坍塌，均构成了一种具有多重所指的艺术象

---

① 聂珍钊：《文学伦理学批评：基本理论与术语》，《外国文学研究》2010 年第 1 期。

征，是一种对生命意义的反思、对全球化语境下文明冲突与历史记忆的探讨，也警醒着人们超越国族或宗教冲突的樊篱去审视现代性的诸多问题。

距"9·11"事件已近17载，国际恐怖主义依旧此起彼伏。在这一历史事件的意义不断地变化与生成之中，对它的历史性反思也需要长时间的沉淀。作为历史现实的写照，"后9·11"小说的创作不可避免会出现一些国别差异的局限性，"后9·11"研究的分歧和矛盾正体现了这一文学范畴本身的不稳定性。然而，各类"后9·11"小说借由历史悲剧性事件参与公共记忆、治愈创伤、表达人文关怀甚至重思人类命运的努力值得肯定。因此，我们不应该以规定性的批评来判定何为好的"后9·11"小说，而要"以更为兼收并蓄的心态来看待和评价'9·11文学'的发展"，既观照它与见证文学、创伤文学间的历史关联，更看重它自身特有的历史、思想文化语境，从文本外部的社会历史空间和内部的语言审美空间同时切入，探究"后9·11"文学与政治的对话。

参考文献

一 外文文献

A. W. Clare, *On Men*: *Masculinity in Crisis*, London: Chatto & Windus, 2000.

A. Tickner, "Feminist perspectives on 9/ 11", *International Studies Perspectives*, No. 3, 2002.

A. Trachtenberg, "Updike's terrorist survives bad reviews to be best seller", *The Wall Street Journal*, 19 June 2006.

Aaron DeRosa, "Analyzing Literature after 9 /11", *Modern Fiction Studies*, No. 3, 2011.

Aaron Maoro, "The Languishing of the Falling Man: Don Delillo and Jonathan Safran Foer's Photographic History of 9/11", *Modern Fiction Studies*, No. 3, 2011.

Andrew Foley, *The Imagination of Freedom – Critical Texts and Times in Contemporary Liberalism*, Johannesburg: Wits University Press, 2009, p. 240.

Anna Hartnell, "Moving through America: Race, place and resistance in Mohsin Hamid's *The Reluctant Fundamentalist*", *Journal of Postcolonial Writing*,

No. 3, 2010.

Anne Anlin Cheng, *The Melancholy of Race*, New York: Oxford UP, 2001.

Anthony Kubiak, *Stages of Terror*, Bloomington: Bloomington Indiana UP, 1991.

Arthur Bradley, and Andrew Tate, *The New Atheist Novel: Fiction, Philosophy and Polemic after* 9/11, London: Continuum, 2010.

B. Duryea, "Updike's take on 'Terrorism'", *St. Petersburg Times*, 4 June 2006.

C. Hitchens, "No Way", *The Atlantic Monthly*, No. 8, 2006.

Cathy Caruth, *Trauma: Explorations in Memory*, Baltimore: the Johns Hopkins University Press, 1995.

Cathy Caruth, *Unclaimed Experience: Trauma, Narrative, and History*, Baltimore, MD: Johns Hopkins University Press, 1996.

Cherry Miller, "9/11 and the Novelists", *Commentary*, No. 5, 2008.

Colleen M. Hennessey, "A sacred site: Family in the novels of Ian McEwan", Doctoral Dissertation, Drew University, 2004.

D. Donohue, "Updike makes a surprising turn in 'Terrorist'", *USA Today*, 4 June 2006.

David Cowart, *Don DeLillo: The Physics of Language*, Athens: U of Georgia P, 2002, p. 604.

Delphine Munos, "Possessed by whiteness: Interracial affiliations and racial melancholia in MohsinHamid's *The Reluctant Fundamentalist*", *Journal of Postcolonial Writing*, No. 4, 2012.

Derek Rubin, and Jaap Verheul, "Introduction", *American Multiculturalism after* 9/11, Amsterdam: Amsterdam UP, 2009.

Dominic Head, *Ian McEwan*, Manchester and New York: Manchester University Press, 2007.

Dominick LaCapra, *Writing History*, *Writing Trauma*, The Johns Hopkins University Press, 2001.

Don. DeLillo, "In the Ruins of the Future: Reflection on Terror and Loss in the Shadow of September", *Harper's*, No. 12, 2001.

Dori Laub, "Truth and Testimony: The Process and the Struggle", *Trauma: Explorations in Memory*, Baltimore: The Johns Hopkins University Press, 1995.

Dwright Garner, "The Ashes", *The New York Times*, May. 18, 2008.

Edward Said, "Zionism from The Standpoint of its Victims", *Dangerous Liaisons: Gender, Nation, and Postcolonial Perspectives*, U of Minnesota P, 1997.

Elizabeth Kowaleski. Wallace, "Postcolonial Melancholia in Ian Mc Ewan's Saturday", *Studies in the Novel*, No. 4, 2007.

Ellen Y. Siegelman, "Echoes of Memory, Echoes of Music", *Jung Journal: Culture & Psyche*, No. 3, 2007.

Emmanuel Levinas, *Ethics and Infinity: Conversations with Philippe Nemo*, Trans. Richard A. Cohen, Pittsburgh: Duquesne UP, 1985.

Eric Hage, *Cormac McCarthy: A Literary Companion*, North Carolina: McFarland, 2010.

Eric Pudney, "Christianity and Cormac McCarthy's *The Road*", *English Studies*, No. 3, 2015.

F. Fukuyama, "Women and the Evolution of World Politics", *Foreign Affairs*, No. 5, 1998.

Fritz Breithaupt, "Rituals of Trauma: How the Media Fabricated September 11", *Media Representations of September 11*, Westport, CT and London:

Praeger, 2003.

Caldwell, "Gods and monsters in terrorist", *The Boston Globe*, 4 June 2006.

G. A. Love, *Practical Ecocriticism Literature*, *Biology and the Environment*, Virginia: University of Virginia Press, 2003.

G. H. Jansen, *Zionism*, *Israel and Asian Nationalism*, Beirut: Institute for Palestine Studies, 1971.

Georgiana Banita, "News and Information: The Internet and 9/11", *September 11 in Popular Culture: A Guide*, Santa Barbara, CA: Greenwood, 2010.

Graham Hillard, "The Limits of Rationalism in Ian Mc Ewan's*Saturday*", *The Explicator*, No. 2, 2010.

H. Bloom, *Cormac McCathy*, New York: Infobase Publishing, 2009.

H. Pirnajmuddin, and M. Salehnia, "Islam and Modernity: A Study of John Updike's *Terrorist*", *The Journal of Teaching Language Skills*, No. 4, 2012.

Harry Siegel, "Extremely Cloying and Incredibly False", *The New York Press*, 13 April 2005, http://www. nypress. com/extremely – cloying – incredibly – false.

HarveyMansfield, *Manliness*, New Haven: Y ale University Press, 2006, vii.

Ian McEwan, "Only Love and the Oblivion", *The Guardian*, 15 September 2001.

Ilka Saal, "Regarding the Pain of Self and Other: Trauma Transfer and Narrative Framing in Jonathan S. Foer's *Extremely Loud and Incredibly Close*", *Modern Fiction Studies*, No. 3, 2011.

Inger – Anne Softing, "Between Dystopia and Utopia: The Post Apocalyptic Discourse of Cormac McCarthy's *The Road*", *English Studies*, No. 6, 2013.

J. B. Elshtain, *Women and War*, New York: Basic Books, 1987.

J. N. Duval, *The Cambridge Companion to Don DeLillo*, Cambridge: Cambridge University Press, 2008.

Jacque Derrida, and Anne Dufourmantelle, *Of Hospitality*, Trans. Rachel Bowlby, Stanford: Stanford UP, 2000.

Jacques Rancie're, *The Emancipated Spectator*, London: Verso, 2009.

Jane F. Thrailkill, "Ian McEwan's Neurological Novel", *Poetics Today*, No. 1, 2011.

Jane Henderson, "Books Approach 9/11 Head – on—and Side-ways", *St. Louis Post – Dispatch*, 9 December 2011.

Janes E. Young, *Writing and Rewriting the Holocaust: Narrative and the Consequences of Interpretation*, Bloomington: Bloomington Indiana UP, 1988.

Jeffrey C. Alexander, "Towards a Theory of Cultural Trauma", *Cultural Trauma and Collective Identity*, California: University of California Press, 2004.

John Taylor, *Body Horror: Photojournalism, Catastrophe, and War*, New York: New York UP, 1998.

John Updike, "Mixed Messages", *The New Yorke*r, 14 May 2005, http://www.newyorker.com/archive/2005/03/14/050314crbo – – books1.

John Winthrop, "A Model of Christian Charity", *The Norton Anthology of American Literature*, New York: W. Norton, 1985.

Joseph Dewey, *Understanding Richard Powers*, Columbia: University of South Carolina Press, 2002.

Joshua Goldstein, *War and Gender*, Cambridge: Cambridge University Press, 2001.

Judith Butler, *Frames of War: When is Life Grievable*, London: Verso, 2009.

Judith Greenberg, *Trauma at Home: After 9 /11*, Nebraska: University of

Nebraska – Lincoln Press, 2003.

Judith Lewis Herman, *Trauma and Recovery: The Aftermath of Violence from Domestic Abuse to Political Terror*, Basic Books, 1997.

Kai Erikson, "Notes on Trauma and Community", *Trauma: Explorations in Memory*, Baltimore: The Johns Hopkins University Press, 1995.

Karl Jaspers, "The Tragic: Awareness, Characteristics, Interpretations", *Tragedy: Modern Essays in Criticism*, Prentice – Hall, Inc., 1964.

Kristiaan Versluys, *Out of the Blue: September 11 and the Novel*, New York: Columbia UP, 2009.

Kurt Vonnegut, *Slaughterhouse – Five*, New York: Library of America, 1969.

K. Robins, *Into the Image: Culture and Politics in the Field of Vision*, London: Routledge, 1996.

L. Langer, *Holocaust Testimonies: The Ruins of Memory*, New Haven: Yale University Press, 1991.

Leerom Medovoi, "'Terminal Crisis?' From the Worlding of American Literature to World – System Literature", *American Literary History*, No. 3, 2011.

Leon Simon, *Selected Essays by Ahad Ha – am*, Philadelphia: The Jewish Publication Society of America, 1912.

Linda S. Kauffman, "World Trauma Center", *American Literary History*, No. 3, 2009.

Luc Herman, and Bart Vervaeck, Capturing Capgras: *The Echo Maker* by Richard Powers, *Style*, No. 3, 2009.

M. H. Abrams, *A Glossary of Literary Terms*, Foreign Language Teaching and Research Press, 2004.

M. Kakutani, "John Updike's terrorist imagines a homegrown threat to homeland security", *The New York Times*, 6 June 2006.

M. Arnold, *Culture and Anarchy*, Oxford: Oxford University Press, 2006.

Mahmood, Mamdani, *Good Muslim, Bad Muslim: America, the Cold War and the Roots of Terror*, New York: Three Leaves, 2004.

Margaret Atwood, " 'In the Heart of the Heartland.' Rev. of *The Echo Maker*, by Richard Powers", *The New York Review of Books*, 16 May 2008, http// www. Nybooks. com/articles/19712.

Mary J. Parish, "9/11 and the Limitations of the Man's Man Construction of Masculinity in DonDeLillo's *Falling Man*", *Critique: Studies in Contemporary Fiction*, No. 3, 2012.

Maryam Salehnia, "Political Zionism and Fiction", *Journal of Language Teaching and Research*, No. 3, 2012.

Mathew Mullins, "Boroughs and Neihbors: Traumatic Solidarity in Jonathan Safran Foer's *Extremely Loud and Incredibly Close*", *Papers on Language and Literature*, Vol 45, No. 3, 2009.

Michael Kimmel, *Manhood in America: A Cultural History*, New York: Oxford University, 2006.

Nicolas J. Potkalitsky, Richard Powers's *The Echo Maker* and the Trauma of Survival, Doctoral Dissertation, Cleveland State University, 2010.

P. Willard Greenwood, *Reading Cormac McCarthy*, California: ABC – CLIO, 2009.

Paul Crosthwaite, *Criticism, Crisis, and Contemporary Narrative: Textual Horizon in an Age of Global Risk*, Abingdon: Taylor&Francis, 2010.

Peter Morey, " 'The rules of the game have changed': Mohsin Hamid's *The Reluctant Fundamentalist* and post – 9/11 fiction", *Journal of Postcolonial Writing*,

No. 2, 2011.

Peter Schneck, and Philipp Schweighauser, *Terroria Media, and the Ethics of Fiction: Transatlantic Perspectives on Don DeLillo*, The Continuum International Publishing Group, 2010.

Philippe Codde, "Philomela Revisited: Traumatic Iconicity in Jonathan Safran Foer's*Extremely Loud andIncredibly Close*", *Studies in American Fiction*, No. 2, 2007.

Pintak L, *Reflections in a Bloodshot Lens: America, Islam and the War of Ideas*, London and Ann Arbor MI: Pluto P, 2006.

R. D. Masters, and C. Kelly, *Collected Writings of Rousseau*, Lebanon: University Press of New England, 1992.

Richard. Brown, "Politics, the Domestic and the Uncanny Effects of the Everyday in Ian Mc Ewan's *Saturday*", *Critical Review*, No. 1, 2008.

Richard Carr, "A World of Risk, Passion, Intensity, and Tragedy: The Post −9/11 Australian Novel", *Antipodes*, No. 1, 2009.

Richard Gray, *After the Fall: American Literature since 9/11*, Mal − en, MA: Wiley, 2011.

Richard Gray, "Open Doors, Closed Minds: American Prose Writing at a Time of Crisis", *American Literary History*, No. 1, 2009.

Richard Hughes, *Myths America Lives By*, Urbana & Chicago: University of Illinois Press, 2003.

Richard Wolin, *Walter Benjamin: An Aesthetic of Redemption*, Berkeley, CA: U of California P, 1994.

Ross G. Douthat, "After Tragedy", *National Review*, 20 Jun. 2005, http://www. unz. org/Pub/NationalRev.

Ruth Leys, *Trauma: A Genealogy*, Chicago and London: The University of Chicago Press, 2000.

S. Best, *Postmodern Theory: Critical Interrogations*, Houndmills: Macmillan, 1991.

S. Faludi, *The Terror Dream: What 9/11 Revealed about America*, London: Atlantic Books, 2007.

Sara E Quay, Amy M Damico, and Santa Barbara, *September* 11 *in Popular Culture: A Guide*, Calif: Greenwood, 2010.

Sien Uytterschout, and Kristiaan Versluys, "Melancholy and Mourning in Jonathan Safran Foer's *Extremely Loud and Incredibly Close*", *Orbis Litterarum*, No. 3, 2008.

Sigmund Freud, *The Standard Edition of the Complete Psychological Words of Sigmund Freud*, Trans. and ed. , James Strachey, London: Logarth, 1974.

Stefan Skrimshire, " 'There is no God and we are his prophets': Deconstructing Redemption in Cormac McCarthy's *The Road*", *Journal for Cultural Research*, No. 1, 2011.

Stephen Morton, "Terrorism, orientalism and imperialism", *Wasafiri*, No. 2, 2007.

Steven Frye, *Understanding Cormac McCarthy*, Columbia: U of South Carolina P, 2009.

Steven T. Atchison, The Spark of the Text: Toward an Ethical Reading Theory for Trauma Literature, The University of North Carolina at Greensboro, 2008.

Susan Green, "Consciousness and Ian McEwan's *Saturday*: 'What Henry Knows'", *English Studies*, No. 1, 2010.

Susan Sontag, *Regarding the Pain of Others*, New York: Picador, 2003.

Susie Linfield, *The Cruel Radiance: Photography and Political Violence*, Chicago: U of Chicago P, 2010, p254.

Thomas S. Kidd, "American Christians and Islam: Evangelical Culture and Muslims From the ColonialPeriod to the Age of Terrorism", *Insight Turkey*, No. 3, 2010.

Tim Adams, "A Nine – year – old and 9/11", *The Observer*, 29 May 2005, http: //www. theguardian. com/books/2005/ may/29/fiction. features.

Tom Junod, "The Falling Man", *Women and Performance*, No. 1, 2004.

V. J. Seidler, *Rediscovering Masculinity: Reason, Language, Sexuality*, New York: Routledge, 1998.

Van Ingen, C. "Poker face: Gender, race and representation in online poker", *Journal of the Canadian Association for Leisure Studies*, No. 1, 2008 .

Vereen Bell, *The Achievement of Cormac McCarthy*, Baton Rouge: Lousiana State UP, 2006.

Vivian Gornick, "About a Boy", *Nation.*, 25 Apr. 2005, http: // www. thenation. com/ article/ about – boy#.

W. Montgomery, Watt, *Islam and Christianity Today: A Contribution to Dialogue*, London, Boston, Melbourne and Henley: Routledge & Kegan Paul, 1983.

Walter Benjamin, "Theses on Philosophy of History", *Illuminations*, Trans. by Harry Zohn, London: Fontana, 1992.

Walter Benjamin, and Charles Baudelair, *A Lyric Poet in the Era of High Capitalism*, Trans. Harry Zohn, London: Verso, 1992.

Wayne C. Booth, "Resurrection of the Implied Author: Why Bother?", *A Companion to Narrative Theory*, ed. James Phelan & Peter Rabinowitz, Oxford: Blackwell, 2005.

二 中文文献

[美]《"9·11"委员会报告：美国遭受恐怖袭击国家委员会最终报告》，赵秉志等译，中国人民公安大学出版社 2004 年版。

[美] 阿尔多·李奥帕德：《沙郡年记》，岑月译，上海三联书店 2011 年版。

[美] 阿尔弗雷德·高乔克：《理性之光——阿哈德·哈姆与犹太精神》，徐新等译，内蒙古人民出版社 1999 年版。

[英] 阿兰·德波顿：《身份的焦虑》，陈广兴、南治国译，上海译文出版社 2009 年版。

[美] 爱德华·萨义德：《东方学》，王宇根译，生活·读书·新知三联书店 1999 年版。

[英] 埃里希·弗洛姆：《逃避自由》，刘海林译，国际文化出版社 2002 年版。

[日] 浜田正秀：《文艺学概论》，陈秋峰、杨国华译，中国戏剧出版社 1985 年版。

[美] 博拉朵莉：《恐怖时代的哲学》，王志宏译，华夏出版社 2005 年版。

车文博：《人本主义心理学》，浙江教育出版社 2003 年版。

陈爱华：《科马克·麦卡锡小说讽喻性的灾难叙事》，《求索》2013 年第 3 期。

陈爱华：《当代美国后启示录小说创作与研究评析》，《当代外语研究》2015 年第 10 期。

陈世丹：《美国后现代主义小说详解》，南开大学出版社 2010 年版。

程锡麟：《析布思的小说伦理学》，《四川大学学报》2000 年第 1 期。

但汉松：《9·11 小说的两种叙事维度：以〈坠落的人〉和〈转吧，这伟大的世界〉为例》，《当代外国文学》2011 年第 2 期。

但汉松：《西方"9·11文学"研究：方法、争鸣与反思》，《外国文学动态研究》2015年第4期。

董小希：《从阿卡迪亚到启示录——小说〈路〉的生态主义解读》，《西安外国语大学学报》2011年第2期。

都岚岚：《脆弱与承认：论巴特勒的非暴力伦理》，《外国文学》2015年第4期。

段军霞：《理查德·鲍尔斯的后现代现实主义书写》，《甘肃社会科学》2013年第4期。

范小莉：《理查德·鲍尔斯小说的生态和科技话语权之辩》，《湖北科技学院学报》2014年第10期。

方凡：《绝望与希望：麦卡锡小说〈路〉中的末日世界》，《外国文学》2012年第2期。

方刚：《男性研究与男性运动》，山东人民出版社2008年版。

冯溢、刘卓：《后现代伦理道德的寓言一〈路〉的文学伦理学解读》，《东北大学学报》2014年第9期。

耿潇：《〈星期六〉的哥特文类属性研究》，《当代外国文学》2014年第3期。

郭先进：《丰赡的文本，斑驳的"史诗"——小说〈星期六〉的空间化叙事研究》，《当代外语研究》2013年第9期。

哈旭娴：《厄普代克〈S.〉的隐含作者与潜在话语》，《湖北社会科学》2012年第5期。

胡蝶：《麦卡锡〈路〉中的不确定性研究》，《重庆工商大学学报》2014年第10期。

胡慧勇：《历史与当下危机中的伊恩·麦克尤恩小说》，博士学位论文，上海外国语大学，2013年。

林莉：《论〈星期六〉的空间叙事策略》，《当代外国文学》2013 年第 1 期。

刘春芳：《〈星期六〉中的当代都市文化逻辑》，《外国文学》2016 年第 6 期。

刘荡荡：《表征精神创伤，实践诗学伦理——创伤理论视角下的〈极吵，极近〉》，《外国语文》2012 年第 3 期。

［美］道格拉斯·凯尔纳、斯蒂文·贝斯特：《后现代理论——批判性的质疑》，张志斌译，中央编译出版社 1999 年版。

丁夏林：《"生活比死亡更可怕"：解读福厄〈特别响，非常近〉中的创伤叙事》，《外国文学研究》2013 年第 5 期。

［德］弗里德里希·尼采：《悲剧的诞生——尼采美学文选》，周国平译，生活·读书·新知三联书店 1986 年版。

［德］弗里德里希·尼采：《上帝死了——尼采文选》，戚仁译，上海三联书店 1989 年版。

耿潇：《〈星期六〉的哥特文类属性研究》，《当代外国文学》2014 年第 3 期。

韩家炳：《多元文化、文化多元主义、多元文化主义辨析——以美国为例》，《史林》2006 年第 5 期。

蒋道超：《恐怖与救赎——政治解读"9·11"定义之作〈坠落的人〉》，《深圳大学学报》（人文社会科学版）2014 年第 2 期。

［美］科马克·麦卡锡：《路》，杨博译，重庆出版社 2009 年版。

孔瑞：《"后 9·11"小说的创伤研究》，北京交通大学出版社 2015 年版。

雷毅：《生态伦理学》，陕西人民教育出版社 2000 年版。

［美］理查德·鲍尔斯：《回声制造者》，严忠志、欧阳亚丽译，译林出版社 2009 年版。

李承宗：《和谐生态伦理学》，湖南大学出版社 2008 年版。

李菊花：《论〈星期六〉中的医学隐喻》，《名作欣赏》2013 年第 11 期。

李菊花：《论麦克尤恩〈星期六〉中的交往思想》，《当代外国文学》2013 年第 1 期。

李玲、米彬彬：《"背叛了的伊甸园"：〈路〉中的后末世多维图景》，《外语与翻译》2015 年第 3 期。

李小江：《后寓言：〈狼图腾〉深度阐释》，长江文艺出版社 2010 年版。

李芸：《〈拉合尔茶馆的陌生人〉中的身份困境》，《南昌工程学院学报》2015 年第 2 期。

梁讯：《记忆与担荷：论〈坠落的人〉中的主题》，《当代外国文学》2014 年第 3 期。

［德］列奥·施特劳斯：《自然权利与历史》，彭刚译，生活·读书·新知三联书店 2003 年版。

吕瑞新：《论〈德国悲剧的起源〉中的艺术救赎思想》，《文学界》2011 年第 9 期。

刘丹：《重建"真实"——〈回声制造者〉的后现代生态思想解读》，《当代外国文学》2014 年第 2 期。

刘克东：《恐惧带来的思考——谢尔曼·阿莱克西的后 9·11 书写》，《当代外国文学》2012 年第 2 期。

刘珍兰：《犹太文学的犹太性和异化感》，《河北理工大学学报》2011 年第 2 期。

［德］鲁道夫·奥伊肯：《生活的意义与价值》，万以译，译文出版社 1997 年版。

罗小云：《后 9·11 文学的幻想：厄普代克的〈恐怖分子〉》，《外国语文》2011 年第 3 期。

［美］莫欣·哈米德：《拉合尔茶馆的陌生人》，吴刚译，上海译文出版社 2009 年版。

［英］迈克·费瑟斯通：《消费文化与后现代主义》，刘精明译，译林出版社 2000 年版。

聂珍钊：《文学伦理学批评：基本理论与术语》，《外国文学研究》2010 年第 1 期。

朴玉、王栋：《〈恐怖分子〉的文化想象与他者书写》，《外语与外语教学》2012 年第 6 期。

朴玉：《"我们也是受害者"——评哈米德在〈拉合尔茶馆的陌生人〉中的文化创伤书写》，《国外文学》2013 年第 4 期。

［法］皮埃尔·布尔迪厄：《男性统治》，刘晖译，海天出版社 2002 年版。

乔国强：《"隐含作者"新解》，《江西社会科学》2008 年第 6 期。

［美］乔纳森·萨福兰·弗尔：《特别响，非常近》，杜先菊译，人民文学出版社 2012 年版。

荣军、李岩：《文学表征创伤，叙事参与疗伤——读德里罗〈坠落的人〉》，《名作欣赏》2012 年第 6 期。

［美］塞缪尔·亨廷顿：《文明的冲突与世界秩序的重建》，侯井天译，新华出版社 2002 年版。

尚必武：《创伤·记忆·叙述疗法——评莫里森新作〈慈悲〉》，《国外文学》2011 年第 3 期。

申丹：《何为"不可靠叙述"？》，《外国文学评论》2006 年第 4 期。

宋艳芳：《小说何为？——从麦克尤恩的〈星期六〉看小说的功能》，《国外文学》2013 年第 3 期。

［美］苏珊·桑塔格：《同时：随笔与演说》，黄灿然译，上海译文出版社 2009 年版。

隋红升：《自我的恪守与流俗的抗拒：论〈达荷美人〉中男性气概的真实性原则》，《山东外语教学》2014 年第 4 期。

隋红升：《男性气概与男性气质：男性研究中的两个易混概念的辨析》，《文学理论研究》2016 年第 2 期。

孙相东：《亨廷顿的文明冲突论再解读——兼论"9·11"与文明冲突论》，《世界经济与政治》2003 年第 1 期。

〔美〕唐·德里罗：《坠落的人》，严忠志译，译林出版社 2010 年版。

陶东风：《文化创伤与见证文学》，《当代文坛》2011 年第 5 期。

田俊武、姜德成：《论福克纳作品中的"四位一体"生态思想》，《解放军外国语学院学报》2010 年第 1 期。

王阿芳：《〈回声制造者〉中双重虚幻之真实》，《天津外国语大学学报》2013 年第 4 期。

王建会：《"难以言说"与"不得不说"的悖论——〈特别响，非常近〉的创伤叙事分析》，《外国文学》2013 年第 5 期。

王诺：《欧美生态文学》，北京大学出版社 2003 年版。

王铁铮：《从犹太复国主义到后犹太复国主义》，《世界历史》2012 年第 2 期。

王维倩：《后"9·11"时代的文明冲突——评约翰·厄普代克小说〈恐怖分子〉》，《当代外国文学》2013 年第 2 期。

王维倩：《圣杯何在——科马克·麦卡锡小说〈路〉的圣杯母题解读》，《当代外国文学》2014 年第 3 期。

王维倩：《论〈特别响，非常近〉的图像叙事》，《湖南科技大学学报》2015 年第 9 期。

王维倩、孔繁霞：《生命来路的回望——科马克·麦卡锡〈路〉的科学人文主义思想探析》，《当代外国文学》2016 年第 4 期。

王先霈、王又平：《文学理论批评术语汇释》，高等教育出版社 2006 年版。

王欣：《创伤、记忆和历史：美国南方创伤小说研究》，四川大学出版社 2013 年版。

卫岭：《奥尼尔的创伤记忆与悲剧创作》，中国人民大学出版社 2009 年版。

信慧敏：《主人·外人·人质——论〈拉合尔茶馆的陌生人〉中的有条件好客》，《当代外国文学》2016 年第 1 期。

熊道宏：《堕落社会的自然救赎之路》，《云南大学学报》（社会科学版）2016 年第 2 期。

徐贲：《人以什么理由来记忆》，中国人民大学出版社 2009 年版。

徐舒仪、朱新福：《失落与救赎：科马克·麦卡锡"边境三部曲"的寓言性叙事解读》，《解放军外国语学院学报》2016 年第 5 期。

闫昕：《从"上帝死了"到"虚无主义"——海德格尔对尼采"虚无主义"的批判》，《河北北方学院学报》2010 年第 4 期。

杨大春：《列维纳斯与现象学的实践转向》，《同济大学学报》（社会科学版）2010 年第 5 期。

杨金才：《关于后"9·11"文学研究的几点思考》，《外国文学动态》2013 年第 3 期。

杨金才：《论新世纪美国小说的新特征》，《深圳大学学报》2014 年第 2 期。

［英］伊恩·麦克尤恩：《在切瑟尔海滩上》，黄煜宁译，上海译文出版社 2008 年版。

［英］伊恩·麦克尤恩：《星期六》，夏欣茁译，作家出版社 2008 年版。

于闽梅：《灵韵与救赎：本雅明思想研究》，文化艺术出版社 2008 年版。

俞吾金：《究竟如何理解尼采的话"上帝死了"》，《哲学研究》2006 年第 9 期。

余依婷：《科马克·麦卡锡小说〈路〉中乌托邦的颠覆与重构》，《西南科技大学学报》2014 年第 2 期。

［美］约翰·厄普代克：《恐怖分子》，刘子彦译，人民文学出版社 2009 年版。

曾桂娥：《创伤博物馆——论〈巨响、特近〉中的创伤与记忆》，《当代外国文学》2012 年第 5 期。

曾桂娥、江春媛：《"东方"书写"西方"——莫欣·哈米德的〈拉合尔茶馆的陌生人〉评析》，《外国文学动态》2013 年第 5 期。

曾艳钰：《后 9·11 美国小说创伤叙事的功能及政治指向》，《当代外国文学》2014 年第 2 期。

张和龙：《"9·11 文学"：新世纪美英文学的审美转向?》，《深圳大学学报》2014 年第 2 期。

章淮平：《论唐·德里罗小说〈坠落的人〉中"坠落"的象征意义》，《江苏理工学院学报》2014 年第 1 期。

张加生：《从德里罗"9·11"小说看美国社会心理创伤》，《当代外国文》2012 年第 3 期。

张群：《"失乐园"——评约翰·厄普代克的新作〈恐怖分子〉》，《东华大学学报》2007 年第 3 期。

张瑞红：《"9·11"后别样的启示与关怀—评约翰·厄普代克的〈恐怖分子〉》，《外国文学研究》2012 年第 3 期。

张瑞华：《9/11 反叙事：唐·德里罗的〈坠落的人〉》，《南京师范大学文学院学报》2014 年第 3 期。

张小平：《在混沌的边缘——论麦卡锡小说〈路〉中的不确定性》，《河北师范大学学报》2015 年第 5 期。

赵冬梅：《心理创伤的理论与研究》，暨南大学出版社 2011 年版。

郑金洲：《多元文化教育》，天津教育出版社 2004 年版。

周宁：《东方主义：理论与论争》，《厦门大学学报》（哲学社会科学版）2003 年第 1 期。

周小进：《批判反恐话语——〈未知的恐怖分子〉对"后 9·11"时代媒体角色的反思》，《当代外国文学》2015 年第 1 期。

［美］朱迪斯·巴特勒：《脆弱不安的生命——哀悼与暴力的力量》，何磊磊、赵英男译，河南大学出版社 2013 年版。

朱立元：《"寓言式批评"理论的创立与成熟：本雅明文艺美学思想探讨之一》，《外国文学研究》1996 年第 1 期。

朱荣华：《多米尼克·拉卡普拉对创伤理论的建构》，《浙江学刊》2012 年第 4 期。

朱雪峰：《信仰与恐怖：评厄普代克新作〈恐怖分子〉》，《外国文学研究》2006 年第 5 期。

邹智勇：《论当代美国犹太文学的犹太性及其形而上性》，《外国文学研究》2001 年第 4 期。

后　记

　　本书是我的处女作，仓促之间虽自知还有不少提升的余地，但也是凝聚了整整5年的心血和2年寒暑的不辍笔耕。现在它将在我心仪的中国社会科学出版社出版，心中甚是激动。回想起这5年的学术历程，心中难免感慨万千。

　　首先，非常感谢《当代外国文学》和主编杨金才教授的引领，让当初"一孕傻三年"、迷茫于科研前路的我在2013年重新找到了方向、动力，在漫漫求学之路上有了新的收获。还记得那是冬天的一个午后，我在学校图书馆翻阅《当代外国文学》，碰巧读到王维倩老师的《后"9·11"时代的文明冲突——评约翰·厄普代克小说〈恐怖分子〉》一文，一度闭目塞听整天围着家中小儿转的我一下子被打开了眼界，惊讶地发现在我为家人完全放弃科研的这几年间国内竟然兴起了这么特殊的一个门类。我那沉睡多年的求知欲也就这样被调动了起来，开始按照"9·11"这个关键词和每篇搜集来的论文文后的参考文献来交叉检索，搜索中国知网和外国文献数据库已有的期刊论文。在这如饥似渴拜读诸多文献的过程中，众多优秀的学者，例如张和龙、但汉松、张加生、曾桂娥、王建会、罗云、朴玉、王维倩、尚必武、曾艳钰、孔瑞、王庆奖、刘克东、郭先进等老师的文章与专著都极大地帮助了我进一步梳理和认识这别具一格的"后9·11"文学。这一门类不仅情感丰富，但又局限于个人情怀或狭隘的民族主义情结，具有全球性特征，而且体现了深厚的人文关怀精神。"后9·11"小说向读者所展现的不只是作家以纽约为背景的都市悼歌、普通人灾难体验的描摹，更有对全球化时代暴力、仇恨和恐怖的隐秘和逻辑的批判。该文学现象所潜隐的性别差异、族裔与政治立场差异、人类差异、文明冲突与历史反思、伦理重构等，都值得我们深思。每每有人问起我的研究方向时，我家楼先生都抢先答："她研究恐怖分子的。"虽是一句戏言，却也显现了这一门类对他、对很多人的陌生感，国内这方面专著也就难怪屈指可数了。这也足见《当代外国文学》对读者和研究者的视野与研究领域开拓的重要性。

其次，我对学术之路上帮助我的前辈、同辈心怀感恩，特别是三位截止目前尚未谋面但仍对我热心帮助、鼓励的人。一位是百忙中拨冗为我写序言的浙江大学博士生导师——隋红升老师。虽然我与他的交情仅限于鸿雁传书，但隋老师却一直不吝于对一位频频向他求教的青年教师悉心指导、谆谆教诲、殷切鼓励。他的学术造诣和严谨的学术态度都给我带来了极大的影响，是我心中的榜样。另外两位青年教师——但汉松老师和郭先进老师在我急切求助的时候，也热心地帮助了我、给我回信，助我一臂之力。

最后，感谢中国社会科学出版社向我抛出的橄榄枝，对于一个无高职称的青年教师而言真的是莫大的激励！感谢优雅美丽的文学编辑部主任郭晓鸿老师对拙著的精心修订和指正，没有她，这本专著无法顺利出版。感恩所有在出版事宜上为我开辟道路的前辈和好友！也把此书献给我亲爱的孩子——豆豆，感谢他才五六岁时就在我压力最大、最痛苦的两年里为我注入强心剂，每每都用他那句"妈妈你工作吧，我会自己玩不来吵你的"来支持我。"后9·11"小说中受伤的主人公们往往都是因为爱而创伤治愈，而我，我的书，也是因为有了众多的关爱，才能完工。感恩生活。

拙著在工作与家庭双重压力的夹缝中仓促完成，时间紧，且青年教师阅历尚浅，若本书观点、论证有不当之处，还望专家、学者、读者多多包涵并指教，不胜感激！

吴荣兰

2018 年 5 月 20 日